ちくま学芸文庫

奴隷制の歴史

ブレンダ・E・スティーヴンソン
所 康弘 訳

筑摩書房

What is Slavery? (1st Edition)
by BRENDA E. STEVENSON

This edition is published by arrangement with
Polity Press Ltd., Cambridge,
through Japan UNI Agency, Inc., Tokyo

目次

謝辞

本書は、私が大学生の頃から取り組んできた奴隷制に関する研究から生まれたものである。この魅力的なテーマについて、これまで多くの人々が私を指導してくれた。特に、ジョン・W・ブラッシンゲーム、デイヴィッド・ブライオン・デイヴィス、ロバート・F・トンプソン、シルヴィア・ブーン、D・バリー・ギャスパー、ジョセフ・ミラー、レオン・リトワック、ダーリーン・クラーク・ハイン、V・P・フランクリン、デボラ・ホワイト、ナンシー・コット、エドムンド・モーガン、キャサリン・クリントン、エリザベス・フォックス゠ジェノヴィーシー、ポール・ガストン、には謝意を表したい。同僚からも貴重なサポートを得た。スティーブン・アロン、エレン・デュボア、ロナルド・メラー、テオ・ルイズ、デイヴィッド・マイヤーズ、スコット・ウォー、シャーラ・フェットら同僚たちに感謝したい。そして、ポリティ・プレスのエリオット・カールシュタットとアンドレア・ドゥルーガンは、このような巨大なテーマをいかにしてこの小さな本に収め整理するかについて、的確かつ本質的なアドバイスをくれた。エレン・ブロイディは本書の第一稿の編集を手伝ってくれた。ケートリン・ボイドは優れたリサーチャーと編集アシスタントであった。最後に、これまでと同様、神に感謝し、また、私の両親ジェームズとエマ・スティーヴンソン、夫ジェームズ・コーンズと娘エマに深く感謝する。

奴隷制の歴史

はじめに　奴隷制とは何か

奴隷制とは何か？　これは簡単な質問のように思われるかもしれない。ほとんどの人々は、奴隷制とは南北戦争が終わる前にアメリカ合衆国で暮らしていた黒人の状態のことだと信じている。たとえば、私の大学の講義の初日、この質問に答えようとする生徒たちの中で、『風と共に去りぬ（原題：Gone with the Wind）』、『ルーツ（原題：Roots）』、『Sankofa』、『アンクル・トムの小屋（原題：Uncle Tom's Cabin）』、『Quilombo』、『アミスタッド（原題：Amistad）』、『愛されし者（原題：Beloved）』、『Burn!』、『Belle』、そして二〇一四年のアカデミー賞最優秀作品賞を受賞した『それでも夜は明ける（原題：12 Years a Slave）』などのセルロイド映像が混ざり合い、この問いへの答えの優劣を争うことになる。ほとんどの学生が知らないのは、奴隷制が歴史上、最も一般的な制度の一つであるとともに、最も多様な制度の一つであるということだ。ヨーロッパ、アメリカ、アフリカ、アジア、オーストラリアなど、ほとんどすべての地域の文明で何らかの形の奴隷制が存在していた。したがって、今日、生存するほとんどすべての民族／人種グループが、少なくとも先祖代々あるいは地理的にこの制度に接してきたことになる。さらに奴隷制はほとんどの場所や地域で、今なお存在している。実際、世界中で推定二〇〇〇～三〇〇〇万人の人々が債務奴隷、性奴隷あるいは強制労働者として、いまだに奴隷状態にあると考えられている。これらの奴隷労働者は、貧しい国と豊かな国の双方の出身者であり、かつ、その両方で奴隷にされている。それだけでなく、現代社会では貧しい者や政治的に迫害された者が奴隷の大半を占めている。女性や子供も同様である。また、過去の奴隷制の遺産が、私たちの中に残っていることにも留意しなければならない。アメリカ大陸の「発見」、植民地化、初期の国家形成の時代に奴隷にされた人々の子孫の多くは、今日もなお、特に経済的、社会的、文化的、そして政治的に社会の周縁部に位置づけられ生きている。その一部には奴隷として認定される何百万人もの人々の中に数えられる者さえいる。

奴隷制の歴史は長く、世界中で広く活用されていた。にもかかわらず、アメリカ合衆国では大半の人々が、奴隷制といえばこの国でアフリカ人が奴隷にされたことを連想する。それにはそれなりの理由がある。アメリカ合衆国となった地には大西洋貿易を通じて多くのアフリカ人が輸入されたわけではなかったが（実際、「新世界」に連れて来られたアフリカ人のうちわずか四～五％程度）、この国は一九世紀半ばに大西洋世界最大の奴隷社会となったのだから。アメリカ大陸にはこの国のように一八六〇年代初頭に四〇〇万人を超える黒人奴隷を抱えた植民地、州、国家など、ほかになかった。多くの学者は、最初のアフリカ人が労働者としてイギリス領北アメリカに到着したのは一六〇七〜一六一八年の間であると認識している。彼らの新世界への到着が遅かった理由は、スペインやポルトガルが一六世紀初頭から中央アメリカや南アメリカ、カリブ海の植民地に奴隷を輸入していたからである。イギリス領のアメリカ本土植民地〔訳注：北アメリカ大陸の主要部分を指し、周辺の島々・離島は含まない〕では徐々にその数が増え、最初は年間一桁か、せいぜい二桁の増加ペースであったが、一七世紀の第三四半期になると、着実にその数は増えていった。一八世紀半ばには年間何千人もやって来るようになった。アメリカ大陸のほかの地域、たとえば、フロリダやメキシコ湾岸沿いなどではスペインやフランスが植民地をすでに建設し、黒人や先住民の奴隷労働者を受け入れていた。それでも北アメリカにおけるアフリカ人の存在、そして彼らがこの地域に与えた経済的、政治的、社会的、文化的、法的、心理的影響は絶大であった。

本書は、奴隷の生活とそれを形づくった奴隷制を詳細に検討することにより、その存在と影響力の展開を記録したものである。『奴隷制の歴史』は、特に人口統計学、法的構造、アフリカ文化の変化・交流・レジリエンス、物質文化・物質的支援、抵抗と順応、結婚と家族、労働と余暇、そして、虐待・処罰・報酬を中心に論じている。これらのトピックは詳細な語りを織り交ぜることによって照らし出されたものだ。これらの語りは、革命前のアトランティック・チェサピーク（Atlantic Chesapeake）、ローカントリー（Lowcountry）、南ピードモント（southern Piedmont）、ローワー・サウス（Lower South）、南西部、中部および北部沿岸地域で展開された奴隷の存在という広い文脈の中に位置づけられる。アメリカ合衆国となったこれらの多様な植民地において、奴隷とされた者、奴隷所有者、そのどちらでもない大多数の北アメリカ住民の視点を形成してきたのは、ジェンダー、世代、人種・民族、階級、政治意識や道徳的イデオロギーであった。本書の目的は野心的である。それは、特にコンパクトな書物であることが至上命令であるためだ。本書は、アメリカ史における最も重要な経験の一つを総合的な観点から読者に広く紹介するものである。この本は未発表の私の研究・分析も一部、引用されているが、画期的な、新たな分析が含まれた専門的な研究書ではない。この本では私自身を含む何世代にもわたる奴隷制の研究者が発表した研究成果を主に利用している。これらはこの巨大なトピックについて多くのことを包括的に教えてくれる。『奴隷制の歴史』は時系列とトピックに沿った物語である。だが、全体としてはアメリカ大陸の奴隷の基本的な経験と奴隷制の特徴に重点が置かれている。これが本書の基本的なテーマである。

合衆国のアフリカ人とその子孫にとって奴隷制は、アメリカ大陸全体のものと同じく残酷であった。奴隷制は根本的に自分の人生や愛する人々の人生の重要な部分を、自分自身でコントロールできなくなることを意味する。それはしばしば、肉体的、心理的な虐待をも意味していた。奴隷女性にとって、また、程度はより限られるが、男性や子供の奴隷にとっても、奴隷制は性的虐待を意味した。今日の基準からすれば、平均的に奴隷は、所有者や政府権力から思いやりのある、いわんや人道的な扱いを受けていなかった。この非人道性は、夫婦関係、親子関係、労働規則・労働条件、物質的支援、医療、プライバシー・肉体関係、知的・文化的表現、刑罰、法律上の権利など、奴隷の生活のあらゆる面に影を落としていた。

奴隷制は、私人や国家による奴隷たちへの残酷な搾取行為であると同時に、極めて収益性の高いシステムであった。今日のアメリカ合衆国における奴隷制に関する一般的な認識は、地域（南部）にとって重要だったという思い込みが枠組みになっているが、奴隷が生産した富は、直接的にも間接的にも、イギリスが建設した一三植民地の経済の大部分と、一九世紀にアメリカ合衆国の一部となるスペインとフランス領土の経済を形づくったのであった。

南北戦争前の数十年間には、新生国家に経済的繁栄をもたらした奴隷制の影響が弱まることはなかった。この富は少数の白人エリートの手に集中しており、奴隷にはなんの恩恵ももたらされなかった。奴隷はその労働の対価として、物質的にも、医療的にも、社会的にも、心理的にも、最底辺かつ最低限の報酬しか得ていなかった。まさに合衆国の自由な白人社会は奴隷労働から利益を上げ続けていたにもかかわらず、奴隷に対する評価はいつまで経っても上がることはなかった。それどころか、奴隷制や奴隷の残虐な扱いを正当化するような「人種的」劣等性に関する概念が、国民の中にも、「科学的」にも、広まっていった。このような人種的偏見に気付かなかった者はほとんどなく、こうした偏見はそれ以前の時代やほかの場所での奴隷制と比べて、新世界の奴隷制において特に際立っていた。「黒人は、本来、異なる人種であるがゆえに、あるいは、時代や状況によって異なる人種とされたがゆえに、身体と精神の両方において白人より劣っているのではないか」というトーマス・ジェファーソン（Thomas Jefferson）の一七八一年の推測が「真実」のように受け入れられていった[1]。「偉大なる奴隷解放者」エイブラハム・リンカン（Abraham Lincoln）大統領でさえ、一八五八年には、公の場で有権者に向けて、言葉を選びつつも、こう説明している。「白人と黒人の人種間には物理的な違いがあり、この両人種が社会的・政治的に平等な条件で共存することは永久に不可能であると確信している。そして、共存できない以上、両人種が共に暮らしている間はお互いの立場や身分に優劣をつけなければならない。私は、ほかの誰よりも、白人に優位な立場を与えることに賛同する[2]」。この人種的劣等性の烙印こそが、奴隷の生活に影を落とし、奴隷制廃止後の黒人たちについて回り、今日でも彼らの「自由」の足かせになっている。歴史家のリサ・リンゼイ（Lisa Lindsay）が述べる通り、「人種的イデオロギーは、奴隷を働かせ続けるための根源的な恐怖心と強制力を支えていた」。「どの奴隷社会でも、奴隷主や監督は奴隷を鞭打ち、傷つけ、強姦し、辱め、略奪した。彼らは（ほとんどの）白人仲間に対しては考えつかないような拷問を行った」[3]。

奴隷となったアフリカ人とその子孫は、残酷な経済的搾取と劣等的人種という偏見にもかかわらず、肉体的、心理的、文化的、精神的、そして知的にも、何とか奴隷状態を生き抜こうとした。この「サバイバル（生き残り）」は、実際には完璧な形ではなかった。それは抵抗であると同時に、融和や順応、時には同化によって実現されたものであった。それでもなお、過酷な環境に耐えられない人々もいた。南北戦争前のヴァージニア、ジョージア、ルイジアナの各州で奴隷になったデリア・ガーリック（Delia Garlic）は、「自身の魂や身体を誰かに委ねてしまうことは悪いことだ」、「あなたを縛りつけ、顔を木に押しつけ、腕を木に括りつける。長く、曲がった鞭をとり、血が出るまで打ち続けるから」と呟いている[4]。歴史家のネル・ペインター（Nell Painter）が発表した奴隷の「魂の殺人」という優れた論文は、奴隷とその子孫の間に残る世代間の心的外傷（トラウマ）という問題に対して、私たちの想像力と知的好奇心をかき立ててくれる[5]。そして、全く生き延びられなかった人々もいた。かなりの数の奴隷の男女が、自殺し、精神障害を患い、意気を喪失させられ、身体的虐待から回復できず、ありえない治療を受け、ないしは治療すら受けられずに、病気から快復できず、あるいは、奴隷主や「法」の執行役によって[6]、国家のお墨付きのもとに殺害された。それでもなお、人口の自然増、長期にわたる夫婦関係、活気に満ちた文化的表現、白人の権威に対する毅然とした多様な挑戦、そして自身の解放や時には集団の解放につながるような創造的で勇敢な行為に関する記録の数々は、私生活、労働条件、人間的表現といった重要な部分を奪われないよう多くの困難に抗いつつ、自らの主体性を主張した奴隷たちの決意を証明している。残虐性、経済的収益性、人種差別的なイデオロギーが進化する一方で、家族やコミュニティ、抵抗、文化的表現を通して示した奴隷たちの肉体的、心理的、精神的な生存へのこだわりが、この総合的な物語のテーマである。『奴隷制の歴史』の第一章は奴隷制の「歴史」を読者に紹介する。とはいえ限られた紙幅では時代や場所を超えて存在した、現在、知られている奴隷制のすべての事例を記述することはできないし、ましてや議論することもできないのだが。同様に、残りの章では、決して容易い作業ではないが、アメリカ合衆国における奴隷制の展開の状況や拡大し続ける奴隷労働者の生活を説明したい。ここに本書の功績がある。

この本は、これは必要なことなのだが、「マクロ」から「ミクロ」へと、あるいは少なくとも「地域」から「ローカル」へと、行きつ戻りつしている。読者は、アメリカ合衆国史の大きな枠組みを認識することができるだろう。この国は奴隷制によってそのように形成されたのだ。また、奴隷にされた男性、女性、子供たちの世代を超えた声や物語をはっきりと聞くことができるだろう。本書では奴隷の生活の主要な要素とそれを形成した構造に関する学者の所感などもいくつか紹介されている。これらの意見は、時代とともに変化してきただけでなく、その多くが奴隷制研究という増大しつつある歴史学の中に組み込まれ始めている。アメリカ合衆国、さらに一般的に言えば、大西洋世界における奴隷制に関する最も重要な議論は以下の点に集中してきた。方法論的アプローチ（どの資料を用いるか、どのような声に耳を傾けるか、どのような問いを立てて回答するか）。奴隷とアフリカの関係（文化の保持、文化の拡張、文化の回復、文化の喪失）。奴隷と所有者の関係（家父長的か、あるいは敵対的・抵抗的か、従属あるいは代理の表現か）。法的・宗教的構造と奴隷生活の質との関係（カトリックvs.プロテスタント、比較的包括的だったフランス・スペイン植民地期の法規範vs.アメリカ合衆国の州・地域ごとの細切れの法律、イギリス領カリブから北米植民地への奴隷法規範の拡張）。サンボ（Sambo）、ジャック（Jack）、ナット（Nat）、マミー（Mammy）、イゼベル（Jezebel）などステレオタイプ化された奴隷の性格タイプ。秩序ある奴隷の社会的組織（奴隷共同体vs.奴隷主への忠誠心）。制度の性質（家父長的vs.経済合理的、良心的vs.残酷）。黒人家族の性質（核家族vs.大家族あるいは海外に広がる拡大家族）。奴隷制の経済的影響（利益vs.非利益）。このハンディーな本にこのような課題をすべて盛り込むには、明らかに、疑いの余地なく多すぎる。にもかかわらず、あえてそのようなことを試みるのは、奴隷制はアメリカ合衆国史にとって本質的な経験であり、その総合的な姿を読者に示したいと思うからである。

1. 大西洋奴隷貿易以前の時空を超えた奴隷制

「古代シュメールの最初の文字の記録以来、奴隷という概念は、最も貶められた社会階級を分類する方法であった」
デイヴィッド・ブライオン・デイヴィス（David Brion Davis）『非人道的な束縛（Inhuman Bondage）』(1)

奴隷制は、時代と空間を超えて、全人類の中に見られる最も永続的な制度と条件の一つとして存在する。しかし、ここで取りあげる奴隷化、奴隷の束縛、不自由な労働、債務奴隷、妾などの事例の多くは、奴隷社会と定義されない社会で起きている。そこでは、奴隷の存在が住民の多くの人々（ほとんどではないにしても）の生活を左右する、一つ、あるいはそれ以上の重要な社会的特徴に決定的な影響を与えている。こうした社会の特性は通常、奴隷ではなく、その所有者や制度に投資する者たちの権利や特権の保護にある。この章を読めば、世界中で見られる無数の奴隷制の形態は、昔も今も、政治的領域の境界間だけでなく、その内部においても極めて多様であることがわかる。奴隷制は、これまで、いかなる特定の地域においても同じものだったことはめったになかった。奴隷制の姿は、その遂行手段、奴隷にされる者と奴隷にする者の特徴、政治的・社会的・経済的・文化的構造や慣習への影響、奴隷の「権利」、国家的な支援の手段、奴隷が自由を得るための方法、解放された者とその子孫にとってその「自由」が意味するものなど、驚くほど多様なのである。しかし、同時に読者は、奴隷の地位の特徴のいくつかが、時代と場所を超えて受け継がれ、あるいは少なくともしばしば繰り返されていることもすぐに理解できるだろう。著名な奴隷制研究者であるデイヴィッド・ブライオン・デイヴィスが、奴隷制を社会的「堕落」と結びつけたことは全く正しい。奴隷制によって生まれ、その中で機能してきた社会階層は、まれな例外を除いて、「奴隷」を最下層に位置づけている。このことは、奴隷制と分類される様々な権力関係において見られる基本的な共通点である。このほかにも、各人が奴隷の身分に落とされるに至ったあり方、従事する労働の種類、奴隷所有が主人の地位に与える影響なども類似している。コロンブス到達後の新世界の奴隷制の最も顕著な特徴は、奴隷が「黒人」だったということだ。したがって、人種に基づく奴隷制は、新世界の制度が確立する以前には極めて特殊なものであったことになる。それ以前は、「黒人」、あるいはアフリカ人であるという理由よりも、貧困者、戦争捕虜、犯罪者、誘拐被害者、または特定の宗教の信者であるという理由で奴隷にされることのほうが圧倒的に多かったのだ。

古代世界における奴隷制

古代世界では、エジプト、メソポタミア、ギリシャ、パレスチナ、ローマ、そしてアジアに奴隷が存在していた。アメリカ大陸、ヨーロッパ、アフリカ、太平洋地域の初期社会でも同様であった。紀元前一八世紀にはバビロンに奴隷がいて、紀元前六八〇〇年にはメソポタミアの都市にも奴隷がいた。たとえば、バビロンのハンムラビ法典（紀元前一七九〇年頃）には、特に奴隷制に関する多くの指針が記されている。メソポタミアで奴隷になったのは、典型的には戦争捕虜、犯罪者、債務者であり、彼らは農業、建設業、家政婦業で働いていた。そこでの奴隷の所有は紀元前一世紀にピークに達した。(2) ギリシャにおける奴隷制の記録をひも解くと、少なくとも紀元前一五〇〇年以降には、この制度は存在していたことがわかるが、ヘレニズム時代（紀元前三二三〜三〇年）には特にアテナイ（Athens）、デロス（Delos）、デルフォイ（Delphi）で重要な役割を果たしていた。紀元前五世紀のアテネでは、奴隷の数のほうが通常の自由な住民の数よりも多かった。この時代のギリシャでは銀山で数万人もの奴隷を雇っていた。ローマ共和国の奴隷制は、紀元前四五〇年頃には完全に制度化され、十二表法（紀元前四五一〜四五〇年）に組み込まれていた。実際、ローマ帝国では紀元前二九七年〜一六七年の間、七〇万人近い戦争捕虜が奴隷にされていた。(3) 古代ローマでは数百万人の奴隷が住み、人口の一五〜二五％、あるいは三五％を占める程度の規模であったという[4]。

古代ギリシャ・ローマ時代に奴隷になるということはどういうことだったのか。奴隷は自分たちの「母国」や「文化」から引き離されなければならなかった。「自由」な人々からは「人間」と見なされず、ましてや対等とも見なされない社会における、「他者」であった。奴隷は、民族や国家、血統といった認識可能な繋がりを持たなかった[5]。たとえば、ローマの奴隷たちはドイツ、イタリア、バルカン半島、イギリス、シリア、スペイン、ギリシャ、トルコ、ソマリア、北アフリカ、ユダヤ人の領土、さらにはインドを含む広大なローマ帝国全体から集められた[6]。奴隷は家財または財産であり、奴隷主に労働力と地位を提供するものであった。とはいえ、奴隷は、たとえ奴隷であっても人間であり、感情だけではなく、知性さえも持ち得るということは、奴隷も、またその所有者も理解していた[7]。にもかかわらず、奴隷は肉体的にも感情的にも、少なくとも外見的には所有者に属していた。所有者は、奴隷の使用法や衣服、食事、罰則を選択し、職種を指定し、あるいは、ほぼ自分の意志で奴隷と性的関係を持つことができた。ローマの奴隷たちの大多数はほとんど権利というものを持たず、その地位や身分は子孫にも受け継がれた。奴隷は財産を持つことも、結婚することも、自分たちの家族を持つこともできなかった[8]。

奴隷の身分の起源――相続、戦争の戦利品、購入品、誘拐の被害者、債務者、貧困家庭の孤児、捨て子、売られた子など――は古代から近世にかけての、中国、エジプト、そのほかの地域の奴隷制にも繋がる。ローマ帝国の奴隷は社会の隅々の領域に存在し、古代世界の経済のあらゆる分野で、様々な意味において不可欠な存在であった。最も数が多かったのは家事労働者や農業労働者であった。裕福な奴隷所有者は何百人もの奴隷を持つことができたが、大半の所有者はそれほど多くの奴隷を所有していなかった。奴隷たちの中には、熟練の職人、剣闘士、鉱山労働者、行政官として働く者もいた。西洋古代世界の社会と同様、家事能力や高い技能を持つ奴隷は農業労働者より高い地位にあった(9)。古代ギリシャ・ローマ時代の奴隷制は、アメリカ大陸と同様、奴隷にされた男性、女性、子供たちが自らの身体をコントロールできないことを意味する。奴隷を身体的、性的に支配することは、所有者ならびに所有者が自分の所有物にアクセスすることを許可した者だけに与えられた権利であった。所有者はまた、通常、国家の干渉を受けずに、思いのままに奴隷を罰することができた。罰則の範囲は、鞭打ち、焼印、投獄、そして殺害に至るまで、様々であった(10)。

奴隷の社会的・政治的地位が疎外されていることは共通認識となっていたが、それでも、その地位は多様であり、それは目に見える形で存在し、奴隷の労働や待遇にも影響を与えていた。古代ギリシャ・ローマ世界では、裕福で権力を持つ奴隷主に属する特定の奴隷のほうが、ほかの奴隷や身分の低い自由人の男女よりも相対的に大きな力を持っていた(11)。そのため、奴隷たちの中には自身の所有者の地位の高さによって、「奴隷」と「自由人」の境界線上に位置する者もいた。また、重要な技術を身につけたり、素晴らしい教育を受けたりすることで、高い地位を得て、より有用な「自由」を手に入れた者もあった。ごく少数とはいえ、中には、低い地位の自由人から羨ましがられる奴隷たちもいた。結局のところ、自由人の男女であっても、経済的苦境に陥ったり、法律に背いたりするようなことがあれば、自由が失われ、奴隷になる可能性があった。同様に、奴隷にされた者が自由になることもあった。

とはいえ、ひとたび奴隷になると、通常、その地位は一生涯続き、多くの場合、将来世代に引き継がれた。奴隷の地位の引継ぎが途切れるのは、所有者が奴隷を解放するか、奴隷が自分の自由を買うだけのお金を稼いだとき、つまりは奴隷主がそれを許したときに実現した。ただし、奴隷が自由を買う権利は、通常、保証されていたわけではなかった。自由を手に入れた後も奴隷であったという烙印はしばしば付いて回り、前の奴隷主に対する義務を負わされることもあった[12]。

たとえば、ローマ共和国では、正式に解放されても元奴隷の市民権は限定されていた。解放された人々は法的には結婚し、契約を結び、譲渡可能な私有財産を所有することができた。男性は限られた範囲で投票権を与えられていたが、公職に就くことはできなかった。ただし、自由人となった彼らの子供は、公職に就くことが可能であった。古代ギリシャでは、奴隷は宗教的、あるいは民事的な手段を通じて解放を求めることができた。自由とは、ギリシャの元奴隷が自分の行動をコントロールし、収入を得る権利を持つことを意味するが、彼らは依然として元所有者またはその相続人に縛られていた。奴隷主やその家族は解放後の奴隷に対して何らかの奉仕や補償を求めることができたのである。これを拒絶した者は罰せられ、最悪の場合は再び奴隷に戻されることもあった。[13]

古代世界では、奴隷制は決して珍しい制度ではなかったが、同様に、奴隷制に対する抵抗も珍しいものではなかった。たとえば、紀元前七三年~七一年にかけて、イタリアではスパルタクス（Spartacus）の指導する反乱が起き、何千人もの奴隷が参加するなど、奴隷たちは武装反乱を含む様々な方法で束縛に抵抗していた。[14] また、自殺、逃亡、奴隷主の殺害、奴隷主の持ち物の窃盗、農作物や仕事場や家の放火などを行った者や、言うまでもなく、消極的な方法だが、不服従の態度を取り続ければ逃げられるのではないかと考えた者もあった。歴史家のキース・ブラッドリー（Keith Bradley）が古代ローマの奴隷制について述べたように、「主人と奴隷の間には常に心理戦のようなゲームが存在していた」のである。[15]

古代の文献には、奴隷制に関する記述が多く残されている。たとえば、旧約聖書や新約聖書にも奴隷と奴隷制が描かれている。これらの奴隷は、通常、その地位を先祖から受け継いだ者か、あるいは債務者、戦争捕虜、犯罪者、妾などであった。旧約聖書では、ユダヤ人やほかの民族・人種が奴隷を所有したり、奴隷として所有されたりしていた。新約聖

1.1　鉱山で働く奴隷（古代ギリシャ、紀元前440～430年頃）
出典：Wikimedia Commons

書では、使徒聖パウロは奴隷の窮状を語り、使徒聖ペトロは奴隷に主人に従うように指示している。言うまでもなく、聖書の中で最もよく言及されている奴隷制の年代記の一つは出エジプト記である。これはエジプト人に奴隷として扱われたユダヤ人がモーセ（Moses）の指導によって解放されるまでの物語である。しかしながら、古代エジプトで奴隷にされたのは、ユダヤ人だけではなかった。

エジプト文明が長期に及んだことを考えると、古王国時代（紀元前二七〇〇～二二〇〇年頃）、中王国時代（紀元前二一三四～一七八五年頃）、新王国時代（紀元前一五六〇～一〇七〇年頃）、そしてローマ帝国の支配下（紀元前三〇〜六四〇年頃）において、奴隷制のあり方が異なっていたことは、驚くには当たらないだろう。

最も多くの奴隷がいたのは、新王国時代であった。時代を問わず、奴隷のほとんどは軍の捕虜であった。たとえば、古王国時代の第五王朝期では、少なくとも七〇〇〇人のヌビア人と一一〇〇人のリビア人の奴隷が捕らえられたという証拠が残っている。また、古代にはシリアやカナン、エチオピアから来た人々や、あるいはエジプト人の犯罪者や債務者から奴隷になった者もいた。その多くは農地、鉱山、兵士、家事労働者として働いていた[16]。銅山や金鉱山での労働は最も残酷であり、多くの死者を出したとされる。ほとんどの所有者は一人か二人程度の奴隷しか所有していなかったが、裕福な者はそれ以上の奴隷を抱えていた。王族の宮殿で働く奴隷は比較的高い水準の物質的支援を受け、ほかの奴隷が経験できないような好意や特権を得る機会があったため、最も恵まれていると考えられていた。

さらに、少なくとも新王国時代には特に恵まれた奴隷は財産を持ち、それを相続することもできた。同様に、一部の奴隷は法廷で証言することができたり、エジプト文化の教育を受けたりしていたという証拠もある。エジプトの奴隷制は古代世界と同じく世襲制であった。たとえば、新王国時代のアモンカウ（Amonkhau）（紀元前一一〇〇年頃）の遺言には、二番目の妻には「二人の男性の召使、二人の女性の召使とその子供たち」、さらに九人の奴隷を与えることが明記されていた[17]。

中東・アジアにおける奴隷制

エジプト以外の中東地域でも奴隷制が繁栄し、広大な交易ネットワークを通じて地域内外から売買用のための奴隷が運ばれてきていた。奴隷制はイスラム教が広まる以前から存在していたが、聖典コーランでは奴隷制の存在を前提とし、いくつかの指針を示しながら、この制度について言及されている。

たとえば、シャリーア法（Sharīʿa law）では、ムスリムが同じムスリムを奴隷にすることは禁止されていた。しかし、ムスリム以外の者を奴隷にすることは可能であり、地中海、北アフリカ、中東、イベリア半島、バルカン半島などでは、非ムスリムのコミュニティや海賊船を襲撃し、奴隷を捕獲するという長い歴史があった[18]。奴隷にされた者の多くは、家事労働者として働き、あるいは軍人として活用された。また、コーランでは男性信者が奴隷女性と性的関係を持つことを、たとえ両者が結婚していたとしても認めていた。そのため、多くの奴隷女性は強制的に妾の関係を強いられることになった。しかしながら、妾が奴隷主の子供を産んだ場合には、その主人が死亡した時に女性は解放された。子供のほうは出生時に解放されることになっていた[19]。奴隷の地位は主人の地位によって決まるため、奴隷たちの間にも階層が存在した。たとえば、奴隷兵士の多くは最終的に解放され、ある程度の権利が認められるようになった。

1.2 「マカーマート」（集会）より、奴隷市場。アル・ハリーリー，ヤフヤ・イブン・マフムード・アル＝ワシティ（13世紀）
出典：History/Bridgeman Images より提供

モンゴルからコーカサス山脈、カザフスタンからアフガニスタンに至る広大な地域である中央アジアも、奴隷制から自由だったわけではなく、中東に運ばれた奴隷の男女もいた。実際、シルクロードでは奴隷は一般的かつ重要な交換品目であった。奴隷男性、特にトルコ人の奴隷の多くは兵士となり、奴隷女性は通常、妾や家政婦となった。[20]

中国、日本、韓国、インド、カンボジア、マレーシア、インドネシアなどアジア各地では、戦争捕虜や債務者、犯罪者を奴隷にすることが古代から続いていた。たとえば、インドのチャンドラグプタ（Chandragupta）皇帝の顧問が紀元前三〇〇年頃に書いた『アルタシャーストラ（Arthashastra）』には、人が奴隷になるのは、誰かに身を売るか、地位を親から相続するか、犯罪の罰としてか、あるいは戦争捕虜になった時などであると、記述されている。主人は奴隷を、メッセンジャー、家政婦、通訳、妾、宦官、職人、戦士、農業労働者など、様々な職業に就かせた。都市部では奴隷制が盛んだったが、南アジアの奴隷主は紀元前六〇〇年から三二一年のヴェーダ時代、大量の奴隷を農業労働に使用していた。中国の奴隷は、紀元前三世紀に万里の長城や始皇帝の墓を建設するのに大いに役立った。古代日本では紀元前九世紀まで、奴隷男性は「奴（yakko）」と呼ばれていた。六四五年の大化の改新の時期には、「奴婢（nuhi）」、すなわち奴隷に関する具体的な規定が作られた。七〇一年には「公有の奴隷」である公奴婢（kunuhi）と私有の奴隷である私奴婢（shinuhi）を区別し、公奴婢の地位を向上させるための、より広範な法律が制定された。東南アジアでもほかの地域と同様、大量の奴隷を所有することは、奴隷主に社会的な名声と経済力をもたらした。紀元前二〇六年から一四世紀にかけて、国内外で奴隷貿易が行われ、アフリカなど遠方から中国に奴隷が供給された(21)。一六世紀末にはスマトラ島やニューギニア島で、また、一七世紀から一八世紀にかけてはフィリピンでも奴隷貿易が活発に行われていた(22)。

アフリカにおける奴隷制

もちろん奴隷制は、古代エジプトやアフリカ大陸北部以外の多くの地域で存在したが(23)、様々な形態の制度が初期の段階からアフリカ全土で栄えていた。アラブ人は紀元前二〇〇年頃から東アフリカ沿岸の奴隷貿易を支配していた。戦士として使用されるエチオピアの若い男性や、容姿の美しさをかわれてハーレムで奴隷にされる女性や少女は、特に重要な存在であった。一二世紀には中国の歴史家でさえ、中東での東アフリカの人々の奴隷制について記述している。たとえば、周旭飛(Chou Ch'u-fei)は一一七八年に「海に浮かぶ島があり、そこには多くの未開人がいる。その体は漆のように黒く、髪は縮れている。彼らは食べ物で誘惑され、捕らえられ、奴隷としてアラブ諸国に高値で売られている」と書いている(24)。

奴隷にされた西アフリカの人々もまた、アラブ世界各地で取引された。金、象牙、塩、奴隷を運ぶ交易ルートは、次第に広大な大陸を越えて、人々を結びつけるようになった。

1.3　中央アフリカから東アフリカに輸出される奴隷（1866年頃）
出典：New York Public Library

たとえば、八世紀にはイスラム教徒による奴隷貿易が盛んになった。その多くは暴力的な誘拐や襲撃によるものであったが、奴隷はサブサハラ・アフリカの北・東部からペルシャ湾へ、そして一〇世紀にはアジアへと移動していった[25]。この貿易の多くは、リビア砂漠南部のザウィラ（Zawila）という都市を拠点に、ティンブクトゥ（Timbuktu）、カノ（Kano）、ボルヌ（Bornu）、ワダジ（Wadai）を通る重要な奴隷ルートに沿って行われた[26]。この奴隷貿易は一〇〇〇年以上にわたって隆盛した[27]。中には、中世から近世にかけてのヨーロッパの一部で取引された奴隷がいた。その大半は女性で、主に家政婦や妾として使われた。ある地域では、ユダヤ商人がイスラム商人よりも早くから活動していた[28]。西アフリカの重要な王国であるガーナ、マリ、ソンガイでもある種の奴隷制が行われていた[29]。一九世紀半ばまでに、イスラム商人は奴隷を獲得するためにコンゴ川上流やヴィクトリア湖など、アフリカ内陸部まで足を延ばした。彼らは奴隷の男女や若者を、ザンジバル経由で東方のトルコ、イラク、イラン、アラビアへと輸送した。アフリカ大陸の西・中央部、たとえばコンゴ人の間では、一四世紀から奴隷制が行われていた。[30] ナイジェリア北部とニジェール南部に位置するハウサランド（Hausaland）でも奴隷制が行われていた。そこでは、軍事的征服者は戦争捕虜を農業労働者、建設労働者、妾、宦官、家政婦として使用し、馬などの貴重品と交換していた。[31]

したがって、ヨーロッパ人がサブサハラ・アフリカに到着した一五世紀頃には、奴隷貿易や奴隷制はすでに様々な場所で存在し、多くの民族によって実施されていた。一七世紀後半から一八世紀初頭にかけて、ナイジェリア南東部イグボランド（Igboland）では、大勢の奴隷が北米（特にヴァージニアやメリーランドあたり）に強制移住させられていた。奴隷にされたのは、殺人、近親相姦、魔術、窃盗など、数多くの犯罪行為を行った者たちである。そのほか、政敵や「外敵」との戦いや債務などが原因で奴隷になった者もいた。[32]

一五世紀から一九世紀半ばにかけて、奴隷にされた戦争捕虜や、奴隷になったばかりの者で一族に組み入れられなかった者たちは、セネガルからアンゴラまでの大西洋岸やザイール／コンゴの中央アフリカ内陸部で取引していたポルトガル人、オランダ人、スペイン人、フランス人、イギリス人、スウェーデン人などのヨーロッパ人によって、金、象牙、布などの貴重品とともに売られるのが一般的であった。ヨーロッパ商人たちは、すぐさま（サハラ砂漠を越えて北と東に移動する）奴隷貿易の隊商や前哨基地が内外に存在することによって利益を得られることを察知した。歴史家のジョン・ソーントン（John Thornton）が指摘するように、アフリカの政治的・経済的エリートは奴隷財産の大半を支配し、奴隷はその主人に莫大な富と名声をもたらした。こうした奴隷たちは、エリートが捕虜として捕まえた敵軍の兵士であることが多かった。奴隷は一般的に共同所有である土地とは異なり、譲渡可能な財産であったため、「経済単位」として特に重要であったのだ。[33]

古代ヨーロッパ、中東、アジアの社会と同様、サブサハラ・アフリカのアフリカ西部・中部では、奴隷たちは宮廷行政官、兵士、商人、鉱山労働者、職人、農業労働者や農業監督者、音楽家、人身運搬者など、実に多様な職業に就いていた。[34]

アフリカで奴隷にされた者の大多数を占める女性と子供は家庭内での労働を担っていたが、女性に関しては鉱山労働者、水の運搬者、助産師、看護師としても利用された。ダホメー（Dahomey）では、状況によっては、奴隷女性であっても兵士、司令官、商人、政府の顧問にされることもあった。奴隷にされた子供のほとんどは家事労働者であり、掃除、料理や庭仕事の手伝い、家畜の世話、自由人の子供の遊び相手になるなどの労働を担った。女性も家事労働や糸紡ぎに従事したが、特に農業労働者として重要であり、数は少ないものの、妾や性奴隷としての役割もあった。[35]

奴隷女性の生産性を管理することは、当然、将来の奴隷を生産することでもあった。奴隷女性と同じ世帯で暮らした男性の中には、彼女たちと結婚する者もいた。彼女たちは通常、婚姻費用の支払い義務が伴うような親族集団に属していなかったため、男性は婚資を支払わずに済んだからである。奴隷女性は結婚して親族集団の一員となった。彼女たちは時間の経過とともにその社会に慣れ、環境に適応していった。この結婚で生まれた子供は自由であった。また、子供の頃に奴隷になった者は、一家の一員として同じように扱われることが多かったが、割り当てられた仕事は通常より酷かった。しかし、同一世帯内での奴隷の地位は世代を超えて改善する傾向にあった。[36]

女性は奴隷にされたが、奴隷所有者にもなることができた。アフリカやヨーロッパの有力な男性の妻や妾になることで、あるいはごく少数の女性たちは自身の手で、奴隷を手に入れた。ただし、その奴隷のほとんどは、ほかの女性や子供であった。また、奴隷女性の中には、自らの権利として奴隷を保有する者もいた。特に、自由を手に入れる間近で、奴隷主からその権利を与えられた場合はそうであった。[37] 自由なアフリカ人女性の中には、アッパー・ギニア（upper Guinea）からルアンダに至る西アフリカ沿岸部の貿易都市で、実質的な支配権を得た者もいた。彼女たちは相当数の奴隷を保持し、それを地域経済圏の家事部門、農業部門、商業部門で利用していた。[38]

一五世紀にサブサハラ・アフリカに到達したヨーロッパ人は――対アラブ貿易関係のた

めのアフリカ人奴隷を持つという歴史だけでなく――その政体の内外で「ヨーロッパ人」を奴隷にするという長い歴史をも持つ社会の出身者であった。たとえば、少なくともイングランド、フランス、イタリア、スペイン、ポルトガル、アイルランド、ハンガリー、スウェーデン、アイスランドには、奴隷制が存在していた。ヨーロッパの奴隷はヨーロッパ内だけでなく、主にスペインやイタリアを経由して地中海東部でも捕獲され、取引されていた。たとえば、ノルウェー人は、現在のアイルランド、イングランド、スコットランド、アフリカ大陸の人々を襲撃して奴隷にし、その捕虜をグリーンランドに連れて行ったり、陸路で中東や中央アジアに連行したりした。[39] 九五〇年にはイギリスの人口の一五〜二〇%を奴隷が占めていたという推定もある。[40] 南ヨーロッパ、特にスペインやポルトガルは、中世以降、キリスト教徒の男女を奴隷としてイスラム世界に連れて行くなど、悪名高い奴隷狩りの舞台となった。中でもモロッコ、チュニジア、アルジェリアに位置するバーバリー(Barbary)海岸は、一七世紀から一八世紀にかけて、ヨーロッパ(イタリア、スペイン、フランス、アイルランド、イングランド、スコットランド、ポルトガル)から来た多くの海賊が、人々を連れ去り、奴隷にした場所として知られていた。一部には、独立直後、数十年の時期のアメリカ合衆国から来た海賊もいた。

ヨーロッパとオスマン帝国における奴隷制

オスマン帝国は一六世紀に最盛期を迎えた。この時期には東ヨーロッパを含む一部地域で、キリスト教徒からイスラム教に改宗させられた男性や少年が奴隷兵士として広く利用されていた。だが、その多くは北アフリカからホーン（Horn）地方を経て、南東ヨーロッパ、コーカサス地方や西アジアに広がる帝国の行政官として働いた。このクル（kul）と呼ばれる男性たちは一般的な奴隷として扱われることはなかった。彼らは強大な権力を持ち、裕福な生活を送り、おおむね結婚生活にも恵まれた。理論的には彼らはスルタン（sultan）の奴隷であったが、人間性を奪われたり、軽蔑や無礼な扱いを受けたり、自身の労働力や身体、家族をコントロールする能力を失ったりすることはほぼなかった。女性や子供たちは家庭内奴隷であったが、通常、エリートの家の中にいた。その多くはハーレムに住んでいた。ハーレムは独立したジェンダーの活動領域および空間として機能した。ハーレムにいる奴隷女性、特にヨーロッパから来た女性は、クルの兄弟と同様、時にエリートの地位を得て、家庭内でエリート女性から訓練を受けることができた。その結果、有力な男性と快適な結婚生活を送ったり、妾として仕えたりすることができる者もいた。(41)

オスマン帝国の属国であったクリミア半島（ウクライナ、ロシア南部）でも一五世紀から一八世紀にかけて奴隷貿易が非常に活発に行われていた。現在のポーランド、リトアニア、ルーマニア、セルビアに当たる土地への襲撃の結果、何百万人もの人々が奴隷にされた。これらの人々はおおむねオスマン帝国のほかの地域、たとえば、アラビア、ペルシャ、インド、シリア、トルコなどの中東やアジアに売却された。彼らは農業労働者として、ガレー船の中で、そして性奴隷として働かされた[42]。

「接触」前のアメリカ大陸における奴隷制

アメリカ大陸には、一五世紀にヨーロッパ人、あるいはアフリカ人が到着する前から様々な形態の奴隷制が存在していた。実際、一六世紀のフランシスコ・バスケス・デ・コロナド（Francisco Vasquez de Coronado）やエルナンド・デ・ソト（Hernando de Soto）などの初期の探検家、一七世紀のスペイン人やフランス人の宣教師などが、北アメリカ、南アメリカ、中央アメリカの先住民たちが行っていた奴隷制について、最初の記録文書を残している。たとえば、北米の太平洋岸北西部では、すべてではないものの、多くの社会で奴隷制が存在した。奴隷は財産と見なされ、幅広い交易ネットワークの中で売買された。奴隷はその地位を先祖から受け継ぐと同時に、戦争捕虜や奴隷狩りの犠牲者となることで奴隷となった。奴隷狩りは、アラスカ南部のトリンギット（Tlingit）族やコロンビア川流域のチヌーク（Chinook）族など、いくつかの民族で特に顕著に見られた。奴隷の扱いは、ほかの地域と同様、非常に多様であった。自由を買い取ることのできた者もいれば、奴隷主に逆らって殺された者もいた。大半の奴隷女性は妾にされ、その子供は養子に出されることもあった。ほとんどの奴隷所有者は農業従事者ではなく、漁師、採集者、商人であったため、奴隷の労働は当時の重要産業であった水産業（鮭漁）の手伝いから家事労働まで、多岐に及んでいた[43]。南西部のナバホ（Navajo）族などは、そのほとんどが奴隷を所有していなかった。そして、奴隷を所有していた者たちは奴隷を死ぬまで厳罰を与え続ける権利を持っていた。奴隷は、一般的に、戦争捕虜や先祖からその地位を継承した者たちであったが、自由を得ることを望み、やがて社会的に認められ、ごく稀に偉くなることもあった[44]。

さらに東の北アメリカ平原では、コマンチ（Comanche）族、スー（Sioux）族、ポーニー（Pawnee）族、イリノイ（Illinois）族などの先住民の間でも奴隷制が盛んに行われていた。奴隷たちは大陸全体で多く見られるように、戦争捕虜であり、その地位は子孫へ受け継がれることもあった。ただし、中には身代金やほかの品物と交換される者もいた。平原に住む人々は、奴隷所有者や奴隷商人であったが、ソーク（Sauk）族やオタワ（Ottawa）族のような東部のグループから襲撃を受けるなど、犠牲者でもあった[45]。

南東部や北東部の先住民グループも、捕虜や購入した奴隷労働者を経済や社会構造の中で様々な用途で利用していた。女性の大半は妾となり、子供はしばしば養子となり、男性は最底辺の労働者としてこき使われた。また、奴隷の帰属する集団や出身グループとの戦いで殺されたと思われたり、あるいは戦いの結果、死んだりした仲間の仇を討つために、敵だった奴隷を殺害する者もいた。たとえば、北部のイロコイ（Iroquois）族は戦争捕虜を奴隷労働者として利用したり、殺害したりした。イロコイ族はまた、一部の者たちを、特に子供たちを、一族の養子として迎え入れた[46]。ノース・カロライナからアラバマにかけて居住したチェロキー（Cherokee）族は、「所有される者」を意味する *atsi nahas'i* と呼ばれる伝統的な奴隷制の形態を有していた[47]。彼らはチェロキー社会の一員でありながら、その中では不安定な立場に置かれていた。一族の一員としての権利を認められておらず、権利や特権を得ることのできる親族制度からも外されていたのである。*atsi nahas'i* は奴隷主の保護に全面的に依存せざるを得なかった。これらの戦争捕虜たちは、主に女性とともに家事労働や農作業に従事し、畑の開墾、作物の栽培や収穫、食事や衣類の準備などを手伝っていた。時には男性の狩りに荷運び役として同行したり、伝達役や薪集め、一時滞在用のシェルター作りに携わったりすることもあった[48]。

「発見」以前の中央アメリカでは、奴隷を所有すること、あるいは奴隷であることは、アステカの階層社会の地位を決定する重要な要素であった。トラコティン（tlacotin）と呼ばれる奴隷たちは、戦争捕虜のほか、債務者や犯罪者から集められた者たちで、彼らに対する扱い方は千差万別であった。何万、何十万もの人々が宗教的儀式の一環として生け贄として捧げられた。より幸運な者は結婚する権利があり、奴隷としての地位を子供に引き継がせることもなく、ある程度の財産を所有し、自由を買い、その地位を他者に振り代えることができた。多くの奴隷は借金が原因で奴隷になったために、借金を全額返済すれば解放してもらえるよう交渉できる可能性があったため、必ずしもその地位は永続的なものとは言えなかった。アステカの奴隷は通常、農業、鉱業、そしてテノチティトラン(Tenochtitlán)の多くの地区の建設現場で働いていた。[49]

ヨーロッパ人の大陸到着以前には、中央・南アメリカのほかの社会でも「捕虜」の資産的価値を重視しない束縛関係が存在していた。人類学者のニール・ホワイトヘッド(Neil Whitehead)は、この制度を「捕虜と義務的奉仕」と名付けた。[50] たとえば、ブラジルのトゥピ(Tupi)族では、戦争捕虜は先住民の宗教的儀式の一環として人肉食の対象とされていた。とはいえ、この戦争捕虜 *kawewi pepicke* の運命は即座に決まるわけではなかった。彼らは死の直前まで家事労働者として働き、その多くが捕虜たちのコミュニティのメンバーと結婚していたのである。[51] さらに、南アメリカ北東部のカリブ(Caribs)族は隣人の部族たちと絆を結び、女性を結婚させたり、男性を売ったりという取引活動を行っていた。[52] 捕虜となった子供や、捕虜とその捕獲者の間に生まれた子供は、捕獲者の社会に同化していたようである。彼らはポイト(*poito*)と呼ばれているが、アラワク族のマコ(*maco*)と同様の存在であった。すなわち、奴隷だったともいえるが、たとえば、捕虜とその捕獲者との結婚によって義理の兄弟・姉妹と考えられた人々など、かなり高い地位に属する人々でもあった可能性もある。彼らは農業、建設業、狩猟、漁業、家事などの仕事に従事しており、自分たちが属するコミュニティや家庭に大きく貢献した。さらに、彼らの多くは必ずしも、一五世紀後半からアフリカ人を襲い始めた、あの過酷な種類の奴隷制という意味での「奴隷」ではなかった[53]。

つまり、奴隷制は、時間、場所、民族の違いを超えて導入されるものであるため、大きく異なることもあれば、非常に類似していることもあるのだ。奴隷の経験や奴隷制を概念化し、形成する変数には、社会が認識する幸福、特に経済成長と政治的安定に対して、奴隷制が基本的にどの程度寄与しているかが含まれる。だが、それだけではない。ほとんどの場合、戦争による奴隷の獲得は軍事的、経済的ライバルを罰し、弱体化させることを目的としていた。このような戦争捕虜は、時には様々な征服者たちの家族の一員となっている。労働者となった奴隷も通常、家族に富と名声をもたらすものとして捉えられていた。これに対し、奴隷が単なる財産であった社会では、奴隷の商品化は、一般的に認識し得る人権がほとんど存在せず、社会的にほとんど認知されていないことを意味していた。奴隷の生活は過酷で、寿命は短く、自由を得る望みはほとんどなかった。それでも、奴隷制が存在するということは、他方では、滅多にないとしても、解放のための道が残っていることを意味していた。奴隷たちは、自由を得るために宗教上、立法上、司法上の機会を利用したり、時には親族関係に近いような密接な関係を築こうとしたりした。彼らはまた、自分自身や家族を買い戻すための闘争という遺産を残している。抵抗の形態としては、このほかにも、逃亡、反乱、自殺、そして消極的な態度・サボタージュというものもあった。これは頻繁に見られたケースであり、時代や場所を問わず、奴隷の記録の中にもしばしば出てくる。

参考文献

Campbell, Gwyn, Miers, Suzanne, and Miller, Joseph (eds) *Women and Slavery: Africa, the Indian Ocean World, and the Medieval North Atlantic*. 1 vol. Athens, OH: Ohio University Press, 2007 .

Chatterjee, Indrani, and Eaton, Richard M. (eds) *Slavery and South Asian History*. Bloomington, IN: Indiana University Press, 2006.

Davis, Robert C. *Christian Slaves, Muslim Masters: White Slavery in the Mediterranean, the Barbary Coast and Italy, 1500–1800*. Basingstoke, UK: Palgrave Macmillan, 2005.

DuBois, Page. *Slavery: Antiquity and Its Legacy*. New York: Oxford University Press, 2010.

Glancy, Jennifer. *Slavery in Early Christianity*. New York: Oxford University Press, 2002.

Patterson, Orlando. *Slavery and Social Death: A Comparative Study*. Cambridge, MA: Harvard University Press, 1985.

Rodriguez, Junius P. (ed.) *The Historical Encyclopedia of World Slavery*. 2 vols. Santa

Barbara, CA : ABC-CLIO, Inc. , 1997.

Rodriguez , Junius P.(ed.) *Chronology of World Slavery*. Santa Barbara, CA: ABC-CLIO, Inc. , 1999.

Shaw, Brent D.(ed.) *Spartacus and the Slave Wars: A Brief History with Documents*. Boston, MA: Bedford/St Martin's, 2001.

Spicer, Joaneath(ed.) *Revealing the African Presence in Renaissance Europe*. Baltimore, MD: Walters Art Museum, 2012.

2. アフリカでの起源と大西洋奴隷貿易

「天真爛漫な、自由な状態から、野蛮で残酷な方法によって、恐怖と奴隷の状態へと連れて行かれた。」

オットバー・クゴアーノ(Ottobah Cugoano)『グラナダで奴隷にされたファンティ(Fanti)の自由な少年[1]』

大西洋奴隷貿易として知られる、一六世紀から一九世紀にかけてのアフリカ人労働者のアメリカ大陸への貿易の発展は、奴隷制の定義とそのあり方に大きな変化をもたらした。貿易そのものの膨大な量——奴隷にされた無数のアフリカ人、四世紀にも及ぶその長さ、関連諸機関や産業や専門家、そして奴隷ビジネスの多様性の反映としての熟練労働者の数、影響を受けたアフリカ大陸と南北アメリカ大陸の物理的空間、世界的な商業的影響、西アフリカと中央アフリカの広大な地域の破壊、関与したヨーロッパ諸国の数、貿易が生み出した莫大な富、ある人々にとっては生活必需品であり、ほかの人々にとってはエリートとしての地位を示す新しい作物など——これらは大西洋奴隷貿易が近代世界の創造と形成に多大な影響を与えていることを確信させるものである。これこそが、社会的、経済的、政治的、文化的、そして「生物学的」な意味を持つカテゴリーとしての「人種」を生み出したものであり、最も基本的な人間の関係性のいくつかはこれに依存してきたし、また今後も依存し続けるであろう。

貿易取引量――アフリカの起源とアメリカの目的地

アメリカ大陸で奴隷となったアフリカ人の実数については、奴隷制研究者の間でも議論が続いているが、一五世紀から一九世紀にかけて奴隷として取引された二八〇〇万人のアフリカ人のうち、約一二五〇万人がアメリカ大陸とカリブ海に運ばれたというのが現在における大方の見方である。(2)残りの約一六〇〇万人は大西洋をわたらず、北アフリカ、インド洋沿岸、中東一帯で取引されたという。しかし、アメリカ大陸に到着した人々はおよそ一一〇〇万人程度とされているが、その中には、奴隷狩りの戦火に巻き込まれた者、奴隷海岸への強制的な移動の途中で死んだ者、アフリカからアメリカへの海の旅であるミドル・パッセージ(Middle Passage)の途上で壊血病などの病気、脱水症状、飢餓、過酷な扱い、そして自殺で死んだ者など、途中で死亡した何百万もの人々――少なくとも四〇〇万人と言われている――が含まれていない。ましてや、奴隷貿易の結果、家や家族を失い、物理的に移住させられた無数の人々の数を計算したものでもない。(3)

アフリカからヨーロッパ、さらにはアメリカ大陸への貴重な物資の取引や人身売買は、良く知られているように一五世紀半ばにエンリケ航海王子の指導にもとづき、ポルトガル人が到着したことから始まった。彼らの目的は金の獲得であり、奴隷ではなかった。実際、アフリカからヨーロッパへの貿易取引品の一部となったアフリカ人は、当初は「ボーナス」的な扱いであった。すでに一四七〇年頃から、アフリカ西海岸からポルトガルやスペインに年間数百人の奴隷が販売されていたが、その後、二世紀にわたってその数は劇的に増加した。ポルトガル、そしてまもなくスペインも、すぐさま、アゾレス諸島、マデイラ諸島、カーボ・ベルデ（Cabo Verde）などのアフリカ沿岸の島々を経済的な帝国主義の拠点とし、主に砂糖プランテーションなどの農業経済の発展のためにアフリカ人奴隷労働者を使用した。そして、アメリカ大陸の、特に鉱業と農業を通じた植民と経済発展へ向けての努力の拡大こそが、労働力としてアフリカ人奴隷の貿易を増加させたのである。一五世紀後半には、ポルトガルは年間約二〇〇〇人のアフリカ人を輸出していた。これは大まかな数字であるが、この数値は一六世紀を通じて続くことになる。これらの奴隷の多くは、ブラジルやそのほかの植民地に直接向かったのではなく、まずヨーロッパにわたり、主に都市で奴隷や召使として使用された。たとえば、一六世紀のリスボンの人口の一〇％は黒人であったと推定されている。その中には自由を手に入れることができた者も何人かいた。(4)

一七世紀には、ヨーロッパ商人が購入するアフリカ人奴隷の数は一〇倍に増え、年間平均一万人の奴隷、女性、子供が輸出されるようになった。そのほとんどは、直接、新世界にわたった。一八世紀には、奴隷にされた人々の五一％が大西洋奴隷貿易でアメリカ大陸に送られ、年間約五万人のアフリカ人が大陸を離れ、ポルトガル、スペイン、オランダ、フランス、イギリス、デンマークが支配する南北アメリカの植民地で奴隷にされた。これらのヨーロッパ人は、アフリカから運ばれた奴隷を受け取っただけでなく、スウェーデン人とともにアフリカからアメリカ大陸への貿易の大部分を管理していた⑸。

大西洋奴隷貿易は、大西洋岸のセネガンビア地方からベニン湾やビアフラ湾を経て、さらに海岸沿いをアンゴラまで南下し、ザイールを経由し、アフリカ大陸の先端、そしてインド洋に面したマダガスカルにまで広がっていたため、どんなに少なく見積もっても現在のアフリカ諸国のモロッコ、セネガル、ガンビア、ギニア、ギニアビサウ、ガーナ、シエラレオネ、コートジボワール、リベリア、ベナン、ナイジェリア、ブルキナファソ、マリ、カメルーン、ガボン、コンゴ、コンゴ民主共和国、ザイール、マダガスカルを含んでいた。これだけ多くの人々が長期間にわたって移動したのであるから、人口統計の記録にいくつかの齟齬が生じるのは当然である。それでも歴史家のポール・ラブジョイ（Paul Lovejoy）は、記録にある一九二の乗船地のうち、アフリカ中西部の三つの港——ルアンダ（Luanda）が最大で、ベンゲラ（Benguela）とカビンダ（Cabinda）がそれに続く——そしてベニン湾のウィダー（Ouidah）港、ビアフラ湾のボニー（Bonny）港の計五つの重要港に貿易は集中していたと指摘している。[6] 奴隷が集められた地域的分布の正確な割合が完全に判明することはあり得ないと思われるが、現在では多くの学者たちがラブジョイの説明する数値を正しいものと考えている。最も多くの奴隷がアフリカ中西部――コンゴ、アンゴラ（四〇・八％）――、あるいはベニン湾岸諸国――トーゴ、ベニン、ナイジェリア南西部（一九・七％）――、そしてビアフラ――ナイジェリア南東部、赤道ギニア、カメルーン、ガボン北西部（一四・三％）――から送られている。数の上でこれに次ぐのは、ゴールド・コースト――ガーナ（一〇・一％）――、セネガンビア地方――セネガル、ガンビア（四・七％）――、南東部――マダガスカル（四・六％）――、アッパー・ギニア――ガンビア、リベリア（四・〇％）――、ウィンドワード・コースト――コートジボワール、リベリア、シエラレオネ（一・八％）――である。[7]

彼らは、出身地が多様であったうえに、到着した地域もカリブ海やアメリカ大陸など多様であった。その大半は、ブラジル（四〇〇万人）と広範囲に広がるスペイン帝国領アメリカ（二五〇万人）に到着している。次いで数的に多かったのは、イギリス領カリブ海（二〇〇万人）、フランス領カリブ海（一六〇万人）、イギリス領北アメリカとアメリカ合衆国（五〇万人）、オランダ領カリブ海とスリナム（五〇万人）、デンマーク領カリブ海（二万八〇〇〇人）、ヨーロッパ（二〇万人）である。[8]

アフリカには何千年にもわたって奴隷制が存在していたが、大西洋貿易では商品として投資の対象となったために、貿易ルートや奴隷化された人々の数が従来よりも飛躍的に増大した。スペインはアメリカ大陸にアフリカ人を送った最初の国であり、一五〇五年には黒人奴隷を連行し、イスパニョーラ島で奴隷にされていた先住民の中に組み込んだ。西部と南部のヨーロッパ、ならびに西部と中西部のアフリカとの間で貿易関係が深まるとともに、金のほかに、象牙、染料、胡椒、様々な香辛料がアフリカの重要な輸出品となっていった。そのほか、よりローカルな市場、あるいは地域内・地域間の市場では、コーラ・ナッツや織物などが取引されていた。また、船に乗り組む貿易商人にとっては、長い航海に備え、塩、米、パーム油、ナッツ、ヤム、ガム、魚などの食料品を船庫に備蓄することが特に重要であった[9]。一六〇〇年代に入ると、砂糖やタバコ生産、金銀の採掘のために奴隷貿易が盛んになり、アフリカ、ヨーロッパ、南北アメリカで奴隷貿易に携わる者の数も増えた。それに伴い、アフリカ人労働者が到着する新世界の地域数も増加した。砂糖生産だけでも、何世紀にもわたり、新世界に輸入されたアフリカ人奴隷労働者の七〇％の労働力が投入された[10]。

一七世紀半ばにブラジル以外の地域、特にカリブ海のイギリスやフランス領の島々に砂糖栽培が拡大していたことは、この作物が支配的なものとして発展し、砂糖栽培のために輸入されたアフリカ人の数を増加させるうえで特に重要な意味を持っている。世界市場を席巻する農園主やプランターがいたジャマイカやサン＝ドマング（Saint-Domingue）をはじめ、イギリス領のバルバドス島、セント・キッツ島、アンティグア島、フランス領のマルティニーク島やグアドループ島などがそうである。特にブラジルのカカオやバルバドスのタバコなども、この初期の農業ブームの一端を担っていた。一八世紀になると、コーヒーやインディゴも奴隷労働を基盤として重要な輸出品となった。奴隷の多くは農業に従事していたが、この時期、すなわち植民地時代初期には、ほかの部門でも働いていた。たとえば、大西洋奴隷貿易が始まった最初の一〇〇年にブラジルに運ばれた者は、鉱山労働者、牧畜労働者、家事労働者、大工、車輪修理工、漁師、材木工、あるいはほかの分野の熟練労働者や日雇い労働者として働いた。スペイン語圏のアメリカ植民地、特にメキシコでは、一六世紀に奴隷となったアフリカ人、たとえば、ガーナ（ゴールド・コースト）の金鉱地帯出身のアカン（Akan）人などは、金銀の鉱山で働いていた。[11]一七世紀にはイギリスはヴァージニア、メリーランド、カロライナに北部植民地の出先機関の設立を開始し、タバコ・ブームを生み出すのに貢献した。イギリス領北アメリカの基礎的な農耕社会の形成に投じられた労働力の多くは、白人の年季奉公人や、数は少ないが、アメリカ大陸の先住民から成っていたが、一七世紀の最後の四半期には本土南部の植民地でもアフリカ貿易の割合が大きくなり始めていた。

イギリス領北アメリカへの奴隷輸入

特に一八世紀初頭までに北アメリカに到着した奴隷たちの出自は、イギリス領カリブ海地域に送られた奴隷たちと変わりなかった。一六世紀にはポルトガルが奴隷貿易を支配していた。同国は一五二〇年頃から、重要となり始めていたブラジルの砂糖プランテーションに奴隷を供給するようになった。一五九〇年以降はオランダがアフリカ人の強制的移送を支配した。しかし、一八世紀までには、全体としてはイギリスの奴隷商人がアフリカ人の大半を新世界の目的地に送り込んでいた。奴隷の主要な送り出し地域は数十年単位で変動していたが、アフリカ人奴隷の大多数はアフリカ中西部から送り込まれ、次いで、数としては、奴隷海岸として知られるベニン湾、ゴールド・コースト、ビアフラ湾、セネガンビアが多かった。これらの地域の奴隷は大西洋貿易全体の圧倒的部分を占めており、文化的にも、および言語的にも多様なグループに属しており、奴隷にされた形も様々であった[12]。

一七世紀から一八世紀にかけてアフリカ中西部、特にコンゴ王国では戦争が継続的に起きているが、そのために膨大な数の人々が奴隷貿易の餌食となっている。また、ポルトガルは奴隷商人の拠点を各地で作っただけでなく、アンゴラの国政や地方政治にも関与し、この地域を奴隷の主要な送り出し地域とした。貿易商人は陸路や河川を使い、内陸部から大西洋岸の奴隷船まで奴隷貨物を運ぶことができた[13]。そのため内陸部の小国は、ルアンダやカゼンベのような大国への貢ぎ物として奴隷を供給し、かつ、自らも奴隷商人の襲撃の犠牲者になることが多かった。しかし、アンゴラで重要な役割を果たしたヨーロッパ商人はポルトガル商人だけではなかった。オランダ商人やイギリス商人もまた、コンゴ川以北とルアンダ北部から運ばれる奴隷の流通を支配していた。さらに、ヨーロッパ商人はしばしば、ルアンダ内陸の域内取引を支配していたムブンドゥ（Mbundu）人のカタンガ（Katanga）やマタンベ（Matambe）のような有力な政治勢力と協力し、貿易の手はずを円滑に進める必要があった。学者たちが指摘するように、ヴァージニア植民地に最初に到着したアフリカ人は、おそらくムブンドゥ人との取引に由来するものであったと考えられている。こうして、アフリカ中西部の人々はイギリス領北アメリカに連れて来られた奴隷の中で圧倒的な数を占めるようになった⑭。

二番目にもっとも重要な輸出地であったベニン湾では、ヨーロッパ商人の影響力は小さく、通常、内陸部への侵入は許されず、活動は海岸線に限定されていた。ベニン湾の奴隷貿易は、地元の政治勢力が湾に注ぐ潟湖に沿うように作った港町で組織された貿易から得る利益によって成り立っていた。一七世紀末にはアラダ（Allada）人がこの潟湖周辺の奴隷貿易を支配していた。一七二〇年代にはアフリカ中西部と同様、湾内でも戦争が勃発し、奴隷となる捕虜が大量に生み出された。

この軍事的な衝突から大きな恩恵を受けたのが有能な騎兵隊を持つことで知られるオヨ（Oyo）王国のヨルバ（Yoruba）人である。南に位置するダホメー（Dahomey）王国も一七二〇年代には湾岸の人々を襲撃していた。オヨとダホメーは一八世紀のベニン湾の奴隷貿

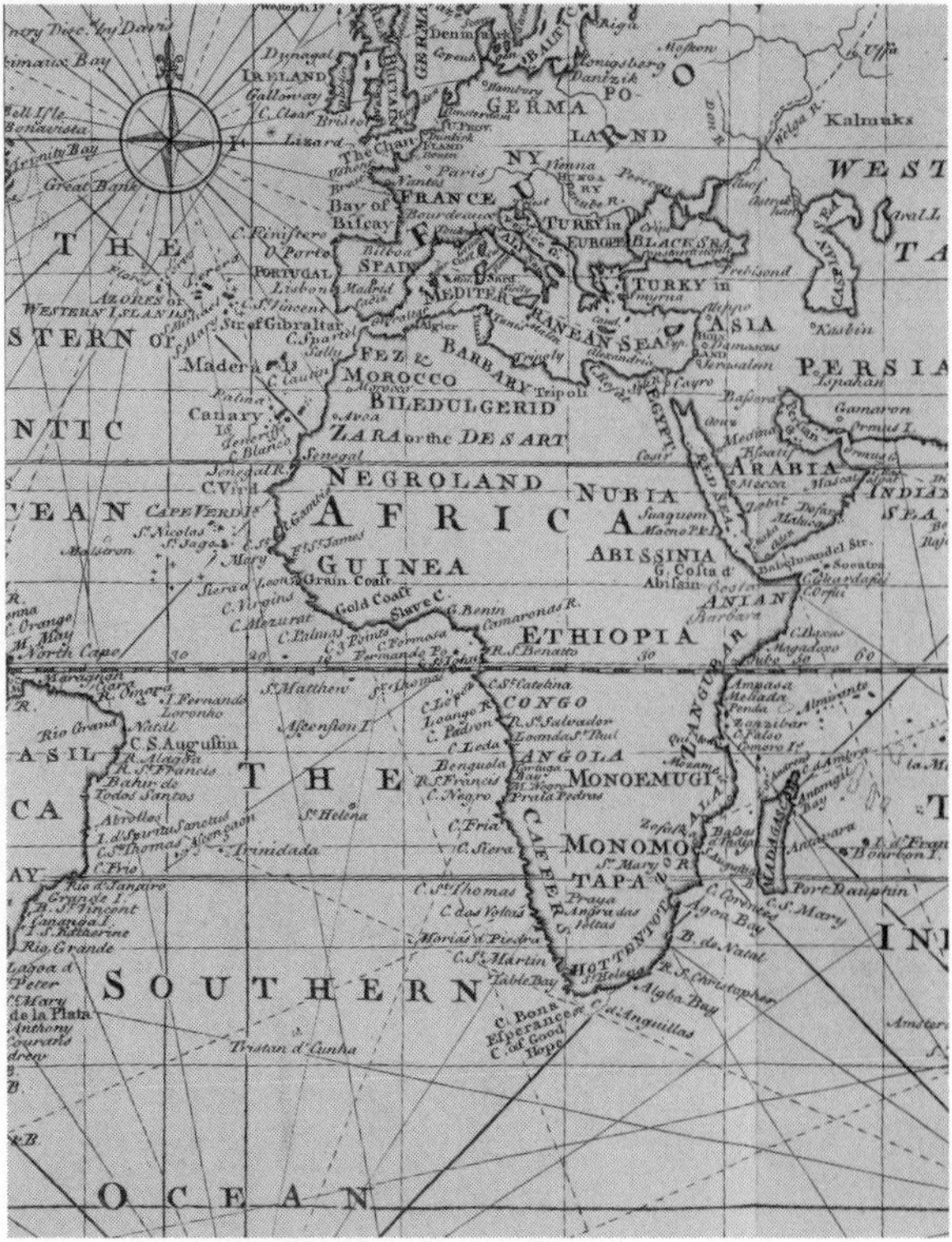

2.1　18世紀末のアフリカ

出典：Courtesy of the Mariner's Museum and Park

2.2　アメリカ大陸に輸入されたアフリカ人にとって芸術的伝統は、重要な文化的属性であった。
（左上）コンゴ人のフェティッシュ像、（右上）メンデ人のSowo仮面、（左下）イボ人の王女の座像、（右下）ヨルバ人のbelly仮面
出典：Cones Collection

易の中心都市であったウィダー（Ouidah）の貿易港を最終的に支配した。オヨはほかの地域でも貿易を行っていた[15]。イスラム商人はアフリカ中西部からの大西洋奴隷貿易には関与しておらず、ベニン湾では域内の供給者や交易網との仲介役として力を発揮していた[16]。

ベニン湾の東側、ニジェール・デルタとクロス・リバー渓谷を含むビアフラ湾からは、一六〇〇年以降、多数のイボ（Igbo）人とイビビオ（Ibibio）人が運ばれていた。その多くはヴァージニアで奴隷にされた。一六六〇年に設立されたイギリス王立アフリカ会社（RAC：Royal African Company）がこの海岸線で本格的に活動を開始するや、ビアフラ湾では大量の奴隷が生み出されるようになった。RACは貿易を独占しようとしたが、一八世紀にはまだ、イギリスが輸出した奴隷のほとんどは、ほかの貿易会社の船や私掠船に乗せられていた。湾内における奴隷貿易の最大の中心地はエレム・カラバル（Elem Calabar）王国（ニュー・カラバル王国とも呼ばれる）、オールド・カラバル（Old Calabar）王国、そしてボニー（Bonny）王国であった。船は、人口密度の高い内陸部からニジェール・デルタに注ぎ込む多くの川路を下り、奴隷を運んだ。歴史家のポール・ラブジョイによれば、この湿地帯のデルタは西アフリカや中央アフリカのほかの地域で行われていた、ヨーロッパ人による沿岸貿易地域の開発を阻んでいたという。ここでは、アンゴラやコンゴで行っていたように、ヨーロッパ人が内陸部に進出することはなかった。同様に、イスラム商人との交流も非常に限られていた。そのため、新世界のイギリス領植民地へ輸送されるために海岸に到着した奴隷たちは、村への襲撃で捕獲されたり、貢ぎ物の品物として使われたり、誘拐の犠牲になったりした者たちであった[17]。

ベニン湾とビアフラ湾の北西に位置するゴールド・コーストは一七世紀から一八世紀にかけて奴隷貿易の重要な拠点であった。しかし、それ以前からヨーロッパによる金取引の重要な場でもあった。一八世紀初頭のバウレ（Baule）人、アシャンテ（Asante）人、セヌフォ（Senufo）人、グロ（Guro）人、アカン（Akan）人などが交えた戦乱により、奴隷貿易の「城塞」であるエルミナ（Elmina）、ケープ・コースト（Cape Coast）、アノマブ（Anomabu）からは絶えず奴隷が供給されるようになった[18]。

アフリカの海岸線に沿って北上したセネガンビア地域では、イスラムの交易ネットワークがアメリカ大陸への奴隷貿易に大きな影響を与えていた。これらの商人はシエラレオネ、コートジボワール、リベリア経由で内陸部の奴隷を供給した。さらに、セネガル川やガンビア川の渓谷や周辺の森林地帯からも奴隷が運ばれた。

一七世紀後半から一八世紀初頭に起きたイスラムの聖戦は、この地域の、また、西と北の両地域間の長距離の奴隷貿易のために、多数の奴隷を供給した。アッパー・ギニア地域はイスラム商人の影響をほとんど受けず、そこからの奴隷の供給数も少なかったが、一八世紀末のピーク時には、手段は異なるが、年間五〇〇〇人近くの奴隷を供給していた。だが、この数は過去数十年間に供給されたビアフラ湾からの年間一万五〇〇〇人、ゴールド・コーストからの年間一万三五〇〇人、コンゴ／アンゴラからの年間三万五〇〇〇人、一七二〇年代のベニン湾からの年間二万人といった供給数と比べれば、少なかったといえる[19]。

奴隷貿易の組織

西アフリカとアフリカ中西部の海岸線を沿うように、ヨーロッパ商人は、要塞化された街、すなわち「城塞」を建設し、大西洋奴隷貿易や商品取引への長期的な投資に必要な保護やサービス、およびいくつかのレクリエーション施設などを提供した。これらの城塞には、貿易商人だけでなく、企業の管理者や職員、兵士、医師、弁護士、会計士、職人、聖職者、さらに、妾や家政婦、日雇い労働者として使われる奴隷も住んでいた。通常、周りにはアフリカ人が所有する農場があり、城塞内の住民や長距離航海に必要な食料を供給していた。ゴールド・コーストには最も有名なものがいくつかあり、スウェーデンボルグ(Swedenborg)、一四七一年にポルトガル人によって建てられた最初の城塞であるエルミナ(Elmina)、ケープ・コースト（Cape Coast）などを含め、要塞は総計二八ヵ所にのぼった。そのほかにも、ガンビア川沿いのジェームズ・フォート（James Fort）、セネガルのサン・ルイ（Saint Louis）とゴレ（Goree）にあるフランスの城塞、シエラレオネのバンス島(Bunce Island）などにあった。また、ナイジェリア、ベニン、トーゴにも多数の城塞があった。ケープ・コースト城塞の「所有権」に関する歴史を見ていくと、城塞の軍事上、そして経済上の戦略的重要性を窺い知ることができる。まず、一六五〇年にスウェーデンがこの地に城塞を築き、一六六二年にイギリスがそれを奪った。その後、イギリスは城塞の再建と拡張のための投資をしたが、一六六三年にオランダに占領された。翌年、イギリスが奪還に成功し、拡張工事を完了させた。一六八一年、城塞の住民が反乱を起こし、現地のイギリス当局を攻撃した。一七〇三年にフランス艦隊が砲撃を加え、一七五七年にも再度、砲撃を行った。その後、一七五七年にイギリス王立アフリカ会社（ＲＡＣ）がケープ・コースト城塞を支配下に置いた。[20]

城塞の規模は様々であったが、通常、捕虜となった奴隷を船が出港するまで収容するための牢（バラクーン）を備えていた。アメリカ大陸に向けた船上でもそうであったように、ここでは男性と女性や子供は別々に収容されていた。一般的に、奴隷たちの置かれていた船内の環境は非常に過酷で、不潔で、恐ろしいものであり、奴隷にされたアフリカ人の二〇％がアメリカ大陸の到着前に死亡するほどであった。奴隷たちは海岸までの陸路や、そして／あるいは船旅の途上で頻繁に肉体的、精神的、性的な暴力を受けた。与えられる食料も水も医療も最小限であった。抵抗すると、体罰が加えられ、焼印を押され、時には死に至ることもあった。それでも、海岸までの道中や城塞の中では脱走や反乱の企てが後を絶たなかった。[21]

城塞都市の外部にも貿易組織は存在し、その組織内には海外に販売するために、奴隷化されたアフリカ人を直接、買い取る企業があった。これらの組織の最も初期のものは株式会社で、ヨーロッパの王室と密接な関係にあったり、王室に公認されたりしたものもあった。これらの会社は、通常、勅許状という形で許可を得ていた。その見返りに、この許可のもとで取引した奴隷をはじめとする商品の販売利益を配当金として王室に支払った。一六二一年設立のオランダ西インド会社（Dutch West India Company）、一六六四年設立のフランス西インド会社（French Company of the West Indies）、一六七三年設立のセネガル会社（Company of Senegal）、一六七二年設立のイギリス王立アフリカ会社（RAC）、一六九二年設立のポルトガル・カチェオ会社（Portuguese Company of Cacheo）などは、特に重要な初期の貿易組織であった。しかし、一七世紀末に奴隷貿易の重要性が高まると、ヨーロッパの君主の多くはこれらの独占的な勅許状を廃止し、民間企業や個人に課税する道を選んだ。膨大な利益を得ようとする数多くの企業や人々が奴隷貿易に参画したいと考えており、また、参画していたからである。[22]

アフリカ人と大西洋奴隷貿易

ヨーロッパ人はアフリカ人と、奴隷、金、象牙、香辛料、食料品、オニキス、エキゾチックな動物の毛皮、皮革などを取引した。引き換えに、アフリカ人はヨーロッパ人から何を受け取ったのか。また、特に一八世紀の奴隷貿易の最盛期には奴隷の平均価格はいくらだったのか。

アフリカ奴隷貿易に投資したヨーロッパ人は、カリブ海やアメリカ大陸行きの船で何百万人もの奴隷を首尾よく輸送するためには、通常、アフリカの奴隷商人、ならびに／あるいは政治的・軍事的指導者と交渉しなければならなかった。これらの交渉には価格、希望する通貨、販売する奴隷の数、人口統計学的な特性などが含まれていた。また、ヨーロッパ人がアフリカ商人や当局と交渉を開始するために、あるいは交渉が行き詰った場合に、交渉を決着させるために使われる追加の金銭や物品――これらはdash（ダッシュ）と呼ばれた――の金額も決めなければならなかった。このような商取引では一般的に、代理人と呼ばれる商人や会社の代表者と、アフリカの地元や王国の指導者の使者のほかに、両者の通訳が交渉のテーブルについていた。

ヨーロッパ人がアフリカから受け取る輸入品に対して行ったのと同じように、アフリカ人もまた、ヨーロッパ商人から受け取る輸入品に対しては細心の注意を払っていた。アフリカ人が好んで交換していたのは、ヨーロッパ、アジア、西アフリカなどの市場から輸入された綿織物、特に見た目も美しく、儀式にも使える色の布であった。そのほかにも、真鍮、ピューター、銅などの金属製品、鉄の棒、ガーナ産の金、ゴールド・コースト産の象牙、ヴェネツィア産のガラス・ビーズ、アフリカ西海岸を中心に通貨として使われたインド洋産のタカラガイ、アフリカ中西部、ベニン湾、セネガンビアなどの、戦争や軍事衝突が盛んな地域で重要性を増した銃器、カリブ海産の砂糖から作られたラム酒、ブランデー、ワインなどの酒類、シエラレオネやリベリア産の穀物（特に米）、などであった。ここから、アフリカ人が喜んで交換した品目は、大西洋奴隷貿易の特徴である奴隷と交換され、その範囲は局所的、地域的、そして世界的規模に及んでいたことがわかる。(23)

当然のことながら、アメリカ大陸に売られた男性、女性、子供の価格は出身地、年齢、性別、健康状態、技能によって異なっていたが、加えて、アフリカ人労働力に対する全体的な需要動向にも左右されていた。一般的には、一七世紀後半から一八世紀を通じて、対外的な労働力需要の増加に伴い、奴隷の価格は上昇した。たとえば、この時期の奴隷の平均価格は四倍から五倍ほど上昇した。これに対し、奴隷の出荷数は二倍から三倍ほど増加している。(24)奴隷の価格は、そのためにかかった取引コストで計算されるため、一七世紀末の四ポンドから一〇〇年後には一八ポンドにまで上昇した。同時に、奴隷として新世界に出荷されたアフリカ人の数は、この一世紀の間に年間三万人から八万人以上へと増加した。(25)アメリカ大陸の市場で最も高値で取引されたのは、一〇代半ばから三〇歳までのアフリカ人男性であった。新世界に輸送された者の約六五％が男性であった。男性が多いのは、植民地のヨーロッパ人が男性労働力を求めていただけではなく、アフリカ人たちが自身の社会に奴隷女性を留め置きたいと考えていたためでもある。奴隷にされた女性は、農業従事者や家事労働者として、日常的に必要な労働の多くを担っていたため、西アフリカやアフリカ中西部の多くの地域では最も需要があり、引く手あまたであった。また、自由な男性の妾や妻として利用され、地域社会のメンバーや将来の労働力の数を増やすことにも繋がった。しかしながら、大西洋奴隷貿易は、肉体の価値を超えた人間的な要素や、時には奴隷の身分を受け継ぐ子孫の価値を無視して奴隷を商品化した。奴隷を貿易商品や通貨として流通させたのである。当然のことながら、大西洋奴隷貿易が西アフリカやアフリカ中西部に与えた短期的・長期的な影響は、一部のアフリカ人商人や指導者が得た利益とは比べものにならないほど、壊滅的なものであった。歴史家のグウェンドリン・ミドロ・ホール（Gwendolyn Midlo Hall）が的確に結論づけているように、「奴隷貿易に関わる混乱、戦争、帝国の建設は、計り知れないほどの破壊、分断、人間としての自信の喪失をもたらした」[26]。

一八世紀の奴隷貿易の最盛期に奴隷となった人々の物語はそれをよく示している。ウカウソフ・グロンニオソー（Ukawsaw Gronniosaw）はナイジェリア北東部のボルヌ（Bornu）で王様の孫として生まれた。ところが、誘拐されてしまい、ゴールド・コーストに売られ、その後、バルバドス、そしてニュー・ヨークへと向かうイギリス貿易商人に引きわたされた。ゴールド・コーストでの彼の値段は「二ヤードのチェック」の布だったと、彼は言う[27]。オットバー・クゴアーノは、ファンティ（Fanti）で過ごした幼少期に王の息子の仲間の一

2.3　黒人の検査と売買（1854年頃）
出典：Cones Collection

員として育てられた。彼は、一八人から二〇人の「少年と少女」とともに、「自分と同じ肌の色」の者たちに誘拐された。「おびき寄せられて、車に乗せられ」、ゴールド・コーストの「とある工場に連れて行かれた」。彼らを誘拐した者は「銃一丁、布一枚、鉛数個」を報酬として受け取ったという。クゴアーノは自分の運命を悟り、「激しく泣いた」[28]。

エグバ（ヨルバ）人のジョセフ・ライト（Joseph Wright）は、いかに暴力的に奴隷とされたかについて語っている。暴力の激しさは海岸に移されてからも変わらなかったという。自分や周りの人々が奴隷にされた時の戦争では、「たくさんの人が殺された」とライトは話した。「長の *Jurgoonor* も川辺で殺され、*Barlah* も門の周辺で殺された。彼は国王に次ぐ地位にあった。都市ではとても偉く、彼がいなければ何も決まらなかった」。彼らは男性を殺しただけではなく、女性や思春期の少年や、さらには男女の子供たちにも性的暴行を加えた。「敵は、幼子、少女、若い男、若い女を弄んだ。老人や中高年の者なんて眼中になかった。老人たちは情け容赦なく殺した」。ライトはこれによって彼らの社会構造は完全に解体された、としている。

父は息子とはわからなかったし、息子も父とはわからなかった。母親たちの顔からは憐れみの情は消え失せていた。街中はたくさんの死体で埋め尽くされ、それを埋葬する者はいなかった。死に際の乳飲み子が泣いていても、抱き上げる者はいなかった。母親たちはそれを軽蔑の目で見ていた。——嘆かわしい日だ![29]。

奴隷にされたアフリカ人は様々な道を通じて大西洋奴隷貿易に投げ入れられた。たとえば、戦争捕虜、誘拐の犠牲者、社会から追放された者、犯罪者、貢ぎ物として売られた者、あるいは西アフリカや中央アフリカの多くの社会で伝統的に見られた債務労働者、などであった。ある者はアフリカのある地域から別の地域へ売られた後、さらにアメリカ大陸の市場へ奴隷を運ぶヨーロッパ人に売られた。彼らが住んでいた場所や捕らえられた場所からカリブ海やその先に向かう船を出す海岸までの道のりは何百マイルにも及ぶことがあった。海岸までの道中で売られたり、転売されたりすることも多かった。一列または二列になって、互いに鎖でつながれ、捕虜になった時に着ていた服だけを身にまとい、捕獲者が提供したものだけを飲食しながら行進した。疲労困憊し、栄養不足になり、肉体的、心理的、性的な虐待を受け、脱水症状になることもしばしばで、病気になる者もいれば、途中で命を落とす者もいた。だがそれは彼らの苦難と旅の始まりに過ぎなかった。海岸に到着すると、数十人、数百人もの人々と一緒に収容所、牢、城塞の地下室に入れられ、アメリカ行きの船に乗るまで留め置かれた。ライトは、自分が収容された街で火事が起こり、収容所内で少なくとも五〇人が死亡したことを思い出した[30]。

オットバー・クゴアーノは海岸に向かう行進の様子を詳細に語っている。家族のもとに戻れることを信じながら、二日間、歩き続けた。三日目、貿易港のある城塞までの道を進んでいた時、自分を助けると約束した者が逆に彼を逃がさないための巧妙な策略に加担していることに気づいた。「私は見た」。「多くの哀れな同胞が二人ずつ鎖につながれ、ある者は手錠をかけられ、ある者は手を後ろに縛られているのを」。城では、「牢屋に入れられ」、そこで「多くの人々のうめき声や叫び声を聞いた」。さらに三日後、商人は彼をケープ城（Cape Castle）に連れて行くため船に乗せた。最初の収容所を出発する時だった。心の傷はさらに大きくなった。オットバーと仲間の捕虜たちはもはや故郷に帰る望みがないことに気づいたのだ。「とても恐ろしい光景だった」。「鎖の音、鞭で叩く音、仲間のうめき声と叫び声以外、なにも聞こえなかった」。動こうとしない者は、「最も恐ろしい方法で鞭に打たれ、殴打された」[31]。

オラウダ・エクイアーノ（Olaudah Equiano）は身の上話の中で、ナイジェリア出身のイボ族と名乗っている。奴隷を所有していた裕福なコミュニティのメンバーの息子だったが、妹と一緒に誘拐され、西アフリカで何度か売られた後に、イギリスの植民地へ送られた。誘拐された当時、一一歳だったエクイアーノは、自分と妹が二人組の男女に捕らえられた瞬間を鮮明に覚えていた。二人組は屋敷の壁を乗り越えてきて、二人を摑まえ、「口を塞いで」、「すぐ近くの森まで」連れて行き、手を木に縛りつけた。翌日、誘拐犯はエクイアーノと妹を引き離し、それぞれ別の人間に売りわたした。「二人をばらばらにしないよう頼んでも無駄だった」。「妹は私から離され、すぐに連れ去られた。私は言葉では言い表せないほどの混乱状態に陥った。私は泣き続け、嘆き、数日間、彼らが私の口に無理やり押し込んだもの以外は何も食べなかった」。彼は西アフリカで奴隷となった後、アメリカ大陸へ移った。

オラウダの最初のアフリカ人の主人は金細工職人であった。そのため昼間はその仕事を手伝い、夜は家事奴隷の女性と一緒に働いていた。その後、一七二個のタカラガイとの交換で再び売られ、同じ年頃の裕福な少年の遊び相手となった。エクイアーノは西アフリカの奴隷社会の習慣にならって、その家族に養子縁組されることを望んでいたが、再び売りに出された。「こうして私は時には陸路で、またある時には水路で、様々な国や地域を旅し続け、誘拐されてから六～七ヵ月が経った頃、海辺に辿り着いた」[32]。すぐさまエクイアーノは大西洋をわたってカリブ海に向かう奴隷船に乗ることになった。

ミドル・パッセージ（中間航路）／Maafa

この旅は、マーファ（Maafa）、すなわちアフリカン・ホロコーストとも呼ばれる[33]。一六世紀には最大二～三カ月かかったが、一九世紀には一ヵ月程度に短縮された。言うまでもなく、航海の所要時間は使用されていた航海技術、出発地と到着地、輸送船業者の国籍、風速や風向き、海流などの自然の力に左右される。イギリスは最も速い船を保有していたわけではなかったが、最も多くの奴隷を船に乗せて運んだ[34]。さらに、奴隷たちは実際に大西洋を越えてアメリカ大陸に行くのに必要な時間よりも、海洋上の乗り継ぎに多くの時間を費やすことがしばしばであった。一部の奴隷は売られた直後に海上輸送船に乗せられたものの、外洋航海へ出る前に乗り込んだ船が満員になるまで、アフリカの海岸線を上下に移動させられた。早く船に乗せられた者はこの長い「ミドル・パッセージ（中間航路）」で七カ月過ごすことになったという[35]。特に一七世紀から一八世紀初頭に北アメリカに到着した奴隷たちの大半はこうした長期の航海を経験している。カリブ海に到着した後も船を乗り継いだためである。

マーファ（Maafa）は大西洋奴隷貿易の暴力、虐待、恐怖、そして、まさに奴隷制の象徴となった。それには理由がある。奴隷は、乗船した時にはすでに様々なトラウマを負っていたにもかかわらず、さらに大西洋を横断する際に野蛮な扱いを受けた。その悲惨な状況はある人々にとっては筆舌に尽くしがたいものであり、ごく控えめに言っても、当時のほかの海洋の旅とは比較にならないものであった。奴隷貿易史の研究者ジェームズ・ウォルビン（James Walvin）は次のように述べている。「帆船時代の囚人の輸送や軍人の輸送という最悪の経験と比較しても、その悲劇を表すデータは奴隷が耐えた苦しみのレベルに匹敵するものではない[36]」。ぎゅう詰めで運ばれたことも問題であった。一八世紀の終わり頃にはイギリスの船には通常、三九〇人のアフリカ人が、フランスとポルトガルの船には三四〇人のアフリカ人が乗せられていた。死亡率は一〇～二〇％であった。暗く、暑く、じめじめした船室に裸のままで置かれ、鎖でつながれ、生命を維持するのに必要な分だけの食事しか与えられず、水も一日平均一パイントだけであった。人々が心身ともに病んでしまうのも時間の問題であった。エグバ人のジョセフ・ライトはポルトガル人に購入されてからのミドル・パッセージの旅をこう振り返っている。「水は常に不足していた。一日にコップ一杯の水しか与えられず、朝食のみ許された。夕食はなかった。奴隷の多くは脱水症状で死亡し、また、多くの男性がぎゅう詰めの中で圧死した[37]」。

船内は最も恐れられた病気、たとえば、赤痢、あるいは充血吸虫やそのほかの胃の病気などが蔓延し、尿まみれの船倉は糞便、血、粘液、嘔吐物で充満していた。そのほか、天然痘、黄熱病、鉤虫症、ノミなども蔓延し、マラリアも発生した。[38] 死にゆく者と生き長らえている者が一緒に鎖でつながれており、病気があっという間に広がるのも不思議ではなかった。このような経験を「ホラー」と表現するだけでは控えめ過ぎるだろう。大西洋奴隷貿易の最盛期には、これらの奴隷たちのほとんどは、頭上わずか二フィート、五〜七平方フィートの狭い帯状の空間で旅することを余儀なくされた（それは数週間に及んだ）。多くの奴隷たちは、お互いにスプーンのような体勢で横たわることしかできなかった。マホンマ・バクアクア（Mahommad Baquaqua）は奴隷としてブラジルに運ばれた時、「窮屈な体勢を強いられたため、眠れなかった」と回想している。「……私たちは苦しみと疲労で絶望的な気分になった」。[39] 一七八一年のリバプールの奴隷船ゾング（Zong）号のミドル・パッセージに匹敵するような航海は、ほかにほとんど無いのではないか。損害保険の保険金を受け取るため乗組員が少なくとも一四二人のアフリカ人奴隷、女性、子供を、鎖でつないだまま海に投げ捨て殺害したのである。[40] しかし、ゾング号のこの一件は奴隷商人と奴隷貨物との関係を示す正鵠を射た指標なのである。奴隷は死のうが生きようが、どちらせよ価値のある、貨物でしかなかったのだ。

船の大きさや作りから、乗組員の命令、食料や水の配給量、狭い場所に詰め込まれた奴隷の数、女性や子供や若い男性への性的虐待の横行、医療の専門知識の欠如に至るまで、奴隷にされたアフリカ人のアメリカへの航海は、明白な、さらに、様々なニュアンスにおいて、かつ重層的に、残虐であった。オットバー・クゴアーノとその奴隷仲間は奴隷になるよりも死んだほうがましであると考え、船上での反乱を企てた。しかし、船の「頭領」たちの性奴隷であった「同郷の女性」の一人に裏切られ――と彼は信じている――企ては失敗に終わり、「残酷で血なまぐさい場面」に至った。[41]

オラウダ・エクイアーノは、船に乗った瞬間から完全に恐怖に慄いていた。オットバーと同じように彼も白人に食われると思い込んでいたので、ヨーロッパ商人や船員たちを恐れていた。その恐怖心と、アフリカ沿岸への長旅の疲れからか、エクイアーノは失神してしまった。彼を捕獲したアフリカ人はエクイアーノの不安を和らげようと試み、イギリス人の乗組員は彼を落ち着かせようと酒を飲ませたが、彼が慰められることはなかった。彼は故郷に帰りたい、あるいは、せめて奴隷だった以前の場所に帰りたいと切望した。船倉に押し込められると、エクイアーノの恐怖は最高潮に達した。「船倉では、鼻がむずむずし……ひどい悪臭と泣き声で、食事ができないほど気分が落ち込み、具合が悪くなった」。彼は自殺を図ろうとした。乗組員が差し出す食べ物を拒否すると、手足を縛られ、激しく鞭打たれた。そのため、自殺願望はさらに強くなった。[42] 船がバルバドスへ向けて進み始めると、船内の状況はますます悪化した。「嫌な臭い」が充満し、ひどい猛暑と、窒息しそうになるほど、新鮮な空気は不足していた。「一人一人が身体の向きや体勢を変える余地のない」混雑状態で、食料は不足し、「必要な容器」の中の汚物も非常に不潔で、それを使おうとして中に落ちてしまう子供もあった。この不潔な汚物は病気や死を招いた。「女たちの悲鳴や死にゆく者のうめき声」が響きわたり、「想像を絶するほどの恐怖の光景を作り上げていた」[43]。多くの自殺者や鞭打ちも同じであった。それはあらゆる「違反」への回答だった。

まさに「違反行為」は存在していた。多くのアフリカ人は奴隷にされることや、あらゆる場面で受けた残忍で非人道的な扱いに抵抗した。捕虜になってからアメリカ大陸に到着するまでの間、彼らは逃亡し、食事を拒否し、自殺し、殺害し、争い、議論し、反乱を計画し、それを実行に移した。歴史家のエリック・テイラー（Eric Taylor）によれば、たとえば、奴隷船に乗せられたアフリカ人は長い奴隷貿易の時代、知られているだけでも四九三件の反乱を起こしており、その多くは一八世紀のピーク時に起きているという[44]。記録によれば、ミドル・パッセージでは平均して毎月少なくとも一回は奴隷たちによる暴力的抵抗があった。デイヴィッド・エルティス（David Eltis）は、このような自由を得ようとする企ての成功によって奴隷にされた人々の数が一〇％も減少したと指摘している。また、奴隷船の乗組員の三三％は、安全を強化するために追加されたものだったと推定されている。抵抗は、単に自由を得るための、あるいは少なくとも売られた場所から何らかの形で元の生活を取り戻すための試みだっただけではなく、アメリカ大陸へ向かう船内での生命を脅かす状況に抵抗するためのものでもあった。たとえば、一八四二年に、四〇〇人の奴隷を乗せてリオ・デ・ジャネイロに向かったクレオパトラ号のチャプレンを務めたパスコー・グレンフェル・ヒル（Pascoe Grenfell Hill）牧師は、嵐で船倉に押し込められたアフリカ人が息苦しい暑さから逃れようとした陰惨な光景を回想している。五四人が空気を吸おうとして押しつぶされ、翌日、遺体として海に投げ捨てられた。五〇日間の航海中に合計一六三人もの奴隷が死亡した。(45)

奴隷にされたアフリカ人がアメリカ大陸に到着すると、彼らは洗浄され、食事を与えられ、販売の準備が整えられた。奴隷商人はアメリカ大陸の至る所で人身売買を行い、島から本土へ、あるいは本土から島へと、しばしば国境を越えて移動したため、さらに一ヵ月から数カ月を要することもあった。買い手は主に中央の市場で奴隷を購入し、その後、陸路または船で、時には両方を交互に使って奴隷たちを搬送し、長い領土を横断しながら最終目的地に向かった。たとえば、南アメリカの大西洋岸に到着した奴隷たちは、ペルーなどの太平洋岸の植民地を目指して大陸の熱帯雨林や高い山々を歩いて移動した。西アフリカや中央アフリカからクスコまでの移動がいかに肉体的にも精神的にも苦しいものであったかは想像力を働かせるまでもなく、容易に理解できる。アメリカ大陸に運ばれた一一〇〇万人のほとんどは、この何千マイルもの追加的な移動に耐えることができず、悲惨な行程となった。農業（特にブラジルやカリブ海地域の砂糖）や金属（たとえばメキシコやペルーの金や銀）の「好景気」に沸く土地に到着した奴隷たちは、通常、労働力が必要とされていたため、すぐに買い取られた。極端な経済的恩恵により、奴隷労働への投資に対する利益率は、非常に高かった。

参考文献

Bennett, Herman. *Africans in Colonial Mexico: Absolutism, Christianity and Afro-Creole Consciousness, 1570-1640*. Bloomington, IN: Indiana University Press, 2003.

Berry, Daina Ramey（ed.）*Enslaved Women in America: An Encyclopedia*. Greenwood, CT: Greenwood Press, 2012.

Davis, David Brion. *Inhuman Bondage: The Rise and Fall of Slavery in the New World*. New York: Oxford University Press, 2006.

Eltis, David. *The Rise of African Slavery in the Americas*. Cambridge: Cambridge University Press, 2000.

Gallay, Alan. *The Indian Slave Trade: The Rise of the English Empire in the American South, 1670-1717*. New Haven, CT: Yale University Press, 2002.

Landers, Jane G. *Atlantic Creoles in the Age of Revolutions*. Cambridge, MA: Harvard University Press, 2010.

Lovejoy, Paul. *Transformations in Slavery: A History of Slavery in Africa.* 3rd edn. Cambridge: Cambridge University Press, 2011.

Miller, Joseph. *Way of Death: Merchant Capitalism and the Angolan Slave Trade, 1730–1830.* Madison, WI: University of Wisconsin Press, 1996.

Smallwood, Stephanie. *Saltwater Slavery: A Middle Passage from Africa to American Diaspora.* Cambridge: Harvard University Press, 2007.

Walvin, James. *The Zong: A Massacre, the Law and the End of Slavery*. New Haven, CT: Yale University Press, 2011.

3. 北アメリカの植民地世界におけるアフリカ人

「私の名前はオマール・イブン・サイード（Omar ibn Said）……大軍が我々の所にやって来て、多くの人を殺し、私を連行し、大海原に連れ出し、キリスト教徒に売り飛ばした。彼らは私を縛り、大きな船に乗せて大洋を一カ月半ほど航海した後、キリスト教の言葉でチャールストン（Charleston）と呼ばれる場所に来た。そこで私はジョンソン（Johnson）という小柄で、小心者で、邪悪な男に売られた。この男は完全な無神論者で、神をまったく恐れていなかった」

オマール・イブン・サイード（Omar ibn Said）[1]

北アメリカにおけるスペイン、フランス、オランダの初期入植地と奴隷制

大西洋奴隷貿易の時代に北アメリカを探検し、入植した最初のヨーロッパ人はイギリス人ではなかったし、アフリカ人を連れて来たのもイギリス人が初めてではなかった。フランスとスペインはイギリスよりも先にアフリカ人奴隷を引き連れて、南部、湾岸、西部地域に何度も進出していた。スペインは一六世紀初頭に北アメリカ東海岸全域を領有し、ス

ペイン王室はその領有権を守るために入植地を作ることに躍起になった。たとえば、一五二六年、スペイン人のルーカス・バスケス・デ・アイリョン（Lucas Vazquez de Ayllón）は、現在のサウス・カロライナまたはジョージアに位置するとみられる地域のピーディー（Peedee）川沿いに、サン・ミゲル・デ・グアダルーペ（San Miguel de Guadalupe）という植民地を設立した。

彼は多くの黒人奴隷を所有していたが、奴隷たちは一五二六年に反乱を起こした。そのうちの何人かは周辺のアメリカ先住民の領土に逃亡した。(2) エルナンド・デ・ソト（Hernando de Soto）は一〇代の頃、ペドロ・アリアス・ダビラ（Pedro Arias Dávila）とともにパナマ、ホンジュラス、グアテマラを訪れ、一五三〇年にはフランシスコ・ピサロ（Francisco Pizarro）のペルー「発見」の遠征にも同行した。その後、一五四〇年から三年間、自らメキシコ湾岸地域への遠征軍を指揮した。彼はヨーロッパ人として初めてミシシッピ川をわたり、現在のフロリダ、ジョージア、ルイジアナ、アーカンソー、アラバマの各州を旅した。デ・ソトは男女のアフリカ人奴隷を伴い、南東部やメキシコ湾を旅しながら、多くの先住民と戦い、奴隷にしていった。ファン・バプティスタ・デ・セゲラ（Juan Baptista de Seguera）神父は、一五六〇年にヴァージニア南東部への入植を開始した。ほかのイエズス会の神父は、一五七〇年に現在のヨークタウン付近のチェサピーク湾に一時的な植民地を設立した。(3)

さらに大西洋沿岸を下ると、スペイン領フロリダの初代総督ペドロ・メネンデス・デ・アビレス（Pedro Menéndez de Aviles）提督が、一五六五年にセント・オーガスティンに砦を築いた。この砦は本土で最初の恒久的なヨーロッパの都市となり、スペインが東フロリダ（大西洋からアパラチコーラ川まで）と、西フロリダ（アパラチコーラ川からペルディド川まで）に建設した一六の要塞のうち最初のものとなった。アビレスがこの砦を建設したのは東海岸とメキシコ湾のスペインの領有権を守るためであり、その後の入植者もこれに倣っている。アビレスの宿敵であったフランス人ジャン・リボー（Jean Ribauld）は、一五六二年にシャルルフォート（Charlefort）（現在のチャールストン）を建設している。しかし、この入植地は一時的なものに終わることになる。その後、フランス人は一五六四年にフロリダのジャクソンビルの近く、セント・ジョーンズ川に砦（カロライン砦）を作ることに成功した。ここにはユグノー（Huguenots）が定住したと推測されている。スペイン国王フィリップ二世は、フランスに対して決定的な通告を出したいと考え、アビレスにプロテスタントの村と砦を破壊するように命じた。アビレスは砦を焼き払い、そこにいたほとんどすべての人々を殺戮した。翌年、彼は現在のサウス・カロライナ州パリッシュ・アイランドのシャルルフォート――フランスはすでにここを放棄していた――の近くにサンタ・エレナ（Santa Elena）という砦を築いた。サンタ・エレナは一五七七年までスペイン領フロリダの首都となった。その後、スペイン人は北上して砦を作り、先住民をカトリックに改宗させるという二つの試みに着手した。彼らは、現在のテネシーとノース・カロライナの両州に小さな砦をいくつも建設することに成功した。

ところが、この地域に住む先住民の逆襲を受け、砦はすべて破壊された。サンタ・エレナも先住民の攻撃を受けた。一五八七年、サンタ・エレナは焼き払われ、数名の入植者が殺害された。生き残った住民はセント・オーガスティンに移り住んだ。ここは一八二一年までスペイン領フロリダの首都として使われた。[4] スペイン領アメリカの北端に位置する地域であるが、ペニンスラール〔訳注：イベリア半島生まれのスペイン人〕、クリオーリョ〔訳注：スペイン領植民地生まれのスペイン系の人。英語ではクレオール〕、強制労働を強いられた先住民、囚人労働者、カトリック司祭、そしてアフリカ人およびその子孫などによってコミュニティが形成された。[5] 新世界の入植地におけるアフリカ人奴隷貿易、アフリカ人労働力の重要性、そしてスペイン軍や遠征軍での奴隷の活躍を考えるならば、アフリカ人がヴァージニア、ノース・カロライナ、テネシーでスペイン人と共に住んでいたことは間違いない。実際、彼らはセント・オーガスティンとモセ（Mosé）砦の近くの街で重要な役割を果たしていた。

モセ砦、すなわちグラシア・レアル・デ・サンタ・テレサ・デ・モセ（Gracia Real de Santa Teresa de Mosé）砦は、セント・オーガスティンの二マイル北に位置し、後にアメリカ合衆国となる地における初の自由な有色人種の永住地であった。ここは農業地帯であったが、スペイン政府にとって重要なのはモセ砦の自由黒人の民兵隊であった。奴隷部隊も存在しているため、セント・オーガスティンの防衛だけでなく、スペイン領カリブ海全域を守ることもできる。砦が建設されたのは一七三九年のことだが、民兵は一世紀以上にわたってセント・オーガスティンの外部で活動を続けてきており、地域の先住民やイギリス人——彼らは一六六〇年代にサウス・カロライナ、一七三三年にジョージアに入植した——からスペイン領フロリダを守るために、また、一六世紀半ばからスペインの植民地をターゲットとしてきたイギリスの海賊に対する防御のためにも、重要な役割を果たした。フロリダにおけるスペイン植民地の黒人民兵の維持やそのメンバーの確保は、イギリス領カロライナから逃亡した男女奴隷を自由人として扱い、フロリダに宗教的聖域を提供したスペイン国王カルロス二世（Charles II of Spain）に負うところが大きい。一七三三年にはイギリス植民地からの逃亡奴隷のうち脱出に成功した者はカトリックに改宗すれば自由を得ることができるようになり、アフリカ人とクレオールの逃亡者が続出し、スペイン領フロリダにおける黒人民兵の数は増加した。彼らは活気ある多民族・多文化コミュニティを作り上げ、セント・オーガスティンの住民や、スペイン人と敵対しなかった地元の先住民との交流を深めた。一七三九年にはモセ砦には三八組の自由黒人家族がおり、その後の二〇年間に約一〇〇人の人口となった。一七四〇年にはジョージアのジェームズ・オグルソープ（James Oglethorpe）とその軍隊がこの街を破壊したが、一七五二年までにモセ砦はコミュニティによって再建され、居住が再開された[6]。

まさに、アメリカ独立戦争の時代に（スペインは七年戦争終結後の一七六三年のパリ条約でフロリダをイギリスに割譲し、イギリスはキューバをスペインに返還した）、すなわち、セント・オーガスティンのイギリス人入植者が王室に忠誠を誓っていた頃には、サウス・カロライナやジョージアから逃れた何百人、何千人もの奴隷たちが自由を求めてセント・オーガスティンにやって来たといわれている。しかし、問題は、スペイン人が、イギリスに対して抵抗し、あるいは先住民の攻撃から植民地を守るのを支援した黒人の逃亡者に自由を与えた、ということだけではなかった。実は、逆も真なり、だったのである。黒人奴隷の側も、フロリダのスペイン人の奴隷主から逃亡し、軍事情報や奉仕と引き換えにイギリス人や先住民から自由になろうとしたのである。南東部をめぐるイギリスとスペインの争いはきわめて激しかったので、賢明な奴隷は自由を手に入れるために、それが相手に有利になることを意味するものであっても、一度ならず自由を得る可能性を追求した。たとえば、有能なムラート（白人系と黒人系の混血）の奴隷であるトーマス・デ・ラ・トーレ（Thómas de la Torre）は、一六八六年にイギリス植民地のサウス・カロライナを破壊するためスペイン軍に同行した。ところが、チャールストン滞在中に、セント・オーガスティンを破壊しようとしていたイギリス軍に協力を申し出た。これは明らかに奴隷からの解放を目指したものであった。彼は、最終的にセント・オーガスティンに戻り、自身の購入、特別な奉仕（特に軍事的な）によって、そしてまた、おそらくは彼の大義のために名付け親や後援者として行動してくれそうな重要な自由人からの支援を受けることによって、合法的な解放の道を探ろうとしたのである。(7)

しかし、イギリス領のアメリカ本土植民地からセント・オーガスティンに逃れた人々のすべてが自由を手に入れたわけではない。特にモセ砦が建設される前はそうであった。たとえば、一七二九年に、アントニオ・デ・ベンバニデス（Antonio de Benvanides）総督は、マンディンガ（Mandinga）出身で元民兵司令官のフランシスコ・メネンデス（Francisco Menendez）などサウス・カロライナからの逃亡者一〇人を地元のエリートやキューバのプランターに売却した。(8) ベンバニデスはそれによって得た資金をカロライナの奴隷主たちへの返済に充てた。しかし、スペイン領フロリダ社会では、黒人の待遇については法的には流動的なところがあり、再奴隷化された人々の中には、最終的に自由を取り戻し、実際に彼らのコミュニティの主要メンバーとなった者もいた。たとえば、フランシスコ・メネンデスは自由な身分を取り戻した後、モセ砦を「統治」し、その後四〇年間にわたって民兵隊を率いた。また、フロリダを目指した者もいた。たとえば、一七三九年にはサウス・カロライナでストノ（Stono）反乱が起きているが、その実行者の何人かがフロリダ行きを計画していた。しかし、果たせなかった。さらに、エバーグレーズや人里離れた湿地帯で独自のマルーン（maroon）社会を形成した者もいた。スペイン人とは交わろうとしなかった人々である。このほか、チェロキー族をはじめこの地域のアメリカ先住民もまた、黒人奴隷を所有していたにもかかわらず、先住民の村に避難した者もいた。

チェロキー族の中で最初に多くの黒人奴隷を所有したのは、戦士階級の血統を持つ者であった。彼らは通常、奴隷を所有するほかの部族や南部開拓者との戦いに勝利し、「戦利品」の一部としてアフリカ人奴隷を受け取ったのである。たとえば、チェロキー族の伝説によると、彼らの部族で黒人奴隷を最初に所有したのは、ナンシー・ウォード（Nancy Ward）という女性で、*Ghi-gu-u* あるいは「最愛の女性」と呼ばれていた。彼女は、夫のディア一族（Deer Clan）のキングフィッシャー（Kingfisher）に同行し、アメリカ先住民のムスコギー（Muskogee）族との戦いに参加したとされている。キングフィッシャーは戦死したが、丸太の陰に横たわり、じっと耐え忍んでいた妻のウォードは、夫の武器を拾いあげ、「戦士として」戦った。彼女の活躍でムスコギー族は敗北した。ナンシー・ウォードは「戦利品」として黒人奴隷を手に入れた[9]。奴隷の中には、伝統的な *atsi nahsai* として扱われた者もいたが、捕虜となった戦士の多くは農業生産を拡大し、やがて周囲の白人と同じように黒人奴隷を雇うようになった。チョクトー（Choctaw）族、チカソー（Chickasaw）族、クリーク（Creek）族も同様であった。フロリダのセミノール（Seminoles）族は黒人を奴隷にせず、代わりに白人や先住民から逃れた黒人逃亡者に避難所を提供していた。

一九世紀末までには、奴隷にとって、スペイン領フロリダに逃亡すれば「自由」になれる可能性は完全になくなっていた。アメリカ独立戦争が終結した一七八三年の第二次パリ条約によって、イギリスはフロリダをスペインに返還した。しかし、一七九〇年、スペインは、フロリダ準州においてアメリカ合衆国から逃亡した奴隷に自由を与えるという政策に終止符を打った[10]。スペインは一八一九年のアダムス゠オニス（Adams-Onis）条約まで、東フロリダと西フロリダと呼ばれるフロリダ植民地を維持した。その後、スペイン領フロリダの白人居住者や植民地の自由な有色人種たちの多くは、一八二一年までに奴隷を連れてこの地を去っている。彼らが選んだのは、近隣のスペイン奴隷社会であるキューバへの移住であった。キューバに向かった者の中にはアンドレアス・バカス（Andreas Bacas）、彼の二人の成人した息子のアイザック（Isaac）とフスト（Justo）、およびその家族がいた。この三人はいずれもジョージアで奴隷となっていたが、脱走してスペイン領フロリダに逃げ、そこで宗教的な庇護を得て、自由黒人の民兵として従軍していた[11]。

つまり、スペイン領フロリダは、イギリスの永久植民地ヴァージニアで奴隷制が認められる一世紀も前から、北アメリカで奴隷制をとっていたことになる。しかし、スペイン人はすでに一六世紀から一七世紀にかけて、フロリダだけでなく、後にテキサスとなる土地にも定住していた。

一五二八年、モロッコ人奴隷のエステバニコ（Estevanico）は、主人のアンドレス・ドランテス・デ・カランサ（Andrés Dorantes de Carranza）とともにガルベストン（Galveston）付近に到着した。エステバニコは、現在のアメリカ南西部（当時はスペイン・アメリカ帝国）の北西部辺境を旅した最初の大西洋世界の探検家であり、かつ奴隷の一人であった。一五一三年、エステバニコはポルトガルの奴隷商人によって、親兄弟のいない子供としてカランサに売られた。その後、彼はフロリダ、テキサス、メキシコ・シティ、カリフォルニア湾を旅した直後、奴隷となり、一五三九年にズニ（Zunis）族に殺された。[12]

その後三〇〇年間、テキサスは、最初はスペイン帝国の一部として、そして一八二一年には新たに成立したメキシコ共和国の一部として、黒人奴隷制の舞台となった。[13]スペインの支配の下、奴隷制は主にサン・アントニオ、ナコドーチェス（Nacogdoches）、ゴリアド（バイア）の街とその周辺で集中的に敷かれていた。[14]しかし、植民地時代のテキサスの奴隷制は人数的にも経済的にも限定的なものであり、それは、スペイン帝国のほかの地域、たとえば、イスパニョーラ（後のサン゠ドマング）、ベネズエラ、ペルー、プエルト・リコ、キューバ、さらには、ヌエバ・エスパーニャ（スペイン帝国副王領）内のメキシコ・シティ、ベラクルス、ゲレロ、オアハカ、モレロス、ミチョアカン、ユカタンなどのアフリカ人の存在と影響力の大きさと比較すると、特にそうであった。[15]歴史学者のL・B・ルート・ジュニア（L. B. Rout Jr）は、植民地時代（一五〇〇年〜一八一〇年）を通じて一五〇万人のアフリカ人がスペイン領アメリカに到着したと試算している。[16]これに対し、ハーマン・ベネット（Herman Bennett）は、一七九六年にメキシコ全土に約六八万人の黒人（奴隷と自由人の両方）が住んでいたと推定している。[17]だが、一七九〇年には、後にテキサスとなる地域に住んでいた奴隷は三七人に過ぎなかった。[18]当時の文書からは、黒人奴隷たちはヌエバ・エスパーニャの植民地経済において、様々な場所や職種で働かされていたことがわかる。たとえば、金銀の鉱山、農地や家畜牧場、真珠の採取業、繊維工場、カトリック伝道所、都市のあらゆる種類の召使、熟練職人工、性労働者、御者、地元の民兵などである。[19]ヌエバ・エスパーニャでのアフリカ人やアフリカ系奴隷の価格は高額になることがあった。[20]一五五四年の領収書によれば、たとえば、メキシコの都市プエブラに住む未亡人のベレス・ラスコン（Velez Rascon）は六人の奴隷――男性二人、女性二人、子供二人――に対して、一一一〇ペソの「純金」（pure gold）を支払う意思があったという。当時、成人奴隷の価格は通常、一五〇金ペソ程度であり、かなりの高額であった。[21]カトリック教会はスペイン帝国の奴隷にキリスト教への改宗を求め、奴隷所有者に結婚の秘跡を受けさせるように助言していたが、ほとんどの奴隷所有者は、黒人というものはたとえカトリックの黒人であっても道徳的にも知的にも劣っている、労働することと将来の労働者を生産することにしか役立たない、という信念に基づいて行動していた。

フランスは北アメリカの湾岸地域やその周辺を植民地化しようとしていた。その努力はスペインに引けを取らなかった。一六八二年までに彼らの「ニュー・フランス」には、ルイ一四世にちなんで名付けられた「ラ・ルイジアーヌ」も含まれていた。「ニュー・フランス」は、現在のルイジアナ、ミシシッピ、アーカンソー、オクラホマ、ミズーリ、カンザス、ネブラスカ、アイオワ、イリノイ、インディアナ、ミシガン、ウィスコンシン、ミネソタ、ノース・ダコタ、サウス・ダコタの各州を含む広大な領土である。しかし、フランス人はここにはほとんど入植せず、ミシシッピ川下流域とその周辺に商工業と農業のための入植地を形成した。先住民やアフリカ人奴隷も一緒である。最初の入植地は一時的なもので、モーレパス（Maurepas）砦と言い、一六九九年にビロクシー（Biloxi）近郊に建設された。初の定住入植地はナッキトッシュ（Natchitoches）で、一七一四年の建設である。フランス領植民地にアフリカ人が初めて輸送されたのは一七一九年とされている。その年、ニュー・オーリンズの港に奴隷を乗せた二隻の船が到着した。その後、数十年の間にさらに数千人が上陸した。その多くがアフリカのセネガンビア地方、コートジボワール、ベニン湾、アンゴラから連れて来られた[22]。

アメリカ大陸のほかのフランス領もそうだが、奴隷制は、部分的なものであったが、コード・ノワール（Code Noir）によって打ち立てられた。これはルイ一四世が一六八五年に決定し、一七二四年にルイジアナで導入した。コード・ノワールは主従関係の指針とされたもので、黒人や自由人および奴隷の経済的、社会的、法的地位と行動の明確化、フランス植民地帝国における白人の地位・行動・特権の決定、ユダヤ人の追放権限の委託、合法的な宗教信仰や宗教行為をカトリック教のみとすること、が規定されていた。また、カトリック教徒のみが奴隷を監督することができるとしていた。したがって、コード・ノワールは、アメリカ大陸における奴隷の生活に関する法制化のための最も広範な青写真であったが、奴隷という人的財産を物理的、精神的に保護するという奴隷主の義務についても明示していた。たとえば、奴隷所有者は奴隷に洗礼を施す義務があり、日曜日や宗教上の祝日に労働を強制してはならなかった。しかし、所有者の同意がなければ、奴隷は結婚することができず、神父も奴隷の結婚式を執り行うこともできなかった。コード・ノワールは、異人種間の男女交際を禁止し、奴隷女性が主人との間にもうけた子供を、その父親である奴隷主自身が育てることを禁止した。しかし、通常、子供は母親からその地位を受け継いだ。この初期の法律では、親と子の所有者が同じであれば、思春期前の子供を親から引き離すことを認めていた。さらに、主人に身体的危害を加えた奴隷は処刑されることが規定されていた。逃亡した奴隷は耳を切り落とされたり、足を切られたり、焼印を押され、もし三度目の逃亡を図った場合は処刑されることもあり得た。逃亡の場合を除いては、主人は奴隷を殺したり、手足を切断したりしてはならないとされた。一方、異なる主人に仕える奴隷が一緒に集まることは禁止され、狩猟目的で主人の同意を得た場合を除き、武器を持つことは許されず、さらに状況証拠を集める場合を除き、法廷で証言をすることはできず、告訴や刑事告発をすることもできなかった。また、奴隷主の許可なく物を売ることはできなかった。特に砂糖は、主人の同意があってもできなかった。主人は、奴隷が年寄りや病人であっても、最低限の食料と衣服を与えることが義務付けられていた。主人が成人であれば、自身の所有する奴隷を解放することができた。解放された奴隷はほかの市民と同等の権利を持つフランス市民とみなされたが、元の所有者に対して「顕著な敬意」を払う必要があり、そのために義務的な結びつきはある程度、残った。[23]

コード・ノワールは奴隷に対して多少の「寛容さ」を示していたということもできるが、奴隷は、大西洋世界の奴隷主と同様、フランス人所有者によって残酷な扱いを受けていた。時にはサン゠ドマングのケースのように、さらに残忍に扱われたことを示す広範なエビデンスも存在している。たとえば、フランス領ルイジアナで逃亡した奴隷は、日常的に杭で地面に固定され、一〇〇～二〇〇回の鞭打ちを受けていた。[24] それは大西洋世界各地の奴隷法と同じである。法律は処遇と管理のためのガイドブックではあったが、必ずしも効力を有していなかった。法に従うか否かは入植者の意思次第だったからである。地元当局が強制することもできたかもしれないが、いかんせん、ほとんどの奴隷は農村で孤立し、主人の社会経済的・政治的な権力の下に置かれ、奴隷が法廷で主人に不利な証言をすることなどできない状況にあった。

フランス領ルイジアナでは、入植初期の数十年間は、大規模なプランテーション経営を行うことは一般的ではなかった。たとえば、一七二七年の国勢調査では、港町ニュー・オ

の奴隷所有者であった。地域全体では五人以下の地主が二三％を占めていた。[25]ルイジアナは砂糖の生産地として有名になったが、イエズス会宣教師の奴隷が最初にこの作物を植え、育てることに成功したのは一七五一年であった。砂糖がルイジアナの最も重要な輸出作物となるのは一八世紀末のことである。それ以前に生産された砂糖は、蒸留した後、粗悪なラム酒となり、地元で消費された。[26]砂糖が主要産業になる以前、ルイジアナ経済にとって最も重要な作物はインディゴであった。フランス領ルイジアナの農村では、奴隷は主に非熟練・熟練労働者としてインディゴや砂糖のプランテーションで働いていたが、それ以外にも綿花やタバコの農場やプランテーション、家畜（羊、牛、豚、馬、家禽）の世話、森林の伐採、沼地の排水、家やトイレや柵などの建設に従事する者もあった。

しかし、フランスは七年戦争の終結とともにルイジアナを失った。一七六三年のパリ条約により、スペインは一八〇〇年までニュー・オーリンズとその隣接地、ポンチャートレイン湖（Lake Pontchartrain）周辺を除くフランス領ルイジアナ全域を支配することになった。スペインはニュー・オーリンズに総督を置いたが、植民地の管理は主にキューバから行った。西フロリダ付近のスペイン人移民やカナリア諸島からの移民がすぐに移住してきた。フランス人移民やフランス人が所有するアフリカ人奴隷も続々とやって来た。一七二六年には一三八五人の奴隷が存在した。その数は一七五〇年には四七三〇人にまで増加した。特に一七九〇年代は植民地の大半が奴隷革命の渦中にあったため、ノバ・スコシア（Nova Scotia）とサン゠ドマングからの移民が最も多かった。サン゠ドマングのプランターや混血の人々は奴隷を連れてやって来た。一八世紀末には奴隷の数が白人を上回り、ルイジアナの人口の五二％を占めるに至った[27]。一八〇〇年の国勢調査では、西フロリダのスペイン領も含め、自由人（白人および非白人）が約二万人であったのに対し、二万四千人以上の奴隷がいたことが記録されている。

フランス、そして、特にスペインは、北アメリカの初期の入植地開拓においてイギリスと激しい競争関係にあった。オランダもまた、北アメリカ大陸の一部を「新世界」帝国として領有し、一六二四年に「ニュー・ネーデルラント」を設立した。スペイン船による海賊行為によって連れて来られたアフリカ人は、入植の一年目、または二年目から定住し始めた。オランダ人入植地は――ニュー・アムステルダム（ニュー・ヨーク市）、カシミール（Casimir）砦、オレンジ（Orange）砦（現在のオールバニ）、スワウネンダール（Swaunendael）（ナッソー砦）、エソップス（Esopus）（キングストン）など――ペンシルベニア、ニュー・ジャージー、ニュー・ヨークの大部分となる領土を占領した。ここは後に「中間植民地（middle colonies）」と呼ばれることになる。デラウェア湾に面したスウェーデン人の入植地クリスティーナ（Christina）砦は、一六三八年、この地域を確保しようとするオランダに対抗するために築かれた。最終的に、ニュー・スウェーデンはデラウェア湾沿いのいくつかの入植地から構成されるようになった。スウェーデンとフィンランドの入植者は一六三九年にアフリカ人輸入を開始したが、黒人の数が実質的に増えるようになったのは、一六五五年にオランダがこれらの入植地を支配してからだった[28]。

一六三〇年、ニュー・ネーデルラントの有力な入植地設立企業、オランダ西インド会社は、奴隷労働を前提とした大規模農場、すなわち荘園（パトルーン）の所有権を与えることを決定した[29]。ニュー・ネーデルラントからブラジル市場への食料――ライ麦、小麦、大麦などの穀物、さらには牛肉など――を供給するためであった。これらの食料はブラジルでアフリカ人奴隷と交換された。荘園地主の権利を与えられた人々は、「西インド会社は、黒人が確保された場合には、ニュー・ネーデルラントの発展のため、褒賞として各地主に一二人の男女を割り当てる」と聞かされていた。その後、奴隷の数は「可能な限り多く」という内容に修正された[30]。しかし、最初の数年間は奴隷を購入する入植者は少なく、オランダ西インド会社自身がニュー・ネーデルラント最大の奴隷所有者となった。ただし、同社に経済的な損失はなかった。この特殊な立場を利用して、奴隷にした黒人の男女を売り払うのではなく、貸し出すことで利益が得られたからである。農村部では、奴隷男性は主に農業労働者として働いたが、ニュー・アムステルダムのような都市部では、砦の整備や修理など、技術を要するものからそうでないものまで、様々な職種の仕事に就いていた。また、先住民の攻撃から入植地を守るために軍事的な役割も担っていた。奴隷女性の多くは家政婦として働いていた。都市生活と賃貸制度によって、農村の奴隷にはほとんど望めなかった社会的、政治的、経済的活動のための移動と集会の「自由」を、多くの奴隷が得られるようになった[31]。

一六四〇年代には、奴隷、自由奴隷、「半奴隷」（自由を得たが、主人に対して労働と金銭の義務を負っていたアフリカ人とクレオール系）の黒人のコミュニティが、小規模ながらも拡大していたことを示す証拠が残っている。この自由への道の背景には何があったのか。スペイン領フロリダの黒人やフランス領湾岸の黒人と同様、奴隷たちは、人口の少ないオランダ入植地が先住民の攻撃にさらされる可能性を示唆することで、自身の解放を願い出たのである。したがって、ニュー・ネーデルラントでは、黒人の「奴隷」としての地位は「当たり前」のものではなかった。実際、当時の北アメリカ本土のオランダ入植地では「奴隷制」が法制化されておらず、誰が奴隷で、誰が奴隷でないかを判断する法的指針は存在しなかった。たとえば、一六四四年に制定された奴隷解放令（A manumission act of 1644）では、オランダ西インド会社所有の一一人の「解放」された「奴隷」たち――ポール・アンゴラ（Paul Angola）、ビッグ・マニュエル（Big Manuel）、ガルシア（Garcia）、シモン・コンゴ（Simon Congo）、ヤン・フォート・オレンジ（Jan Fort Orange）、リトル・アンソニー（Little Anthony）、アンソニー・ポルトゥージス（Anthony Portugis）、ピーター・サントメ（Peter Santome）、リトル・マニュエル（Little Manuel）、マニュエル・デ・ゲリット・デ・ロイス（Manuel de Gerrit de Reus）、ヤン・フランシスコ（Jan Francisco）――は「解放」された後も依然として元の所有者の義務に縛られていた。確かに彼らは自由を得て、自活のために農業を営む土地を手に入れることができた。しかし、「自由を得た対価として、生きている限り毎年、西インド会社、すなわち元の所有者に支払いの義務を負わなければならない」という条件がついていた。彼らはそれぞれ、毎年一定量のトウモロコシや小麦、豆やエンドウ豆、豚を西インド会社に提供し、「公正な賃金」で会社のために働かなければならなかった。彼らが合法的に得た土地は二〇年後には彼らのものになった。しかし、その子供たちは、親がその子を買い取らない限り、「永遠に」会社の奴隷であり続けた。[32]

一六六四年に、イギリスがオランダを追放したため、オランダによるニュー・ネーデルラントの支配は終わった。ところが、多くのオランダ人入植者がそのまま留まった。オランダ語を話す奴隷も残った。一六六五年には、イギリス軍総司令官が、旧ニュー・ネーデルラントにあったオランダ西インド会社のすべての財産（土地、家屋、商品、家畜、奴隷、債務、「そのほかあらゆる種類の収入」）の没収を命じたにもかかわらず、事態は変わらなかった。[33] オランダ植民地時代と同様、イギリス植民地下の中間植民地もまた、貿易会社の経済的なアジェンダと密接に結びついていたからである。この貿易会社、つまり王立アフリカ会社（Royal African Company）は、一六七二年以降、少なくとも世紀末まではイギリス植民地で取引される奴隷を独占的に扱っていた。

それゆえ、一七世紀の北アメリカに在住していたヨーロッパ人は、ブリテン諸島、オランダ、フランス、スウェーデン、スペインの出身者が混ざり合った人々――経済的、政治的、精神的、文化的な理由から辺境の植民地にやって来た男性や女性、そして子供たち――であった。彼らは様々な文化を持つ先住民と交渉を行った。先住民は一〇〇〇万人を超えており、異国人に対する反応は様々であった[34]。アフリカ人奴隷はこうした文化的衝突と肉体的侵略の大鍋の中に流入したのである。多様な言語と文化を持つ生粋のアフリカ人からアメリカへの移民として奴隷にされた人々にとって、絶え間なく続く、不安定かつ破滅的な、精神的かつ身体的な体験とはいかなるものであったのか。

イギリス領北アメリカ植民地の建設とアフリカ人奴隷制の発展

一つ確かなことがある。アフリカ人とその子孫は、イギリス人入植者たちの最初の、あるいは唯一の拘束された労働者ではなかったことである。イギリスは、オランダ、フランス、スペインと同じく、入植の初期段階からアフリカ人とともに白人移民（年季奉公人や囚人）を労働力として利用してきた。先住民の奴隷化は、通常、ヨーロッパ人が入植を開始してからしばらく後に、両者の間に敵対関係が生じたのを機に始まっている。たとえば、ヴァージニアのイギリス人は、一六六七年までは、いくつかの重要な例外を除いて、先住民を合法的に奴隷にすることはなかった。[35] さらに、ニュー・アムステルダムでは、オランダ人はアフリカ人とクレオール系黒人の法的地位を明確に規定しなかった。そのため、オランダ領西インド諸島の奴隷の中には奴隷と年季奉公人の中間的な身分を持つ者として扱われた人々もいた。また、スペイン領フロリダやフランス領湾岸地域で見られたように、カトリックへの改宗を明確な形で示した一部の奴隷には自由の機会が与えられることもあった。そのため、ヨーロッパ植民地帝国下のアメリカ大陸の北部国境地帯におけるアフリカ人の法的地位がどのようなものであったのか、状況はわかりにくい。イギリス領でも同様であった。いずれにせよ、ヴァージニアに到着した最初のアフリカ人は、少なくとも最初の数十年間は、そこで奴隷にされることがなかった。

北アメリカにおけるイギリスの最初の恒久植民地であり、また、黒人が居住した最初の植民地であるヴァージニアで、アフリカ人がいつ頃から働き始めたかは定かではない。一六一九年には現在のハンプトン近くのポイント・コンフォートに、奴隷にされたアフリカ人が輸送用の荷物として到着している。その時植民地にはすでに三二人の黒人が住んでいた。[36] 夏のことであったが、この時にやって来たのは、おそらくンドンゴ（Ndongo）王国の人々であり、ルアンダからサン・ジョアン・バウティスタ号（Sao Joao Bautista）に乗ってきたものとみられる。この奴隷船はベラクルスに向かう途中、オランダの軍艦とイギリスのトレジャラー（Treasurer）号から海賊行為を受けている。オランダの軍艦は八月に、奴隷船に乗っていた一〇〇人のアンゴラ人のうち二〇人を強奪して、港に入ってきた。奴隷の名前には、カトリックの洗礼名が付いていた[37]。トレジャラー号の密輸品はアンジェラ（Angela）という名の女性だけであった。

このアンゴラ人たちは、一六一八年から一六二〇年にかけてポルトガル軍が行った一連の暴力的な襲撃によって捕らえられたキンブンドゥ人であったという証拠が残っている。彼らはンドンゴの「王室地区（royal district）」の母系社会の出身者であったとみられる。一六一九年に到着した者のうち一五人は、植民地で最も有力なイギリス人の王室総督ジョージ・ヤードリー（George Yeardley）の監督の下、年季奉公人として、フラワーデュー・ハンドレッド（Flowerdew Hundred）の開拓地で働いた。植民地時代初期のヴァージニアは白人と黒人の人口が非常に少ない農村地帯であり、故郷のアンゴラとは環境が明らかに違っていた。一六二四年のフラワーデュー・ハンドレッドの人口はわずか六〇人に過ぎなかった。これに対し、キンブンドゥ人はそのほとんどがアンゴラで都市化された人々であり、それぞれ二万人から三万人規模の都市やその周辺に住んでいた[38]。

アンジェラやイザベル（彼女もまた初期に輸入された）とその仲間の男性たちは、王室地区の出身であることから、農民、熟練工、王室の使用人、王室関係者など、様々な階級や職業に就いていたと考えられる。とはいえ、よほどの上流階級出身でない限り、ヴァージニアの年季奉公で要求される農作業についてよく知っていたはずである。ンドンゴでは都市部の住人の多くはキビやソルガムなどの穀物を栽培していた。農村部では牛や山羊、鶏などの家畜を飼育していた。女性たちは家事や農作業を行ったり、市場で販売したりした。ヴァージニアでは、彼女たちはタバコの栽培に従事した。一六二四年にはヤードリーの労働者は一万ポンドに相当するタバコを生産していた。キンブンドゥ人出身の奴隷の大半はヴァージニアに到着する前にカトリックの教えを受けていたため、イギリス国教会信者である入植者の宗教的信念や慣習は、相対的には馴染みのないものではなかったろう。歴史家のジョン・ソーントン(John Thornton)はこう述べている。「一六一九年までに、アンゴラにはキンブンドゥ語を話すキリスト教徒コミュニティが存在し」、その中には一六一九年にヴァージニアに到着した人々も「かなり含まれていた可能性があった」[39]。

キンブンドゥ人はエスニックとしてのアイデンティティを有していた。これは部分的には共通の言語、政治的な所属、ならびに「宮廷の人間」という自己認識を基盤とするものであり、それがヴァージニアで独自の文化的コミュニティを築く基盤となったものと思われる。一六一九年に到着した人々の大部分は、アンゴラの同じ地域の出身者で、同じ言語を話すなど、同一の文化的特性を共有していたことを考えるならば、イギリス植民地で彼らが共同生活をした証拠が残っていることは驚くことではない。イザベルは、一六一九年に同じ積荷で運ばれてきた仲間のアントニー(Anthony)と結婚した。一六二四年までに二人の間に息子をもうけており、二人ともジェームズタウン(Jamestown)で洗礼を受けている。それから時を経て、彼らの孫であるジョン・ジュニア（John Jr）は、メリーランドのサマセットにある農場を「アンゴラ」と名付けている[40]。

この初期のヴァージニアの黒人居住者たちは皆、年季奉公人であった。奉公の期間は、成人の場合は、ほとんどが、七年から一〇年であった。これはその主人が彼らを一時的に拘束するために支払った価格を基礎に設定されたものであり、その期間が終了すれば自由を得ることができた。もちろん、契約内容によっては、任期が延長されることもあった。このような規定の被害を最も受けやすかったのが女性であった。たとえば、年季奉公中に子供を産んだ者は任期が延長され、その子もまた、成人するまで年季奉公を務めることになった。しかし、ジョンソン夫妻のように土地を所有するようになった者も少なからずいた。アントニーは黒人の年季奉公人を雇うようになり、自分は「奴隷」を所有したと主張していた。一七世紀のイギリス領アメリカにおける年季奉公は決して楽なものではなかった。これは、その後の数十年の間にアメリカの法律や慣習で定義されるようになった奴隷制とは異なるものであったが、しかし、自由でもなかった。年季奉公人は、その意図からしても、目的から言っても、あくまでも、男または女の「主人」に「帰属」していた。そのため、契約などの関係で、ある主人から別の主人に売られる可能性があった。年季奉公人の子供もまた、自分の親が解放された後も主人に縛られていた。彼らは重労働と服従を強いられた一方で、衣食住などの物質的な必需品や医療は、通常、最低限のものしか与えられなかった。主人は、怠け者、不服従者、あるいは「厄介者」と見なされた年季奉公人に肉体的な苦痛を与える権利を持っていた。また、主人は、しばしばセクシャル・ハラスメントや性的虐待を行うこともあった。彼らが担った労働は過酷なものであった。黒人の男女は白人の年季奉公人とともに畑仕事をしていたが、白人女性はこの種の農作業を免除されることもあった。タバコ畑に閉じ込められた人々にはやらなければならない仕事が数多くあった。多くの者が、年間一万本ものタバコの苗を管理し、苗の植え付けから収穫まで、責任を持って世話をしていた。

キンブンドゥ人は北アメリカで最初の農業ブームがちょうど始まった頃に到着した。彼らの労働時間や労働条件は、イギリス人への警戒心や敵意を日増しに強める先住民の人々に囲まれながら、辺境の森林地帯で換金作物を生産するという厳しい現実を反映していた。さらに、アフリカの人々は、野生動物、蚊、不潔な飲み水、寒い冬、ヨーロッパ由来の感染症といった、新しい環境に素早く順応しなければならなかった。文化的には、新しい言語を習得しなければならず、少なくとも命令を理解し、効率的に仕事をするのに十分な程度の英語力を身につけなければならなかった。黒人も白人も、それぞれ人口はわずかであったが、一六一九年以降の最初の数十年は、数の上では、同様の言語、宗教、そのほかの文化的構成や信念を持つ白人の方がキンブンドゥ人よりも多かった。アントニーやイザベルたちがどんなに母国の言語や文化に固執していたとしても、長く生き延びて年季奉公で自由を手に入れるためには、主人の言語と文化を学ばなければならなかった。

しかし、ヴァージニアに強制連行されたアフリカの人々にとって、この自由を手に入れるための方法は長くは続かなかった。一六四〇年代になると、植民地の裁判記録や法律によれば、アフリカの人々の「年季奉公契約」の期間や居住条件に対する疑問が提起されるようになった。たとえば、一六四〇年にはそれまで許可されていた武器の保持ができなくなった。その二年後には、黒人女性はすなわち課税対象者となった。白人女性とは異なる扱いである。一六六二年までに、植民地の法律は黒人の地位に決定的な変化をもたらし始めており、それはその後の二〇〇年間、変わることはなかった。この年、黒人女性の子供は母親の社会的地位を引き継ぐことが法律で義務づけられている。この法律は、異人種間の子供の法的地位に対する疑問に答えたものであった。それまでのイギリスの法律では、子供の地位は父親のものを引き継ぐとされていた。その法的地位が黒人の母親と結びつけられたことになり、当然、主人は奴隷女性——黒人女性か混血女性かを問わず——に子供を産ませることで、奴隷の保有数を増やすことができるようになった。一六六三年には黒人の「使用人」に終身刑を科せられる可能性のある法律が定められた。その四年後には、洗礼を受けたとしても黒人の自由な身分を保障することはなくなった。一六六〇年代後半になると刑事・司法の分野でも黒人奴隷を劣等人種として、差別的に扱うようになった。この年に成立した法律によると、「矯正」に抵抗する奴隷を殺しても、主人（またはその妻

3.1 「17世紀、ヴァージニアで働く奴隷」作者不詳（1670年）
出典：Wikimedia Commons

や監督者を含む代理人）は処罰されないことになった。黒人に対しては、白人とは異なる裁判手続きや、より厳しい刑罰を科す法制度も設けられた。そして一六七〇年には「終身使用人」であることが黒人の「ごく普通」の条件とされ、先住民と同様、「キリスト教の召使」を所有することが禁止された。

一六六七年以降のヴァージニアの植民地法以来、黒人は明確に奴隷と分類され、法の下でもほかの人々とは異なる扱いとなった。イギリス植民地時代のバルバドスの立法者が一六六一年の奴隷法で黒人を法律上、平等に扱わないことを定めていたことを考えれば、これは驚くべきことではない。バルバドスの奴隷法は一六六〇年代にジャマイカで制定された最初の奴隷法や、その後の一六八四年ジャマイカ奴隷法に影響を与えている。一六八四年法は一七世紀のサウス・カロライナの立法者たちによって大幅に採用された。したがって、イギリス領南部植民地やカリブ海地域の奴隷は抑圧的で差別的な法律の下に置かれたのである。[41]

アフリカ人奴隷はイギリス領カリブ海地域と同様、アメリカの本土植民地でも急速に広まった。一六八〇年までにヴァージニアの奴隷数は三〇〇〇人であったが、一七〇〇年までに五倍以上の一万六〇〇〇人を超えるまでに増加した。一七五〇年には、本土の植民地で最も人口の多いヴァージニアでは、奴隷人口は全住民の四六%を占め、数にして一〇万七〇〇〇人にのぼった。その後、六〇年間でその数は三・五倍以上に拡大した。[42]ただし、ヴァージニアの黒人奴隷人口が植民地全体に占める割合は当時の砂糖植民地における奴隷人口の割合と比べると小さかった。たとえば、バルバドスでは、一六八五年までに奴隷人口が過半数を占め、一七八〇年代には島の人口のほぼ八〇%に達したと言われている。[43]

ヴァージニアと同様に、イギリスのほかのアメリカ本土植民地でも、アフリカの人々やカリブ海地域から季節労働者やクレオールの黒人を輸入するようになり、ネイティブの(すなわちクレオールの)黒人奴隷の数は増加した。このような驚異的な人口の増加に加え、奴隷は植民地の経済や安全保障にとって重要なものであったために、奴隷に関する法制化も大きく進展していった。

一六四一年、マサチューセッツは一三植民地の中で初めて黒人奴隷制を認める法律を公布した。今日でも、米国で奴隷制が存在したのは植民地時代においても南部だけだったと考えられているため、イギリスのアメリカ本土植民地が北部において初めて奴隷制を合法化したことは皮肉に思えるかもしれない。しかし、一三植民地のすべてにおいて、奴隷制は経済的、政治的、文化的な影響を及ぼしていた。南部植民地では奴隷労働力は経済的に非常に重要であったが、北部植民地でも奴隷船の建造や艤装、大西洋航海のための物資の供給、そして、言うまでもなく、アフリカ人の南部やカリブ海への輸送において、重要な役割を担っていた。コネチカットでは一六五〇年に、ロード・アイランドでは一六五二年に、ニュー・ヨークとニュー・ジャージーでは一六六三年に、ペンシルベニアでは一七〇〇年に、奴隷制が合法化された。ニュー・ハンプシャー（一六九一年までマサチューセッツの一部とされていた）では、一六四五年頃にはすでに黒人奴隷が存在していた。バーモントにも奴隷は存在した。ただし、マサチューセッツ、ニュー・ハンプシャー、ニュー・ヨークなどのイギリス植民地と同様、バーモントとなる土地の領有権をフランスも主張していたので、この地でいつ奴隷制が始まったかは定かではない。とはいえ、入植の初期に奴隷制が導入されていることは確かである。メインは一八二〇年までマサチューセッツの一部であったため、同地の奴隷制をそのまま受け継いでいる。南部植民地では、メリーランドが一六六三年に、ノース・カロライナとサウス・カロライナが一六七〇年頃に、ジョージアが一七三五年に、それぞれ奴隷制を法律で承認している。

イギリス領北アメリカの中部・北部植民地における奴隷制と経済

マサチューセッツは当初、奴隷所有と奴隷貿易への投資に関して、イギリスのアメリカ本土北部植民地政策を主導していた。だが、それは長く続かなかった。一六二〇年代に、この植民地の住民として初めて奴隷を所有したのはサミュエル・マーベリック（Samuel Maverick）だとされている。一七世紀のマサチューセッツの入植者はアフリカ人を輸入しただけでなく、アフリカのインド洋沿岸のマダガスカルからも黒人を輸入した。さらに、アメリカ先住民、特にピクォート（Pequot）族を捕虜として捕らえ、イギリス領カリブ海地域、特にバルバドスで黒人奴隷と交換していた。一七世紀末には、マサチューセッツの奴隷貿易業者は、ノース・カロライナやヴァージニアから北上してコネチカットに至る本土沿岸のイギリス領植民地にまで奴隷を供給していた。それでも、マサチューセッツの黒人人口の数は少なく、一八世紀半ばにおいてすら全居住者数の二％強に過ぎず、しかも、大半はボストンに集中していた。マサチューセッツには一六八〇年に奴隷は一七〇人しかいなかったが、その後、一七二〇年には一二五〇人、一七五〇年には四一〇〇人となった。コネチカットは一七七〇年までには奴隷の数を増やしているが、当時まではマサチューセッツより少なく、一七五〇年の時点でも三〇〇〇人に過ぎなかった。一七七〇年までにマサチューセッツは四七五〇人、コネチカットは五七〇〇人、ロード・アイランドは三八〇〇人となった。ニュー・ハンプシャーの奴隷の数は、一七五〇年には五五〇人、一七七〇年には六五〇人であった。バーモントは非常に少なく、一七七〇年には二五人と、極めて少なかった[44]。

こうした黒人人口の増加を前に、マサチューセッツでは彼らの社会的、経済的活動を抑制するための法令が次々と制定されていった。たとえば、一七二〇年から一七五〇年代にマサチューセッツ湾の植民地では、黒人が市場で取引すること、豚を飼育し販売すること、乗船すること、武器を保有すること、所有者の許可なしに日没後も市街地に留まることを禁じた法律が制定された。異人種間の結婚も、人種を超えた性交渉も、固く禁じられた。マサチューセッツのような、法律による黒人への社会的、経済的な統制の強化は植民地全体で見られるものであった。当然のことながら、法律は最も多くの奴隷人口を抱える植民地で最も包括的かつ厳格に運用された。

マサチューセッツは、南部以外のイギリス領植民地で初めて黒人奴隷を保有した最初の地域であったが、メリーランド以北で最大の奴隷人口を擁していた植民地はイギリス領ニュー・ヨークである。黒人のほとんどはニュー・ヨーク市（旧ニュー・アムステルダム）に居住していた。イギリスがニュー・ヨークを支配した当時、総人口一五〇〇人のうち奴隷となった黒人は約三〇〇人、自由人の黒人は約七五人であった[45]。植民地の黒人人口は、白人人口と同様に急増した。一六八〇年の奴隷数は一二〇〇人であったが、四〇年後には五七〇〇人、一八世紀半ばにはその二倍となった。ニュー・ジャージーでは数は少なかったものの、北部植民地よりは多かった。その数は、一六八〇年は二〇〇人、一七二〇年は二四〇〇人、一七五〇年は一万一〇〇〇人、一七七〇年は一万九〇〇〇人であった。ペンシルベニアは、ウィリアム・ペン（William Penn）の家をはじめ、多くの家庭で黒人奴隷を保有していた。だが、その数は中部植民地の中では比較的少なく、一七五〇年は二八〇〇人に過ぎず、一七七〇年には五五〇〇人となり、ピークに達した。デラウェアは、まだニュー・アムステルダムの一部だったが、一六八〇年には五五人の奴隷が住んでいたという。一六八二年までに、ヨーク公はデラウェアをウィリアム・ペンに譲渡しており、その後、その地域はペンシルベニアの「ローワー・カウンティーズ（Lower Counties）」と呼ばれるようになった。何人かの奴隷所有者がアッパー・サウス（Upper South）地域に居住するようになったが、デラウェアの奴隷数の増加幅は緩慢であり、一七二〇年までは七〇〇人、そして一七七〇年には一八〇〇人と、植民地全体の人口のわずか五％程度に過ぎなかった。[46]

ニュー・ヨークでは奴隷制に関する多くの法律が可決されている。これらの法律は、マサチューセッツをはじめ、北部や中部の植民地のほとんどで見られたものと類似していたが、より広範な内容のものになっていた。一七〇二年に制定された奴隷規制法（Act for Regulating of Slaves）は、死刑ならびに四肢切断の刑を除けば、所有者は奴隷を自由に処罰できるようになった。また、所有者の同意なしに三人以上の奴隷が集まることは許されず、自由人が所有者の許可なしに奴隷と取引することも禁止していた。法廷での奴隷の証言は、ほかの奴隷に関する証言の場合を除き、厳しく制限された(47)。安全保障は、内部でも、また外部に対しても、常に重要な問題であったのである。主人は奴隷財産と自身の安全を守り抜こうとしたが、多くの奴隷はあらゆる手段を用いてでも自由を手に入れようとした。この絶え間ない綱引きは、大西洋世界の至るところで見られた主従の関係と黒人の物理的・空間的抑圧や規制を特徴づけていた。イギリスのアメリカ本土植民地もまた、例外ではなかった。一七〇五年にニュー・ヨークで定められた法律では、フランス領カナダへの逃亡罪を企てた奴隷は処刑される可能性があることが規定されていた。植民地時代のニュー・ヨークで一七一二年四月六日に黒人奴隷と先住民奴隷による反乱が起きた結果、より実効性のある奴隷法を制定しようとする試みが生まれた。

その日、約二三人の武装した奴隷がニュー・ヨーク市の中心部にある建物に火を放ち、消火活動に駆けつけた白人の入植者に襲いかかった。九人の白人が殺され、六人の白人が負傷した。しかし、街の支配権をひとたび取り戻すと、白人はあらゆる法的ならびに超法規的な権力を行使して反撃に打って出た。二七人の奴隷が捕らえられ、そのうち二一人が処刑された。残りの六人は自殺したとされる。この反乱によって、白人が常に抱いていた黒人の反乱に対する恐怖心はさらに強まった。その結果、ニュー・ヨーク植民地議会は、強姦、放火、殺人、暴行の罪を犯した奴隷を死刑にすることを認める「黒人とそのほかの奴隷の陰謀と反乱を抑制し処罰するための法律」を可決した。この法律はまた、そのほかの犯罪についても、奴隷所有者に奴隷を処罰する権利を（四肢切断の刑と死刑を除く範囲で）与えることを再確認している。通常、地元の有色人種の自由人は、奴隷である友人や親戚を密かに援助していたため奴隷制が弱体化する恐れがあったことから、反乱後の法律では奴隷を解放した者に厳しい金銭的罰則――奴隷の解放時に一人当たり二〇〇ポンド、さらに追加で毎年二〇ポンドを支払うこと――が課されたのも当然であった。その一八年後、長引く黒人革命の脅威から身を守るために、さらなる安全対策が法律に盛り込まれた。ニュー・ヨークのモンゴメリー法（New York's Montgomerie Act）は、奴隷が武器を所有することを禁止し、一度に会える人数を二人に制限し、所有者の書面による許可なしに、夕暮れ以降、外出することを禁止した。また、公共の場での紊乱な行為を禁止した。一七四〇年、さらなる法律によって奴隷が公道で果物や野菜を販売することが禁じられた[48]。一八世紀末のペンシルベニアは、北アメリカに住む白人の間では、初期の奴隷制廃止思想の中心地として知られるようになった。奴隷制廃止を志向するクエーカー教徒やこの制度を好まないドイツ系農民や職人がこの地域に多く居住していたためである。ペンシルベニアの発展が始まった頃には、このような傾向はほとんど見られなかった。植民地時代の法律は、ほかの植民地の法律と同様、黒人奴隷が置かれていた状況をよく示すものとなっている。一七世紀には奴隷と年季奉公人は法律上、同じように扱われたが、重大な違いが二つあった。まず、奴隷は生涯、奴隷のままであった。また、その子供も同じく奴隷の地位を継承した。これに対し、年季奉公人は決められた期間しか拘束されず、通常、生涯を通じて拘束されることはなかった。年季奉公人の母親から生まれた子供の地位も成人するまでの期間に限定されていた。一七〇〇年当時、ペンシルベニアでは、ヴァージニア、カロライナ、イギリス領カリブ海地域と同じく、奴隷か自由黒人かを問わず、捕らえられた黒人の地位は法の下でも劣った者として扱われた。ここでは、陪審員のいない、黒人のための法廷が別に設けられており、有罪の場合も白人とは異なる罰則が科された。ニュー・ヨークやアメリカ大陸のほかの場所では、奴隷の反乱を恐れていたため、奴隷は主人の許可なしに銃器を持つことを禁じられていた。一七〇〇年までに、フィラデルフィアの世帯主の一〇分の一はクエーカー教徒であり、彼らの大半は少なくとも一人の奴隷を所有していた[49]。

一七二五年、ペンシルベニア植民地議会は、地域社会における黒人の存在を規制する、より包括的な法律を制定した。「黒人のより良い規制のための法律」では、異人種間の結婚を禁止し、奴隷が公共の場で酒を飲むことや、書面による許可なしに午後九時以降、主人の屋敷を離れることや外出することを禁じた。また、四人以上の奴隷が仕事以外で集まることを禁じ、また、奴隷所有者は奴隷が自身で仕事を探すことを許してはならなかった。この二つは奴隷の賃貸に関する一般の慣行に沿った法令である。奴隷解放を望む主人は三

○ポンドの保証金を預けなければならなかった。一七二五年の法律では、罪を犯して死刑判決を受けた奴隷の所有者に対する補償が規定され、また、逃亡奴隷をかくまった者には罰として罰金が科せられた。軽犯罪に対する奴隷の処罰は主人に任されていたが、奴隷を殺害したり、拷問したり、「過重労働」をさせたり、飢えさせたりすることは禁じられていた。植民地時代後期の法律では、競馬や射撃の試合への参加、花火の使用、禁猟地での狩猟や日曜日の狩猟などといった犯罪に対して、奴隷と白人で異なる処罰が具体的に定められた[50]。

これほど細部までこだわった法律が制定されたということは、植民地時代の北アメリカ社会において、それだけ奴隷の所有権、取引、制度がいかに重要であったかを示すものである。歴史家のロレンゾ・グリーン（Lorenzo Greene）は、ニュー・イングランドの植民地経済にとって、奴隷制、特に奴隷貿易が不可欠であったとし、次のように指摘している。「ニュー・イングランドの奴隷貿易の効果は、絶大であった。それはニュー・イングランドの経済構造の基盤の一つであり、奴隷貿易商人という富裕層を生み出し、貿易の取引から得られた利益が文化の発展や慈善活動の促進を刺激した[51]」。グリーンのこの結論は中部植民地にも当てはまる。実際、奴隷貿易は、マサチューセッツのニュー・ヨーク、ニュー・ポート、ボストン、セーラム、チャールズタウン、ニュー・キタリー（New Kittery）、そして、ロード・アイランドのプロビデンス（Providence）、ジェームズタウン、ニュー・

ブリストル（New Bristol）、さらにコネチカットのミドルタウン、ニュー・ロンドン、ニュー・ハンプシャーのポーツマスなど、ほとんどの港町の経済基盤となっていた。ロード・アイランドだけでも商船や船員の三分の二はアフリカの奴隷貿易に関わっていた。奴隷貿易ビジネスは、地域の造船業者、弁護士、代理人、書記官、保険業者、取引業者、さらには、たる製造職人、縄職人、皮なめし職人、帆船職人などの生活の糧になっていった。カリブ海地域向けの長距離輸送のために奴隷貿易船に荷積みされた商品は、ニュー・イングランドの林業、漁業、農業が生産したものだった。地元の蒸留酒の製造業者や実業家は、商人たちに何百万ガロンものラム酒と、数え切れないほどの装身具や鉄棒を売った。それらはアフリカ沿岸で奴隷と交換された。たとえば、ロード・アイランドには三〇の蒸留所が、マサチューセッツには六三の蒸留所があった。一例として、ボストンの奴隷商人ティモシー・フィッチ（Timothy Fitch）が、一七五九年一月一四日にシーザー号のウィリアム・エラリー（William Ellery）船長に宛てた手紙の一部を見てみよう。フィッチは、一七六一年、フィリス・ホイートリー（Phillis Wheatley）を奴隷船フィリス（Phillis）号に積んで、西アフリカからボストンまで連れて来た。彼はその二年前にエラリー宛てに手紙を書いている。

風と天候に恵まれた最初の機会を捉えて、アフリカの海岸に進んでください。適切と判断した場合、最初にシナガル（Sinagall）港に立ち寄り、もし運が良ければ、そこであなたの積荷の一部を売ることができるでしょう。もし売れそうになければ、そこに一二時間も滞在せず、海岸を下って積荷を有利に売れると判断した港や場所に行き、そこでサウス・カロライナに運ぶ奴隷を購入してください。もし平和が訪れたり、あるいは西インド諸島に向かうための男性兵士や軍艦を手に入れる良い機会があったりすれば別ですが、そうでない場合、セント・クリストファー島に行くことをお勧めします。セント・ユースタティア島（St. Eustatia）に近いため、奴隷を運ぶのに便利です。西インド諸島でもサウス・カロライナでも構わないので、奴隷を売る際はあなたが価値を理解しているその土地の名産物を船に積んでください。奴隷の販売に役立つでしょう。売り上げの残り分は間違いのないように為替手形か、さもなければ現金で保持してください(52)。

コネチカットのイーストン（Eastons）家、フィラデルフィアのウィリング＆モリス（Willing & Morris）家、マサチューセッツのキャボット（Cabots）家、ファニュイル（Fanueils）家、ロイヤルズ（Royalls）家、ロード・アイランドのワントンス（Wantons）家、チャンプリン（Champlins）家、ブラウン（Browns）家、ニュー・ハンプシャーのウィップル（Whipples）家などの奴隷貿易商人は、まさに植民地の偉大な家長たちであった。フィラデルフィアでは、六人の奴隷貿易商人が市長を務めた。ブラウン大学の名前の由来となったニコラス（Nicholas）、ジョン（John）、ジョセフ（Joseph）、モーゼス（Moses）らブラウン（Brown）一家は、奴隷貿易に積極的で、また、大学の一部を建設するために奴隷を雇っていた[53]。

しかしながら、奴隷貿易で豊かになったのは、個人や民間企業だけではなかった。ロード・アイランド、ニュー・ヨーク、ニュー・ジャージー、マサチューセッツなどの植民地政府もまた、奴隷貿易から税収を得ていた。同様に、すべての植民地の新聞社も、奴隷の貸借や売買、逃亡奴隷に対する報酬金の広告を販売することで収入を得ていた。たとえば、一七四〇年九月四日の『Pennsylvania Gazette』紙には、「スループ・チャーミング・サリー（Sloop Charming Sally）号で到着したばかりの黒人の少年少女を収納したと思われる小荷物を、お金または小麦粉・小麦と即交換します」という広告が掲載された[54]。フィラデルフィアの最初の新聞『American Weekly Mercury』に掲載された逃亡奴隷に関する広告も典型的なものであった。一七二二年一一月一四日、同紙の広告には「フランシュ・マヌエル（Fransh Manuel）という名の黒人で、かなり背が高く、英語はあまり話せない」、「ダーク系色のホームスパンのコート、オーゼンブリッグ・ジャケット、古い革の半ズボン、シープ・ラセットのストッキング、新しい靴、古いベヴェレット帽を身につけて」、「自らを自由人であると偽っている」、「この黒人を捕らえた者に四〇シリングの報奨金を与える」とあった。『New York Gazette』紙は、一七三〇年八月三一日、「二人の黒人男性、いずれも肩にRNの焼印があり、一人は額に深い傷があってズボンを着用し、もう一人はコートとズボンを着用」という広告を掲載した。(55)

イギリス領北部・中部植民地における奴隷労働

奴隷貿易が、北部・中部の植民地経済にとって、様々な意味で重要であったことは明らかである。しかし、奴隷労働についてはどうだろうか。奴隷は何をしていたのか。その労働力は、メリーランド、ヴァージニア、カロライナといった換金作物を生産していた海岸沿いの植民地以北の生活にどれほど不可欠なものだったのか。

これらの植民地の入植初期には、奴隷は年季奉公人や賃金労働者と同様に、土地を開拓し、家、塀、納屋、外小屋、道路、そのほかの建物を建てるために、特に必要であった。北部や中部の植民地の大部分は、主に海岸部で多様な事業を行っていたほか、自給自足の農業を基盤とした経済であった。そのため、特に白人の年季奉公人を確保できない場合に、奴隷労働は非常に重要であった。一七世紀に入り、白人の年季奉公人の数が減少するにつれて、奴隷労働の必要性はますます高まった。田舎や農村では、奴隷は農作業者や家政婦として働いていた。(56) 農場で働く奴隷は男女を問わず、土地の開拓だけでなく、作物の植え付け、除草、手入れ、建物の建設や修理、道具の手入れ、家畜の世話などの作業を行っていた。マサチューセッツで最も重要な自給用作物は、トウモロコシ、カボチャ、小麦、大麦、ジャガイモであった。そして、奴隷労働の手で生産された輸出用農産物や製品は、小麦粉、ラム酒、魚、毛皮、牛、鯨製品、木材などであった[57]。

ロード・アイランド南部のナラガンセット（Narragansett）の「プランターたち」は、一八世紀初頭、土地と奴隷の所有に関して、新世界のプランテーション社会に最も近い社会を作り上げていた。とはいえ、植民地時代のチェサピークの大規模なタバコ・プランテーションや、サウス・カロライナの米（コメ）プランテーション、さらにはカリブ海地域やブラジルの砂糖プランテーションには到底及ばなかった。ナラガンセットの奴隷たちは、数千エーカーの広大な土地で、小麦や干し草、オート麦を栽培し、ミルクやチーズを生産し、輸出用の羊や牛肉を飼育していた。たとえば、ローランド・ロビンソン（Rowland Robinson）は、二八人の奴隷と一〇〇〇エーカー以上の土地を所有していた。一七六〇年代、彼は何千ポンドものチーズと何百頭もの羊、干し草、馬、ミルクを地元の仲介業者に販売し、仲介業者はそれらをニュー・ポート経由でカリブ海地域に輸送していた。ロビンソンは明らかに同業者の中で最も成功した一人であった。ほかの者たちも奴隷労働を利用して、同様の成功を収めていた[58]。

中部植民地の農家は、奴隷の助けを借りて、北部植民地と同じような作物、特に小麦、トウモロコシ、大麦、ジャガイモ、ソバ、桃、ネクタリン、メロン、リンゴなどを生産していた。北部植民地と同じように、主人は奴隷を漁師、家畜運搬人、捕鯨船員、牡蠣漁師として活用した。穀物は地元でも、遠方でも取引された。そのほかの輸出品としては、主にカリブ海地域向けに、魚、リンゴ、サイダー、ビール、牛などがあった。[59] デラウェアは、ほかの中部植民地よりもヴァージニアやメリーランドと類似しており、奴隷を使ってタバコのほか、穀物、家畜、鉄、木材などを生産していた。[60] 家の中で働く奴隷は、料理、掃除、育児、紡績、織物、縫製、洗濯などの仕事だけでなく、家庭菜園の作付けや手入れ、家畜の世話（通常は、牛、豚、羊、山羊など）、屠畜、燻製、保存、乾燥、塩漬けといった作業も行った。労働体制は、植民地時代の南部のそれとは異なるとはいえ、厳しいものだった。さらに、（南部やアメリカ大陸のほかの地域に比べて）北部の奴隷数が少ないからといって、南部やカリブ海地域の奴隷よりも良い待遇を受けていたわけではなかった。彼らは皆、過労、栄養失調、暴力被害という運命を共有していた。たとえば、一七七〇年代半ば、両親や兄弟と一緒にオールド・カラバル（Old Calabar）（イボ人の奴隷輸出の主要地）からニュー・ヨークにやって来たジョン・ジェア（John Jea）は、ニュー・ヨークで「非常に残酷な」男に買い取られ、「あまりにも衝撃的な方法で……利用された」と回想している。彼の所有者のオリバー（Oliver）とアンジェリカ・トリフエン（Angelika Triehuen）夫妻は穀物農家であり、また、果物を栽培し、輸出用の牛を飼育していた。ジェアによると、奴隷には十分な食事を与えられず、夏場は一日二〇時間近く働かされ、少しでも抵抗すると残酷に鞭打たれたという。「私たちはあえて沈黙した」。「もし不平不満を一言でも口にしたら、厚さ一・五センチもある武器で、容赦のない報いを受けた。最も柔らかい部分を、それで叩かれた」。苦情を言えば、まるで拷問のような罰を受けた。もし奴隷が物理的に抵抗すると、「銃で撃たれるか、脳天を武器で殴られた」とジェアは語った。[61]

しかし、都市部に住んでいた奴隷たちの生活の大半はこれとは異なっていた。農村部の奴隷は、ほとんどの場合、所有者と一緒に暮らしており、移動手段は非常に限られていた。都市部の奴隷は主人の家の外で生活することが多く、ほかの黒人（奴隷ならびに自由人）や白人の年季奉公人とともに、社会的・経済的な活動を行うために集まることがあった。そのため、異人種間の婚姻、集会の制限、所有者の許可なく移動すること、奴隷による起業などに関する法律が制定されたのである。フィラデルフィアでは、植民地時代の奴隷のほとんどは家政婦であり、裕福な主人に所有されていたが、中流階級の奴隷所有者も相当数いた。中には、特定の熟練職人に奴隷を弟子入りさせる主人もいた。したがって、多くの奴隷は所有者の家の外で雇われ、煉瓦造り職人、鍛冶屋、金細工師、パン職人、ブラシ職人、大工、たる製造職人、精錬師、製帆職人、蒸留所の従事者、印刷工、靴職人、船員、仕立屋、皮なめし職人など、熟練労働者として働かされた。また、鉄工所で働かされた者もいた。主人の家の外で働くことを許された都市部の奴隷女性は、通常、洗濯婦、料理人、仕立屋、助産師として働いていた。[62]

フィラデルフィア、ボストン、ニュー・ヨーク、プロビデンス、ニュー・ヘイブンなどの海辺の町や都市では、男性の奴隷労働者は、縄造り職人、帆掛け職人、たる製造職人、大工としてだけでなく、造船や修理、荷積みと荷降ろしを行う港湾労働者としても利用された。つまり、役務の多くは奴隷貿易に関連するものだった。[63] ニュー・イングランドと中部植民地では、専門職以外の経済活動のほぼすべての分野で奴隷の姿を見ることができたのである。メリーランド以北の植民地では、農業、工業、家事、商工業の活動に投入された男女の奴隷の労働力が地域経済の維持だけでなく、その発展と拡大に貢献した。

植民地時代の南部の奴隷文化、労働、家族

一八世紀初頭、デラウェアでは収益性の高いタバコを生産していたが、それがもたらした富やそのために購入した奴隷の数はヴァージニア、メリーランド、カロライナなどの地域には全く及ばなかった。奴隷制は、後にアメリカ合衆国の一部となるイギリス領北アメリカの北部・中部植民地において、経済的にも法的にも文化的にも重要であった。それは確かなことである。しかし、初期イギリス領アメリカにおける真の奴隷社会はメリーランドから南のチェサピークとローカントリー地方に存在したというのが、一般的な認識となっている。イギリス領植民地のメリーランド、ヴァージニア、カロライナ、後のジョージア（およびフランス領ルイジアナ）は、アメリカ独立革命前にはアフリカの人々の大半の目的地として特に重要であった。広大な大西洋奴隷貿易によって、これらの植民地に到着し

表3.1　フランス領／スペイン領ルイジアナの奴隷人口

植民地	1720年	1750年	1770年	1790年
ルイジアナ(64)	1,385	7,430	5,600	18,700

表3.2　スペイン領フロリダの黒人人口

植民地	1740年	1770年	1790年
フロリダ	100(65)	1,500(66)	1,653(67)

表3.3　イギリス領北アメリカ植民地の奴隷人口(68)

植民地	1680年	1700年	1720年	1750年	1770年
ニュー・ハンプシャー	75	130	170	550	654
バーモント				25	
マサチューセッツ	170	800	2,150	4,075	4,754
コネチカット	50	450	1,093	3,010	5,698
ロード・アイランド	175	300	543	3,347	3,761
ニュー・ヨーク	1,200	2,256	5,740	11,014	19,062
ニュー・ジャージー	200	840	2,385	5,354	8,220
ペンシルベニア	25	430	2,000	2,822	5,561
デラウェア	55	135	700	1,496	1,836
メリーランド	1,611	3,227	12,499	43,450	63,818
ヴァージニア	3,000	16,390	26,550	107,100	187,600
ノース／サウス・カロライナ	210/200	1,000/3,000	3,000/11,828	19,800/39,000	69,600/75,178
ジョージア				600	15,000

た人々は西アフリカやアフリカ中西部などの様々な地域からやって来た。ところが、この南部の輸入品にはいくつかの特殊性があった。貿易商人の経済的な意図や顧客のニーズや好みによって決定された部分もあったからである。奴隷船の積荷目録、新聞広告、船会社や貿易商人の記録などから、大量の奴隷を輸入した地域、特に南部植民地のヴァージニア、メリーランド、カロライナ、ジョージア、ルイジアナでは様々な民族が混じり合って住んでいたことが明らかになっている。むろん、奴隷貿易時代につけられた民族名は漠然としたラベルにすぎず、いわば「傘」をカウントし、それに名前をつけたようなものである。「傘」の下には、一緒に奴隷船に乗り込んだり、アメリカ大陸に出発したりした、非常に多くの人々が存在していたのだ。

ヴァージニア、メリーランドはしばしば「チェサピーク」、あるいはアッパー・サウスの潮水地帯と名づけられているが、この地にやって来た黒人奴隷が最初に目にしたのは、ビアフラ湾出身の人々、特にイボ人が中心の社会であった[69]。こうした社会が成立したのは一六〇〇年代末の最後の数十年間のことである。しかし、一七〇〇年代に南部入植地に輸入されたイボ人の四〇%がチェサピークに流入し、圧倒的多数(一七一〇年代と一七二〇年代には最大で六〇%まで)を占めるようになった[70]。その多くは農村出身者であり、彼らはヤムイモ、ココヤム、バナナ、トウモロコシ、アフリカン・ブレッドフルーツ、ササゲ、豆などの種まき、除草、収穫などの農作業に従事していた[71]。モコ(Mokos)人やエフキン

(Efīkins)人など、そのほかのビアフラ湾出身者の奴隷もいたが、その数は極めて少なかった。アンゴラ出身者は、アッパー・サウスに輸入されたアフリカ人の中で二番目に多く、輸入量の約二〇%を占めていた。主としてコンゴ人であったが、ヌンディ(Nsundi)、ヨンベ(Yombe)、ムバラ(Mbala)、ヤカ(Yaka)の出身者も含まれていた。[72] アフリカ中西部の人々はこの地域に最初に輸入された貴重な存在だったが、その数は一六〇〇年代末までにイボ人や、さらにはセネガンビア人にも圧倒されていた。だが、一八世紀半ばまでに中央アフリカからの奴隷が再び輸入の大半を占めるようになった。セネガンビア人、中でも主にバマーナ(Bamana)人とウォロフ(Wolof)人は、チェサピークに輸入された人々の約七%を占めた。これは、シエラレオネ、ウィンドワード・コーストから来たアフリカ人とほぼ同程度の数であった。ところが、一六八〇年から一七二〇年の間の数十年間にセネガンビア人はこの地域に輸入された奴隷の中では、イボ人の優位性に匹敵するほどになった。[73] アッパー・サウスに連れて来られたゴールド・コースト出身の人々は――アカン(Akan)人とガ(Ga)人。ただし、一八世紀の南部ではしばしばコロマンティ(Coromantees)人と呼ばれていた――イボ人の数をわずかに上回るほどになった。といっても、数十年にわたって安定的に輸入されたわけではなかった。たとえば、一七三〇年から一七四五年の間にチェサピークに到着したアフリカ人のうち、ゴールド・コースト出身者は約三・五%に過ぎなかった。それでも、一七六〇年から一七七五年の間は輸入されたアフリカ人全体の三分の一を占めていた。アメリカ独立戦争の頃までには、チェサピークではセネガンビア、ゴールド・コースト、アンゴラから輸入されたアフリカ人奴隷が大半を占めていた[74]。

植民地時代、特に一七世紀にヴァージニアとメリーランドに到着したアフリカ人が目にしたのは、白人の奴隷主だけでなく、白人の年季奉公人や先住民であった。先住民の中には奴隷の者もいた。特に白人の年季奉公人の中には多く見られた。歴史家のジェームズ・ホーン（James Horn）が指摘するように、「奴隷化はチェサピークの入植者社会における大きな特徴であった[75]」。実際、一六三〇年から一六八〇年までにチェサピークに入植した七万五〇〇〇人の白人移民のうち、三分の二は年季奉公人であった。特に一六五〇年から一六八〇年の間は一〇年ごとに一万六〇〇〇人から二万人が移住したと推定されており、その重要性は高かった[76]。一七世紀の大規模なタバコ・ブームの時期、チェサピークの労働市場を支配したのは白人の年季奉公人であり、そのほとんどは男性であった[77]。イギリス人のために奴隷や年季奉公人にされた先住民の数は、ヨーロッパ人の年季奉公人やアフリカ人の奴隷の数と比べはるかに少数であった。フィリップ・モーガン（Philip Morgan）は、「一七〇〇年まで、ヴァージニアでは黒人が多く、先住民は少なかった（比率は三対一だった）」と記している[78]。

それでも、イギリス人の入植が始まった最初の数十年間は、ヴァージニアをはじめ、南部、さらには北部のアメリカ先住民は奴隷として働くと同時に、奴隷商人としても働いていた。実際、多くのアメリカ先住民グループは、奴隷貿易はヨーロッパの商品と彼らへの忠誠心を得るために必要な手段であり、また、富を得たり、敵対する先住民グループの脅威を軽減したりするための好機であると考えていた。イギリス人の奴隷所有者と貿易商人は、多くの先住民奴隷をイギリス領カリブ海、特にバルバドスやジャマイカに送り、そこでアフリカ人奴隷と交換することによって、利益を得ていた。結局のところ、アフリカ人は先住民奴隷のように北アメリカで逃亡したり反乱を起こしたりする機会はほとんどなかった。先住民奴隷のほうがカリブ海地域では価値があり、本土の植民地ではあまり必要とされていなかったためである。アラン・ギャレー（Alan Gallay）の推定によれば、イギリス人とアメリカ先住民は一七一五年までに三万から五万人のアメリカ先住民を捕まえ、イギリス領本土やカリブ海地域の入植者に奴隷として販売した。そのほとんどは女性と子供だった。[79]ルイジアナとカナダのフランス人植民者も同様に、アメリカ先住民奴隷をフランス領カリブ海に販売した。確かに、本土植民地に入植したヨーロッパ人やクレオールの人々は、黒人とともにアメリカ先住民も奴隷にしていた。たとえば、一七〇八年、サウス・カロライナには約二九〇〇人の黒人奴隷がおり、同時に、一四〇〇人の先住民奴隷もいた。[80]少なくとも一七三〇年までは、サウス・カロライナではアメリカ先住民奴隷が重要な労働力であり続けた。しかし、一八世紀後半になると、黒人奴隷市場がイギリス南部の農業労働力の主要な供給源となる方向へと変化していった。[81]

一八世紀のヴァージニアとメリーランドではイボ人が大半の勢力を占めていたのは確かであるとしても、サウス・カロライナにおいては最大の勢力であったわけではない。このコロニーは一六六三年に認可され、一六七〇年にバルバドスとバミューダから入植者を乗せた三隻の船がやって来て、この地の最初のイギリス人入植地、すなわちカロライナが設立された。この入植地の土地所有権は、国王チャールズ二世に忠誠を誓った報酬として、バルバドスのプランターであったジョン・コールトン（John Colleton）ら七人に与えられた。[82]カロライナはカリブ海地域のイギリス領バルバドスと人的、文化的、ビジネス的に結びついていた点でユニークであった。多くの人々は小さな砂糖の島から離れたいと願っており、本土の新興植民地を経済的に有望な場所と考えていたのである。哲学者のジョン・ロック（John Locke）は、領主の秘書も務めていた人物なのだが、カロライナの基本憲法を執筆し、「カロライナのすべての自由人は、その意見や宗教の如何を問わず、自身が所有する黒人奴隷に対して絶対的な権力と権限を有する」とした。[83]入植者のほとんどが奴隷を引き連れて来たために、初期の段階で黒人は居住者の約二五〜三三％を占め、黒人男性がその奴隷の大半を占めていた。[84]バルバドスの奴隷のうち、カロライナに連れて行かれた可能性のある者はゴールド・コーストのアシャンテ人、エウェ（Ewe）人、フォン（Fon）人、ファンティ（Fante）人、ベニン湾やビアフラ湾のヨルバ人、エフィク（Efik）人、イボ人、イビビオ人など、西アフリカの様々な地域の出身者であった。このほかに、アフリカ中西部の出身者などもいた[85]。

初期の奴隷は、先住民奴隷、白人の年季奉公人、囚人（彼らの任期は通常、年季奉公人の二倍であった）とともに、住民の生活を支え、白人の地主や所有者に富をもたらすべく、様々な生産部門、経済部門で猛烈に働いていた。白人の地主は、経済的成功の野望を抱いており、ブドウ、タバコ、綿花、オリーブ、ショウガ、インディゴなどの農産物を生産することで植民地に利益をもたらすと考えていた。しかし、当初は牛の畜産が中心であったようで、この植民地やほかの南部植民地に連れて来られたアフリカ人の多くは、カロライナで実践される開放的な放牧法に精通していた[86]。ところが、カロライナの白人入植者や投資家が期待していた換金作物は、米（コメ）であった。植民地の奴隷人口を急増させたのも米（コメ）である。一七〇八年には、カロライナはイギリス領の北アメリカ本土で唯一、黒人が多数派を占めるようになった。

奴隷人口の増加に伴い、奴隷制のシステムや奴隷という財産の取り扱いの指針となる奴隷法が整備された。サウス・カロライナの奴隷法はバルバドスやジャマイカの奴隷法と類似していた。バルバドスでは、一六六一年に「黒人のより良い秩序と統治のための法律」が制定され、奴隷は財産であること、奴隷は「いかなるキリスト教徒」に対しても肉体的な攻撃をしてはならないこと、主人が罰を与えた際に奴隷が死んだ場合でも主人の「責任」は問われないこと、などが規定された。また、奴隷は「野蛮」であるため、イギリス人のように「一二人の仲間からなる」陪審員による裁判を受ける権利がないことも定められた。奴隷は法の下でもイギリス人の男性・女性と対等ではなかったのである。[87] 一六八四年に制定されたジャマイカの法律はサウス・カロライナに大きな影響を与えている。ある歴史家は、サウス・カロライナ議会は一六九一年に奴隷法を制定する際に、この法律を「ほぼ一言一句そのままコピーした」と指摘している。[88] ジャマイカ法は奴隷の財産的要素を再確認し、逃亡奴隷の扱い方のガイドラインを設定し、おそらく最も重要な点であると思われるのが、「キリスト教徒」を「白人」という言葉に置き換えたことである。[89] サウス・カロライナの一六九一年の奴隷法、そして、一八世紀初頭に制定された奴隷法には、制度設計、奴隷財産の管理、黒人奴隷の女性や男性に対する白人、特に主人の権利など、拡大する奴隷人口や黒人労働力を管理する際に必要な要素がすべて盛り込まれていた。

植民地時代にサウス・カロライナ、ジョージア(「ローカントリー」)に輸入された者たちの中では、コンゴ・アンゴラ出身の男女が圧倒的に多かった。北アメリカに到着したアフリカ中西部出身のアフリカ人のうち、四〇%がサウス・カロライナで奴隷となった。一七三九年以前は、サウス・カロライナのアフリカ人労働力の七〇%がコンゴ・アンゴラの出身者であった。[90] ヴァージニアとは異なり、サウス・カロライナではイボ人出身者の割合は少なく、五パーセント程度であった。[91] 特にサウス・カロライナの奴隷主は、イボ人出身の奴隷の自殺の多さを恐れていたようである。しかし、彼らはシエラレオネ（メンデMende、テンメTemme、キッシKissi）やセネガンビア（バマーナ、ウォロフ）から膨大な数のアフリカの人々を輸入した。そのため、セネガンビア人は最終的に奴隷にされた者のうち約二〇％を占めた。シエラレオネ人も重要な存在であった。セネガンビア人の奴隷と合わせると、彼らは一七三〇年代にサウス・カロライナに到着したアフリカ人の約一二％、三〇年代半ばには五四％、アメリカ独立戦争の頃には六四％を占めるなど、驚異的な割合になった。[92]チェサピークやルイジアナ、フロリダの奴隷主と同様に、ローカントリーのプランターたちは仲介業者に対して、一四歳から一八歳までの背が高く健康な男性で、肌の色が非常に黒く、身体に傷のないアフリカ人の斡旋を希望していた。このような「理想的な」身体を持つアフリカ人に、一八世紀のプランターたちは平均一〇〇ポンドから二〇〇ポンド・スターリング（現在のお金に換算すると一万一六三〇米ドルから二万三二〇〇米ドル）を支払った。

また、セネガンビア人とコンゴ・アンゴラ人はフランス領ルイジアナのアフリカ系移民の大半を占め、この地域の奴隷のうち、それぞれ三〇％と三五・四％を占めた。そのほかベニン湾岸のフォン・エウェ・ヨルバ（Fon-Ewe-Yoruba）人を中心に、大勢のアフリカ人がフランス領ルイジアナにやって来た。一八世紀後半に到着したセネガンビア人とコンゴ・アンゴラ人は二六・二％と推定されるが、これによってルイジアナの奴隷人口の民族構成はチェサピークやローカントリーのそれとは明らかに異なるものになった。シエラレオネ出身の奴隷はルイジアナのアフリカ人人口のわずか五・三%、ゴールド・コースト出身の奴隷は約一・一%、イボ人出身の奴隷は約八・六%であった[93]。

奴隷たちの間で、文化や共同体のパターンがどのように発展したのかを考えることは重要である。ここでいう文化とは、広くは、社会内の様々な力学に対するコミュニティとその構成員の反応のパノラマ(全容)であり、その社会自体が持つ多元的で複雑な属性のことを指す。それはまた、その文化をどのように特定し、理解し、そして最も重要なことは、それをどのように制御するのかという問題にも関わっている。学者たちは何十年にもわたって、奴隷文化と文化の保持に関する問題を議論してきた。この議論を最も盛り上げたのは、一九四一年に出版されたメルヴィル・J・ハースコヴィッツ(Melville J. Herskovits)による古典的なモノグラフ『黒人の過去の神話(The Myth of the Negro Past)』ではないだろうか[94]。この本は、黒人も白人も含め、アメリカの社会科学者の多くが、アメリカ合衆国のアフリカ人奴隷がアフリカの文化的属性を保持しているとは考えていなかった時代に出版されているのだが、ハースコヴィッツはそうではないと主張した。そのため、黒人文化に関する議論の多くは、黒人が文化を維持しているか否かを中心に展開されてきた。たとえば、大西洋世界の人類学者であるシドニー・ミンツ(Sidney Mintz)とリチャード・プライス(Richard Price)は一九七二年に次のように論じている。「いかなる集団も、いかに環境が整っていようとも、いかに自由に選択できようとも、その生活様式とそれに伴う信念や価値観を、ある場所から別の場所へそのまま移すことはできない。移転の条件と受け入れ側の環境（人的にも物的にも）の特性によって、移転の多様性と強度が制限されることは避けられない[95]」。

アラン・クリコフ（Allan Kulikoff）は、一九八四年、植民地時代のチェサピークに関する古典的研究『タバコと奴隷（Tobacco and Slaves）』を発表し、アフリカ人の文化的変容と三つの発展段階について概説している。すなわち、少数のアフリカ人が広範囲に拡散したことによる同化、大量のアフリカ人が特定地域に集中的に輸入された時期における文化的対立、そして、文化の創造——より包括的な新しい黒人のクレオール文化の発展——である。ロレーナ・ウォルシュ（Lorena Walsh）、ラッセル・メナード（Russell Menard）、ダレットとアニタ・ラットマン（Darrett and Anita Rutman）、フィリップ・モーガン（Philip Morgan）、アイラ・バーリン（Ira Berlin）など、クリコフと同世代のチェサピーク研究者も（チェサピーク以外の分野にも専門性を広げているが）ほぼこのパターンを踏襲してきた[96]。

メシャル・ソベル（Mechal Sobel）、ピーター・ウッド（Peter Wood）、グウェンドリン・ミドロ・ホール（Gwendolyn Midlo Hall）、ダニエル・リトルフィールド（Daniel Littlefield）、チャールズ・ジョイナー（Charles Joyner）、マーガレット・ワシントン（Margaret Washington）、マイケル・ゴメス（Michael Gomez）、ダグラス・チェンバース（Douglas

Chambers)、アルバート・ラボトー(Albert Raboteau)、ジョン・ソーントン(John Thornton)、ジョセフ・ホロウェイ(Joseph Holloway)、スターリング・スタッキー(Sterling Stuckey)などの歴史学者は言うまでもなく、少なくとも三世代にわたる社会文化人類学者、民俗学者、民族音楽学者、考古学者、物質文化学者、アフリカ史学者、美術史家がこの議論に多大な貢献をしている[97]。たとえば、ゴメスは次のように述べている。「アフリカ系アメリカ人は民族的マトリックスのアマルガム(融合体)である。つまり、アフリカ系アメリカ人のアイデンティティは、実際にはアイデンティティの複合体なのだ。ある特定の地域や時代においては、その複合体は均一な総合体に近づいたこともあった。……だが、別の時代や場所においては、この複合体は断片化され、不完全なものであった[98]」。その結果、「アフリカの先例があらゆる側面に影響を及ぼす」という「多文化」現象が生まれたのである[99]。アメリカ南部、ラテンアメリカ、カリブ海地域を問わず、奴隷所有者は、黒人奴隷がアフリカ人であれクレオールであれ、アフリカ由来の独特な文化的属性と態度を有していることを理解していた。これらは新世界の社会的、文化的、経済的な優先事項とは相容れないと、奴隷主たちは考えていた。しかし、そのほかのアフリカの文化的特性、知識、労働経験については、奴隷主たちは自身の経済的成功のために価値があり、必要であるとさえ考えていた。こうした認識の下に、奴隷主はアフリカの異なる「民族」や西部・中央アフリカ地域出身の奴隷を「好む」ようになった。だが、それだけではなく、植民地の法規範や慣習に影響を与え、彼らが脅威とみなすアフリカの文化的特性を統制、あるいは、破壊したのである。たとえば、奴隷主は奴隷の文化表現を特に警戒していた。これを通じて、肉体的、心理的、精神的、そして政治的に、奴隷制に抵抗して団結する可能性があると考えたためである。こうした文化表現には、宗教信仰の表現のための儀式的な集まり、葬儀、仮面舞踊、政治的な選挙なども含まれる。同様に、奴隷主たちは、言語、民話やジョーク、神話、太鼓の音など、アフリカ由来のコード化されたコミュニケーション形式の使用にも反対した。それを抵抗の陰謀の隠れ蓑ではないか、あるいは少なくともその機運を盛り上げるためのものではないかと（当然のことながら）恐れたからである。(100)

このほか、奴隷所有者がアフリカの文化的特性を認識していたことを示す証左として、奴隷たちの生産技術を、特に農業、漁業、織物、家庭用品の生産、医療、大工などの分野で活用していたことがある。アフリカ人女性の労働経験と技能は、農業が支配的であったアメリカ大陸の経済において、男性のそれと同じか、それ以上に重要であった。実際、大西洋奴隷貿易で運び込まれた地域に住むアフリカ人女性に関する研究では、彼女たちが固有のコミュニティで生産的な能力を発揮していたことが強調されている。たとえば、クレア・ロバートソン（Claire Robertson）とマーティン・クライン（Martin Klein）は、次のように主張している。「植民地化以前の時代に、［アフリカの］女性があまり農作業を行わなかったと考える理由はない。［そして］さらなる労働集約的な仕事を行っていなかったとも考えられない。奴隷の女性は除草をしたり、男性の織物職人が使用する糸を紡いだりしていた」[101]。

サウス・カロライナとジョージアの米（コメ）生産地であるローカントリーの奴隷主は、特に西アフリカの「穀倉地帯」海岸（リベリアとシエラレオネ）から女性や男性を入手したいと考えていた。植民地の奴隷主はアフリカ人が多くの量の肉体労働を遂行する能力だけでなく、農民、狩人、漁師、鉱夫、大工、紡績工、助産師、治療師、料理人、乳母としての貴重な経験を持っていることがすぐに分かったのである。奴隷主は、自らの利益のために利用できる者を優遇し、脅威と思われる者を抑圧し、そして、奴隷や彼らの文化的発展、コミュニティの形成に一貫して圧力をかけ続けた。そうすることによって、彼らは後世の歴史家に対し、奴隷主の目に映ったものに限られるとはいえ、奴隷たちが何らかの形で受け入れ、永続させてきた伝統的なアフリカの理想、信念、慣習について、豊かな資料を残したのである[102]。

アフリカ人奴隷とその子孫の文化に関する議論は、常に、特殊なもの——黒人が積極的に採用した、あるいは少なくとも彼らが認識していた西部・中央アフリカ文化の単一的もしくは集団的な（つまり文化的複合体の）指標の実現可能性——からより一般的で哲学的なもの——奴隷となった人々の「文化的」アイデンティティと、そのアイデンティティが時の経過とともにどのように、いつ、なぜ、誰のために変化したのか——へと行きつ戻りつしてきた(103)。学者の間では、文化の保持やその変化の速度や方向性、奴隷制、また、奴隷制への抵抗が、時を経て進化していく過程を明らかにし、「測定」するためにはいかなる方法が効果的であるかについても、あるいはまた、文化の保持の議論に歴史学的なエネルギーをこれほど費やすべきであったのかどうかに関しても意見は一致していない。だが、この難しい議論を進める上で必要不可欠な方法論については、一定の合意が成立している。たとえば、奴隷所有者と奴隷の人口統計、文化史、そして両者の相互作用の様々な側面や構造の重要性である。奴隷となったアフリカ人の出自や出身地、言語グループ、識別可能であればその民族についても詳しく知らなければならない。さらに、奴隷社会の中で生活し、働いていたアフリカ系民族の実数や割合、そして相互に交流し合ったヨーロッパ人やヨーロッパ系アメリカ人の人口規模、文化、管理方法、ならびに新世界の先住民との相互作用についても把握する必要がある。奴隷の出身地の様々な集団の諸文化を理解し、アフリカ系アメリカ人の個々の行動、家庭、さらには、コミュニティにおいて再浮上した文化的特徴や態度を少なくとも哲学的、構造的、文体論的に明らかにしなければならない。そのためには、然るべきアフリカ人グループにおいて「文化」が、「伝統的に」、どのように垂直的および水平的に伝達されてきたかについてある程度の知識を持ち、特に外的、内的にどのような力が影響を与えたのかを解明し、その影響がいつ、どのように、どの程度まで作用し、どのような場合に抵抗されたのかを理解することが肝要である。もちろん、ジェンダーや世代も考慮しなければならない。

イギリスのアメリカ本土植民地におけるアフリカ文化の保持については、多くの人々が西部・中央アフリカの文化的影響が伝統的に続いていることを指摘している。これはサウス・カロライナの大多数の黒人奴隷、特に現在のノース・カロライナ州フェイエッットビルからフロリダ北部、エバーグレーズの一部まで続く米（コメ）生産地の海岸線と小島に沿って居住した奴隷たちを中心に据えた議論である。しかし、ジョン・ブラシンゲーム（John Blassingame）、マイケル・ゴメス（Michael Gomez）、ダグラス・チェンバース（Douglas Chambers）、ウォルター・ラッカー（Walter Rucker）、グウェンドリン・ミドロ・ホール（Gwendolyn Midlo Hall）などの学者は、ほかの地域にも広範な影響があったことを強調している。[104]

ガラ（Gullah）人は、ギーシー（Geechee）人とも呼ばれるが、その起源は、一八世紀にセネガンビア、シエラレオネ、リベリアと文化的に繋がりのある特定の民族集団、たとえば、ジョラス（Djplas）、ウォロフ、セレール（Serer）、マンディンガ（Mandinga）、メンデ、テンメ、ヴァイ（Vai）人などのアフリカの人々（五万人以上）が大量に運ばれたことにある。これらの奴隷はローカントリー沿岸地域で、言語、宗教的儀式、芸術形態（陶器、バスケット織り、彫刻など）、命名の仕方、織物、漁網と漁業技術、料理の仕方、籾殻を取り除くために使う臼や杵などの作業道具、音楽スタイル、アフリカ文化の祖先につながる年齢別のイニシエーションなどにおいて、独自の文化を生み出した。それが可能になったのは、人数の多さ、物理的孤立、土着の文化的特徴だけでなく、ヨーロッパ流のやり方や言葉の同化を強制する白人、あるいは少なくともアフリカのものを放棄させる白人がほとんどいなかったためである。白人はマラリアが蔓延する高温多湿のこの地域では健康を害すると信じていたため、その多くはこの地域に居を構えず、奴隷主も春、夏、秋の厳しい暑さを避けて、数ヵ月間、不在にすることが多かった。主人は、奴隷はマラリアに対して「免疫を持っている」と信じていたが、一部、正しいところもあった。シエラレオネやリベリアから輸入された奴隷の大半は鎌状赤血球の形質を持っており、そのためにマラリアに対し抵抗力を持つ場合もあった。しかし、鎌状赤血球の衰弱と痛みを伴う病気にかかった奴隷はプランテーションの日常の過酷な労働に苦しんだはずだ。現在でも一八世紀から一九世紀にかけて彼らが話した言葉の一部が残っており、その中にはシエラレオネ・クリオ（Sierra Leone Krio）語だけでなく、元々アフリカにあった言語も見られる。ガラ人が今でも使っている言葉には次のようなものがある。*joso*「魔術」はメンデ語の *njoso*（意味：森の精霊）から、*gafa*「悪霊」はメンデ語の *ngafa*（意味：仮面をつけた「悪魔」）からきている。*wanga*「魅力」はテムネ語の *an-wanka* に由来し、フェティッシュや「誓い」と訳される。*bento*「棺桶」はテムネ語の *an-bento*（意味：棺桶）から、*defu*「米粉」はヴァイ語の *defu*（意味：米粉）からきている。*do*「子供」はメンデ語の *ndo*（意味：子供）に、

kome「集まる」はメンデ語の kome（意味：集会）に由来している。[105]

南部奴隷の文化は、中部や北部の植民地と同じく、労働と抵抗に満ちた生活、そして意味のある社会的存在であること（特に親族関係）を維持するための絶え間ない闘いを背景に発展し、時に維持されたり、時に失われたりした。ほとんどの場合、輸出市場の存在が奴隷労働を駆り立てる原動力となった。

チェサピークでは、タバコ生産が奴隷農業労働者の労力や時間の大部分を占めた。ただし、中・北部植民地の奴隷と同様の体制の下で、穀物生産と家事・技能労働に従事した者も少なからずいた。タバコの輸出量は、一六二〇年代の年間六万五〇〇〇ポンドから一六七〇年代末には年間二〇〇〇万ポンドに増加した。[106]タバコ栽培は、特にヴァージニアとメリーランドの植民地経済に不可欠であったが、カロライナでも、特に北部やピードモント地域において重要であった。この作物は、確かにカリブ海地域では砂糖ほどの重要性はなかったが、一七世紀のバルバドスやジャマイカ、また、ブラジルやアメリカ大陸のほかの地域でも栽培されていた。

タバコ農場やプランテーションの規模は、所有者の保有する土地や労働力、生産されるタバコの品質や「等級」、そして気まぐれなイギリス市場の需要変動によって、大きく異なっていた。平均的な農家の土地面積は数百エーカー程度であったが、もっと小さい場合もあれば、大きい場合もあった。一七世紀の土地所有者のほとんどはヘッドライト・システム（headright system）の下で労働者を輸入した報酬として土地の交付を受けていたので、労働力と家族の規模が農場規模にも影響を与えていた。通常、自由人、使用人、奴隷いずれかの輸入者一人に対して五〇エーカーの土地交付を受けた。

タバコ畑、農場、プランテーションの規模にかかわらず、作物を収穫してから販売するには膨大な労働力が必要であった。タバコ生産のためには、ほかの作物と同様、まずは鬱蒼とした森林を伐採しなければならなかった。奴隷は、初冬になると畑を開拓し、新しい畑を作った。労働者は木を刈り取り、小さな木や茂みを燃やし、灰と混ざってできた豊かな表土に種を植えた。その後、この土壌を植え付け用の床土にした。奴隷は冬に種をまき、春先に苗をそれぞれの丘に移植した。春から夏の間には成長した植物の世話をした。草取りをし、下の方に生えている葉や寄生根を取り除き、嫌われ者のツノゼミなどの害虫を駆除した。最大のタバコ・プランテーションがあったチェサピークの多くの川や水路では、夏の終わりの収穫時には九〇％を超える湿度となり、気温も高かった。収穫時には葉を一枚一枚手で切り取り、吊るして乾燥させ、熟成させた後、選別して、賞味し、樽に詰めて出荷した。大人の労働者は一シーズンに六〇〇〇～一万本（一～二エーカー）相当のタバコの苗を、子供の労働者はその半分の量を担当したという。[107] タバコ農場の奴隷の多くは小集団、すなわち「組」（gangs）を作って働いていた。といっても、それはこの形を取れるだけの労働者を保有していることが条件になる。タバコの世話をしていない時は、トウモロコシ、ジャガイモ、漿果（berry）類、果樹などの手入れ、家畜の世話、フェンス、道路、出荷用の樽、外壁や納屋の建設や修繕作業、木工、鍛冶、縫製、紡績、織物、石鹸やロウソク作り、酪農、料理、掃除、そのほか、日常的な雑用に追われていた。

チェサピークの奴隷のほとんどはタバコ生産を主な仕事としていたが、一八世紀には小麦やそのほかの穀物生産の重要度が増した。小麦はタバコの不作期に播種され、栽培されたため、多くの農家やプランターはタバコと小麦の二つの作物を生産していた。小麦は秋（タバコの収穫後）に播種され、手間のかかるタバコ苗の移動が終わった七月に刈り取られた。小麦の収穫は最も労働集約的な工程である刈り取り、積み上げ、脱穀からなるが、その期間はわずか二週間であった。とはいえ、小麦の生産が減っても奴隷の仕事が減るわけではなかった。農場主や地主は黒人労働者を遊ばせておくことはなかったのである。たとえば、アメリカ独立戦争前にタバコから小麦の生産に移行し始めたジョージ・ワシントンは、奴隷に「明るくなったらすぐに仕事に取り掛かり、暗くなるまで働き、その間は勤勉であること」を要求した。「そうすれば、すべての労働者は二四時間のうち、健康や体調を損なうことなく、自分の体力が許す限り、多くの仕事をする」のだと。(108)

チェサピークのタバコ畑の南方で生産された最も重要な作物は米（コメ）であり、次いでインディゴであった。タバコは農地や資源、所有者の野心が大きくなければ、二～三人の労働者しか必要としなかったが、米（コメ）生産は事業を成功させるために大勢の労働者を必要とした。たとえば、チェサピーク植民地のヴァージニアとメリーランドの平均的な農業奴隷所有者は八・五人から一三人の奴隷を所有していた[109]。たとえば、ヴァージニアのフェアファックス（Fairfax）にあるジョージ・ワシントン所有のマウント・バーノン（Mount Vernon）邸のような植民地期最大のタバコ・プランテーションはいくつかの農場に分割されており、一区画あたり一〇人から一五人の優良な労働者が働いていた[110]。大規模な米（コメ）・プランテーションでは、土地を小区画に分割して作業労働を容易にするため、より多くの奴隷が居住していた。植民地時代末期には、稲作地帯のローカントリーの平均的な奴隷所有者は三三人の奴隷を抱えていた。最大規模の奴隷所有者、たとえば、ホリー郡のホリー家の三人は合計で七七九人を所有しており、ここからもチェサピークが、なぜ、カリブ海の奴隷支配地域と同様に、本土のほかの地域よりもずっと多くの奴隷を抱えていたかがわかる。ヴァージニアでは奴隷人口が圧倒的に多かったが、サウス・カロライナではこの時代を通じて白人より黒人のほうが上回る程度であった（表3・3参照）。

米（コメ）の生産は、サウス・カロライナとジョージアの海岸や島々で中心的に展開されていた。その生産には長い時間と労力が必要であり、生産開始から収穫物の販売まで、通常一二〜一四カ月ほどかかった。奴隷は一月から二月にかけて、木を切り、草を燃やし、湿地帯を開拓し、高さ約六フィート、幅約一五フィートの堤防を築いた。これには莫大な量の土砂の移動を伴った。その後、堤防の周りに水路を作り、潮の流れをコントロールするために「木の幹」を吊るし、田畑に水を供給した。田んぼ、堤防、水路ができると（これらは定期的に補修する必要があった）、奴隷は一人あたり約三エーカー内で稲作を行うため、田植え、鍬入れ、草取りをしなければならなかった。ほとんどの作業は、蚊や蛇、時にはワニも出没するような、足首まで浸かる水中で長時間、行われた。田植えは四月から六月まで、鍬入れや草取りは六月から八月まで続いた。稲作に従事する奴隷の労働にはタスク・システムが採用され、一人の優良な労働者は通常、毎日四分の一から五分の一エーカーの米作地が割り当てられた[111]。収穫は九月に始まり、小麦の茎を刈り取り、乾燥させ、結び、束にして家畜小屋まで運んだ。稲を乾燥させると、脱穀と精米作業を行った。精米は一一月から真冬まで、臼と杵とを使ってすりつぶし、その後にもみ殻をあおぎ分け、ふるいにかけ、精米にする、労働集約的作業である。アメリカ独立戦争の頃には風車や家畜・水車を利用して精米を行うプランターも現れ、植民地時代の収穫後の処理・加工に伴う重労働は軽減された[112]。

田んぼの手入れが不要になると、東フロリダのプランターと同様、ローカントリーのプランターの多くは、奴隷をインディゴ生産に回した。栽培と収穫の時期がそれぞれ相補的であったため、同じプランテーションで同じ労働力を使って作業をこなすことができたからである。インディゴの生産は一八世紀後半に特に重要となり、一七七五年に輸出量は一〇倍増の一〇〇万ポンドに達した[113]。

播種は四月に始まり、収穫は七月から八月にかけて行われた。一人の奴隷が担当する栽培面積は約四エーカーである。奴隷は植え付けと除草を行い、収穫時に葉を刈り取った。染料の仕込みは、発酵用、攪拌用の大きなタンクに移されて、行われた。その後、最終仕上げに石灰水を混ぜるため、別の大きなタンクに移された[114]。濃紺を出すために、奴隷は葉を水に浸し、液を掻き混ぜて、発酵させた。発酵の際には石灰水を然るべき時間に正確に加えなければならないため、二四時間、監視していなければならなかった。その後、液体を沈殿させ、固形物をすくい取り、濾して形を整え、四角形に切り分けた。通常、加工や処理が終わるのは一一月前であった[115]。

時には、「組」やタスク・システムのいずれかで、奴隷が家族と一緒に働くこともあった。一八世紀に入り、奴隷人口が北部と南部の両方で増加し、特に奴隷女性の増加に伴い、結婚や家族の形成が始まった。もちろん奴隷にされた人々も、家族やコミュニティに関する独自の概念を持たずに「新世界」に到着したわけではない。その一部は自伝に記録されている。奴隷であっても、その概念は彼らが求める家族構成、関係、理想のあり方に確実に影響を及ぼしていた。たとえば、アユバ・スレイマン・ディアロ（Ayuba Suleiman Diallo）、別名はジョブ・ベン・ソロモン（Job Ben Solomon）は、一七三〇年代初頭にメリーランドに到着する前にエリートで、家父長的で、大家族で、一夫多妻のマリンケ（Malinke）家一族のもとを去ったという。父親は息子に技術や知識を教え伝える責任があり、ディアロ自身もそれに倣って、アラビア語やコーランを教えたのである。成人した息子たちは順番に、家の慣習に沿って父親の仕事を手伝った。男性も女性も結婚が早かった。ジョブは一五歳で最初の妻と結婚した。彼女は一一歳だった。父親たちは結婚をアレンジし、しかも、新郎の父親は花嫁に多額の持参金を用意しなければならなかった。結婚すると、女性は三年間ベールを被り、敬虔で慎み深い性格が求められた。一夫多妻制の夫は、妻たちに割く時間を均等に配分した。ジョブの最初の結婚では三人の息子が生まれ、二番目の妻との間には娘が生まれた。地域社会では子供の誕生という重要な出来事を祝うため、命名式が行われた。夫と妻は別れることもできたが、それには相当な理由が必要であり、妻が別れを申し出た場合は深刻な結果をもたらすこともあった[116]。

ジェームズ・アルバート（James Albert）として知られるウカウソー・グロンニオソーもナイジェリア北東部のイスラム教徒（おそらくハウサ〈Hausa〉人）の子として生まれた。その後、一八世紀半ばにはニュー・ヨークのオランダ系アメリカ人の家で奴隷として働いた。彼は、西アフリカの家族や地域社会は高度に構造化され、階層化された社会的・文化的制度によってしっかり構築されていたとしており、各個人は自分の立場やその中での振る舞い方を知っていた、と述べている。たとえば、ウカウソー家では、権力の中心は王権にあり、彼の祖父が王であった。権力は、彼の父、母、年長者の兄という順になっており、最後が使用人であった。子供は年長者に従い、これに対し、親や年長者の親族は子供を物

3.2　ヴァージニアのタバコ畑
出典：Wikimedia Commons

心両面で支えるという、豊かな社会であった。家族は互いに心が通じ合っていることが求められ、子供は親に質問してはならなかったが、母親や父親は専制君主的ではなかった。ウカウソー一族の住むボルヌ（Bornu）地方は、彼の家族の価値観や行動様式がそのまま反映されていた。友人は親切で忠実であるべきだとされ、コミュニティのメンバーは政治的・社会的なヒエラルキーを尊重し、礼拝やそのほかの重要なイベントを共に行った[17]。

ディアロとグロンニオソーは、イギリス領北アメリカで奴隷にされた多くの男女や子供と同様に、年齢、性別、地位によって家族やコミュニ

3.3　サウス・カロライナの水田
出典：Wikimedia Commons

ティでの役割が決まる、完全かつ複雑な社会的ネットワークの中で育った。彼らが植民地で遭遇したのは、かつての社会とは別の、異なる社会であり、安定したものとは言い難かった。植民地時代には奴隷の数が少なかったうえに、結婚適齢期の女性が少ないこと（輸入品の六五％は男性）、文化的な違いが大きいこと（その中でも特に、イスラム教vs.カトリックvs.土着宗教、母系社会vs.父系社会、一夫多妻制vs.一夫一妻制、農耕民族vs.遊牧民族vs.都市住民、言語の違い）などがあった。高い死亡率と低い出生率にも悩まされていた。このような状況では確かに、奴隷にされた人々が、中央および西アフリカで経験したコミュニティおよび家族の構造、関係、儀式、さらに義務を再現する能力は抑制されてしまった。チェサピークでは、奴隷の保有規模が比較的小さかったことも、困難さに拍車をかけた。奴隷が農場やプランテーションの境界を越えて、域外で結婚したり、コミュニティを築いたりすることを望む所有者はほとんどいなかった。アラン・クリコフが指摘するように、奴隷の居住者の数が少なかったため、「一七三〇年代末のプランテーションは落ち着いた社会生活を送るには適した場所でなかった」[118]。一七世紀後半から一八世紀前半にかけて、心や肉体的に繋がった長期的な関係性が増え、夫婦の間に子供が生まれた例もあったが、家庭内の紐帯関係には顕著なパターンの変化は見られなかった。たとえば、核家族、拡大家族、本来、親族ではない人々が親族のように共に住む家や、成年の独身男性たちが住む建物などが存在していたこともそのことを示している。一八世紀には奴隷貿易が盛んになり、アフリカ人が絶え間なく流入するようになると、奴隷家族の形成は困難となった。というのも、イギリスのアメリカ本土植民地全体で、新たに到着した人々は、新しい社会、法律、言語、仕事、健康などの環境に順応しなければならず、婚姻関係や血縁関係、あるいは親族関係を築くことはほとんど不可能だったからである。サウス・カロライナは、ヴァージニアを含むほかの植民地と比較して、世紀半ば以降も大量のアフリカ人を輸入したため、相対的に見て、社会的・文化的生活に大きな影響が及んでいた。[119] たとえば、サウス・カロライナのチャーリー・バーバー（Charley Barber）は、自身の祖父母はともにアフリカで生まれ、互いに会話ができ、文化的な特徴も似ていたが、他者とのコミュニケーションや文化的な繋がりを持つことは困難であった、と回想している。[120] おおむねクレオール女性はクレオール男性を好み、アフリカ人男性はアフリカ人女性や友人を好んだという証拠もある。合法的な奴隷貿易が終わった後（一八〇八年）の南北戦争以前においても、たとえば、メリーランド州カルバートのチャールズ・ボール（Charles Ball）は、アフリカ系の祖父の好みについて語っている。祖父は「祖国」では「地位」が高かったため、「アフリカ系アメリカ人」を軽蔑していたというのである。[121] しかし、ボールの祖父は息子や孫たちの訪問は歓迎し、しばしば幼いチャールズを自分の小屋に泊めることもあった。[122]

到着したばかりの奴隷たちの多くは、アフリカの家族のもとに戻る道を求めて、でき得る限り早く逃亡した。多くは、言語的、文化的に交流し合える同胞を求めていた。たとえば、一七四五年の『Virginia Gazette』紙に「サンボ」を捜索中、という広告が掲載されたことがあった。「理解できる程度の英語を話し」、「英語を知らないアーロン（Aaron）とバーウィック（Berwick）とともに逃亡した」というのである。この奴隷の主人の話では「彼らは全員、奴隷になったばかりの黒人で、ここに一緒にやってきた。逃亡したのは、この国に来て、八カ月が過ぎた頃であった」。同じ年に、「マダガスカル」出身の腕利きの職人二人も、スパーク（Spark）という名の「田舎生まれ」の家政婦を連れて逃げ出した。マダガスカル出身の二人は、ヴァージニアに来てしばらく経っていたが、自分たちの文化的ルーツを通じてお互いの繋がりを維持していたのは間違いない。スパークは、おそらく彼らと一緒に暮らした家政婦であり（多くの独身男性が同じ宿舎に住んでいた）、彼女は明らかに親族ネットワークの一員となっていた。一方、アンゴラ生まれの奴隷のロジャー（Roger）は、当時、「お腹の子が大きくなった」田舎育ちの奴隷の妻と逃げた。奴隷としてではなく、自由人として家族を作りたいと考えたのだろう。[123]家族が物理的に結びついた単位でいることが非常に困難であったため、奴隷の逃亡は相次いだ。

植民地時代の奴隷所有者は、自分の家族の利益のために、売却、相続、贈与によって親族グループを躊躇なく細かく分割した。奴隷は貴重な財産であった。奴隷の結婚によって子供が生まれるたびに、結果的に主人の富を増やすことになった。他方、経済的に合理的であると判断すれば、主人は奴隷の家族を崩壊させる権利をしばしば行使した。特に主人の死は、奴隷の家族やコミュニティにとって、損失と分散とを意味した。というのも、主人は、家族の絆への影響などは頓着することなく、奴隷という財産を相続人に分けるのが普通だったからである。その結果、家族という単位は断片しか残らなかった。たとえば、サウス・カロライナのチャールストンに住むジョン・アンドリュー（John Andrew）は、一七四五年に死去する際、「最愛の娘アン（Ann）とその相続人に、永遠に、私の奴隷ジュディス（Judith）とその子ペグ（Peg）、そして、私の二人の黒人の子ボブ（Bob）とマリア（Maria）」を財産として残した。[124]また、ノース・カロライナのハリファックスのバーナビー・マッキニー（Barnaby McKinny）は、一七六一年の死去に際して、次のように決定した。

「最愛の妻アン（Ann）が天寿を全うするまで、モル（Moll）という黒人女性とチェサー（Chesser）、ギブ（Gibb）、ジュノ（Juno）という三人の黒人の子供の保有権を与える。妻の死後は、妻の息子アイザック・リックス（Isaac Ricks）にギブ（Gibb）という黒人を、モル（Moll）という黒人女性は私の妹のペイシェンス・マッキニー（Patience McKinnie）に与えることを、遺言しておく。ジュノ（Juno）という黒人は、妻の娘マリー・リックス（Mary Ricks）に与える。……チェサー（Chesser）という黒人は、私の妹のマルタ・マッキニー（Martha McKinnie）に、それぞれ譲渡する」[125]。

一七六四年、サウス・カロライナのクレイブン郡の裕福なプランター、トーマス・ポッツ（Thomas Potts）は、奴隷家族の絆を無視して、一三人の奴隷（および将来増えるであろう奴隷女性）を子や孫に分配した。また、将来、自分の遺産で奴隷を購入するようにと指示した。[126]

これらの逃亡の記録や遺言書は、一八世紀半ば以前に結婚して子供をもうけたアフリカ人夫婦が存在していたことを明確に物語っている。アメリカ独立戦争前後の一八世紀に奴隷が大量に流入したことは、クリコフらが指摘するように、奴隷社会の文化やコミュニティのるつぼをかき乱したかもしれないが、それは、結果として、カップルができ、結婚し、子供が生まれる機会が増えたということでもあった。それぞれの住居で暮らす家族単位のグループは、独身者、孤児、高齢者にとって、コミュニティや親族関係の可能性の発展につながった。一般的に奴隷の人口が多いということは、プランテーションや農場間の交流が盛んになり、地域全体に奴隷社会のネットワークが形成されることを意味する。特に収穫期や休暇期には、ダンス、求愛の儀式、宗教的集まり、物語りの会、葬儀など、社交の場が持たれた。多くは秘密裏に行われたが、中には奴隷主たちの許可を得たものもあった。

独立戦争前の時代の生の証言がないために、黒人奴隷の家族生活のクレオール化された理想像がどのようなものであったかを知るのは難しいが、いくつか例を挙げることはできる。たとえば、独立戦争に参加したデビッド・ジョージ（David George）は、戦前は、ヴァージニアのエセックスで両親や兄弟と一緒に暮らしていた。彼の記憶には、妹が鞭に打たれたり、弟が鞭打たれた後、背中に塩を塗られたりなど、親族への肉体的拷問の痛々しい傷跡が刻まれている。「あの頃の最大の悲しみは、私の母が鞭打たれるのを見て、彼女が膝をついて慈悲を請うのを聞いたことでした」。デビッドは逃亡した後、やがてサウス・カロライナで再び奴隷となったが、そこで結婚した。そして、父として、夫として、家族を守り、妻や子供を養っていきたいという思いを愛情込めて綴っている。彼はまた、自分のコミュニティについても語っている。それはクリーク（Creeks）族やノーチーズ（Nautchees）族の先住民、地元の自由黒人や奴隷コミュニティの者たちを含む、多様性に富んだ社会的ネットワークであったが、危機の際には皆で、物質的な救済、精神的な慰め、そして、助言を与え合ったという[127]。

植民地時代の黒人の家族生活について奴隷がどのように考えていたかは、主として、奴隷の抵抗行為に関する資料から見えてくる。これは、奴隷の抵抗が植民地生活の中で日常的な出来事であったことを考えれば、驚くには当たらない。実際、家族、コミュニティ、文化、労働条件のすべてが、様々な形の抵抗を生み出し、持続させたのである。武装闘争、身体的、文化的、心理的な抵抗行為を含むあらゆる方法で、奴隷たちは自らの地位、不当な扱い、移動に対して抵抗したのである。カリブ海地域を含む南北アメリカ大陸では、奴隷の抵抗、破壊行為、サボタージュ、反乱、革命が盛んに行われたが、本土の植民地も例外ではなかった。中には、アフリカ系民族、アメリカ先住民族、白人の年季奉公人など、複数の人種グループが参加し、実行されたものもあった。一七四一〜四二年のニュー・ヨーク焼き討ち計画は、一六七六年にヴァージニアで起きたベーコン（Bacon）の反乱と同様、奴隷、自由黒人、白人が関与していた。とはいえ、奴隷の抵抗運動のほとんどは、基本的に白人の抑圧から黒人を救済する試みであった。イギリス領の北アメリカ植民地では、何十もの奴隷による反乱計画が噂されていたが、実際に武力抵抗が起こったのは二件のみであった。前述した一七一二年のニュー・ヨークの反乱と、一七三九年九月のサウス・カロライナのストノの反乱である。

一七三九年九月九日の早朝、チャールストンから二〇マイル離れたストノ橋で、ケイトー（Cato）という名の奴隷とアンゴラ人の奴隷がハッチェンソン（Hutchenson）の倉庫を襲撃し、白人の店主二人を殺害した。学者たちは、この奴隷はスペイン領フロリダに逃れ、自由を得ようとした、と主張している。スペインがイギリス植民地からの逃亡者に聖域を提供したことを考えるならば、その可能性は十分あった。倉庫では、奴隷が武装し、物資を奪い、二人の店主を殺した。襲撃の情報が伝わると、黒人たちは抵抗運動に加わり、かたや、白人たちは反乱を鎮圧するべく武装した。最終的に、白人の約二一人、黒人の約四四人が犠牲となり、白人側が勝利した。逮捕され、裁判にかけられ、有罪になった黒人は

告として首は柱の上に置かれた。反乱を起こす可能性のあるほかの者への警告として首は柱の上に置かれた。ニュー・ヨークでの反乱と同様に、ストノの反乱の長期的な影響はより厳しい奴隷法の施行へと繋がっていった。[128]武装蜂起は多くの奴隷や自由人の想像力を刺激したとはいえ、植民地時代、あるいは南北戦争以前の奴隷の典型的な抵抗形態とはならなかった。奴隷の大部分は日常的にサボタージュをし、白人の主人や夫人、そして管理者や監督者たちの権威を貶めることに注力した。男女とも、病気のふりをし、作業道具を壊し、わざと仕事を遅らせ、作物を荒らし、食べ物を燃やし、品物や家畜を盗み、命令を拒否し、口答えをし、平手打ちや蹴り、パンチで反撃し、身体に危害を与えるものを使って攻撃した。秩序を乱す奴隷や反抗的な奴隷に対する報復は、慣習や法律で定められた通り、迅速かつ過酷に実行された。時には命も奪われた。たとえば、マサチューセッツ当局は一六八一年に放火の罪で、ヴァージニアは一七〇五年に、ノース・カロライナは一七六六年に、奴隷女性を処刑した。イギリス領のアメリカ本土植民地では、三五人以上の奴隷女性が殺人をはじめ何らかの抵抗行為を働いた罪で処刑された。女性は生殖能力をコントロールし、奴隷主の子供の養育係や料理人など、ジェンダー化された労働を通じて白人とのスキンシップを介した親密的な関係を利用した。時には、子供を産むことを拒否し、担当した主人の子供を傷つけ、調理した料理を食べた白人全員を毒殺するなど、狂気の沙汰のような抵抗も行った。[129]こうした「厄介者」たちは、特に短期間の逃亡を企てる者が多かったが、植民地の新聞は長期間の逃亡者の捕獲のための有料広告によって収入のほとんどを賄っていた。性別の数字も残っている。明らかに女性よりも男性（全体の三分の二）のほうが、多くの逃亡を企てた。女性が子供を連れて逃げたり、子供を置き去りにして逃げたりすることに消極的なことを考えれば、当然であろう。さらに、女性よりも男性のほうが奴隷主の用事で遠出したり、仕事に駆り出されたりすることがしばしばあり、それを逃亡の隠れ蓑にできた。「典型的な」クレオールの逃亡者は、若い男性で、時には技術を持ち、都市の中心部や港の近くに住んでいるため自由に通行ができ、何らかの仕事を得ることができ、あるいは身分の問われることの少ない目的地に海路で逃亡できた者であった。「典型的な」アフリカ人逃亡者も男性であったが、彼らは通常、逃亡奴隷たちの集まる場所、すなわち地理的に隔離された場所（山、密林、沼地）を探して、同じ考えの「風変わりな」奴隷と一緒になって、自分たちだけの自由社会を作ろうとした。最も成功し、長期間に及んだ逃亡奴隷社会マルーンは、イギリス領北アメリカ以外のジャマイカ、ブラジル、スリナム、仏領ギアナ、ベラクルス、ペルーで誕生した。こうした逃亡奴隷による社会マルーンは、本土植民地の南北に存在したが、中でも最も「悪名高い」と言われたのはグレート・ディズマル・スワンプ（Great Dismal Swamp）の大湿地帯にあった。その範囲はヴァージニアからフロリダ、アパラチア山脈、フロリダのエバーグレーズまで広がっていた。(130)

アメリカ独立戦争と初期共和制の時代における奴隷制

奴隷にされた男女が束縛から逃れるべき最も重要な機会の一つは、アメリカ独立戦争の時代であった。革命の理念、すなわち、「圧政からの解放」は、本土の一三植民地全域で奴隷になった黒人の心に響いた。しかし、自由と平等を求める政治意識は白人革命家の熱弁が耳に届くずっと以前から、そしてその後も、彼らの抵抗活動の中で発揮され続けていた。アフリカ系アメリカ人は愛国派（独立派）の革命的レトリックには警戒しながらも、人間の有する自然権に関するこれらの言説から恩恵を得られるのではないかと期待した。

南部植民地の奴隷たちの多くは、新たに派遣されてきたイギリス民兵隊は愛国派を取り締まるだけでなく、自分たちを解放する責任もあると考えていた。また、白人の愛国派が自らの理想とする自由を黒人の奴隷や女性にも広げてくれると期待した者もいた。たとえば、チャールストンの奴隷たちは、一七六五年に白人が印紙税法に反対するパレードを行った後に、自身の抗議活動を行った。その一〇年後に、チャールストンの裕福な自由黒人で、土地と奴隷を所有するトーマス・ジェレマイア（Thomas Jeremiah）が、王党派と手を組み、奴隷を扇動して主人に反抗させようとしたという嫌疑をかけられた。サウス・カロライナの人口の多数を占める奴隷がストノ暴動のように主人に反旗を翻すのではないかという恐れもあったのである。そのため、トーマス・ジェレマイアは法廷で敗れ、死刑判決を受けた。一七七五年八月一八日、絞首刑後に火炙りにされたジェレマイアは、南部で最初に公開処刑された「王党派」の一人となった。その五年前、マサチューセッツでは、逃亡奴隷でありながら自由人として何年も密かに暮らしていたクリスパス・アタック(Crispus Attucks)が、愛国派とイギリス民兵との小競り合いの最初の死亡者となっている。一七七〇年三月五日に起きた、多人種間のボストン虐殺事件で、彼のほかに四人が死亡したのである。[131]アタックとその仲間は、すぐさま殉教者となり、その名はしばしばイギリスの残虐性を証明するものとして引き合いに出されるようになった。

暴力的な危機の際に、主人やそのほかの白人を守るべく軍事的に召集された黒人奴隷の男性は、己の戦闘能力は貴重な財産であり、おそらく彼らやその家族を奴隷制から力で解放するだけのものがあるのではないかと自覚していた。彼らは、七年戦争の間、兵士、荷馬車の運搬人、労働者としてイギリス軍に仕え、デュケイン(Duquesne)砦、カンバーランド(Cumberland)砦、ケベック近くのエイブラハム平原で活躍し、その功績を称えられた。[132]アメリカ独立戦争では、奴隷黒人も自由黒人も、イギリス人と植民地主義者との初期の地上戦や海上戦において、主に愛国派側で戦った。たとえば、ピーター・セーラム(Peter Salem)とセーラム・プアー(Salem Poor)はバンカー・ヒル(Bunker Hill)で戦っている。自由と平等が彼らの最終的な政治目標であったが、それが得られるかは定かでなかった。さらに、黒人の戦闘への投入や、武器を持たせた結果としていかなる報酬を与えるかについては、戦争の両当事国において悩ましい論争となっていた。

ジョージ・ワシントン（George Washington）将軍は、ヴァージニアの奴隷所有者であり、特にヴァージニアとサウス・カロライナでは——と言ってもここだけに限られたわけではないが——大量の奴隷を所有する植民地主義者が、黒人奴隷や自由黒人の反乱を恐れて武装に反対していることを強く認識していた。事実、愛国者、あるいは建国の父と呼ばれる者の多くは大規模な奴隷所有者であった。ジョージ・ワシントンとその妻マーサ（Martha）は、独立戦争時に合わせて二〇〇人以上の奴隷を所有し、彼が一七九九年に亡くなった時は三一六人に達していた。ワシントンが初めて奴隷を所有したのは、一〇歳の時、父親から一一人の奴隷を相続した時にさかのぼる。二二歳の頃、その数は三六人に増えた(133)。ワシントンの隣人のジョージ・メイソン（George Mason）は、後にアメリカ合衆国の権利章典の青写真となるヴァージニア権利宣言を起草した人物であるが、ガンストン・ホール・プランテーションで数十人の奴隷を所有していた。独立宣言の主要な執筆者であるトーマス・ジェファーソンは、独立時は一〇〇人以上、一八二六年の死去時は二〇〇人以上の奴隷を所有していたが、そのほとんどは後に借金返済のために売却されている。ジェファーソンはその後、ヴァージニア議会で承認されれば奴隷制を廃止できる法案を起草している。ジェファーソンは一七八一年の有名なエッセイ『ヴァージニアに関するノート（Notes on the State of Virginia)』（一七八五年に匿名で初版を発行）には、彼の奴隷制に対する嫌悪感が奴隷制そのものではなく、白人と白人社会への悪影響に対する恐れに由来していることが示されている。[134] 独立宣言の署名者であり、唯一のカトリック教徒であるメリーランドのチャールズ・キャロル（Charles Carroll）は、独立当時、四〇〇人以上の債務黒人を抱えており、北アメリカ最大の奴隷所有者の一人であった。独立宣言を執筆した大陸会議の委員長を務めたヴァージニアのリチャード・ヘンリー（Richard Henry）は五〇人以上の奴隷を所有していた。[135] サウス・カロライナの奴隷商人で米（コメ）生産プランターであるヘンリー・ローレンス（Henry Laurens）は、第二回大陸会議の議長を務めたが、彼もまた、ローカントリーで最大の奴隷所有者であった。[136] このような事例は数え上げればきりがない。愛国派の中には、ジェファーソンやメイソンを筆頭に、奴隷制に両義的な立場をとる者もいたが、黒人は白人と根本的に異なっており、黒人の方が劣っていることについては誰もが認めていた。彼らは、独立宣言、権利章典、憲法の中で、人間の自然権に関する理想を語っているのだが、二つの人種が平等に暮らす新しい国家ビジョンを持っているわけではなかった。ほとんどの者は、奴隷の自由や自由黒人の権利拡大を意味するかもしれない黒人の軍入隊に抵抗した。イギリス政府も当初は黒人の軍入隊を拒否した。

一七七五年初頭、ヴァージニア南東部の黒人たちが、ウィリアムズバーグの総督であるジョン・マレー・ダンモア（John Murray Dunmore）に、「自由を保証してくれるなら、代わりに自分たちが戦う」と訴えた。ところが、ダンモアはこれを全面的に拒否し、それどころか、今後もし同様の要求をしたら鞭打ち刑に処すと脅した。しかし、同年の夏、ダンモアは苦境に立たされる。一七七五年七月にハンプトン出身の黒人水夫で、水路の潮流を熟知するジョセフ・ハリス（Joseph Harris）が再び援助を申し出た。ダンモアは拒否しなかった。ハリスは一〇月のハンプトンの戦いに協力した。この戦いは独立戦争における南部初の軍事的イベントとなった。愛国派軍に包囲されたダンモアは、すでにウィリアムズバーグの総督公邸からノーフォーク港に停泊中の軍艦に逃げ込んでいた。そして、一一月七日、後に悪名を馳せることになる宣言文を発表した。「私はここに、すべての年季奉公人、黒人、そのほかの武器を持つ者、あるいは、それを持つ意思のある者は自由であり、彼らを陛下の軍隊に加えることを宣言する」。その結果、壮健な奴隷とその妻や子供たちが農場やプランテーションを離れ、ダンモアのもとに向かった。男たちが戦闘に行っている間、妻やそのほかの女性は洗濯屋、お針子、看護師、料理人として働いた。一週間後、ダンモアの黒人部隊は、ケンプス・ランディング（Kemp's Landing）の戦いで愛国派軍を撃破した(137)。

ジョージ・ワシントンを含め、ヴァージニアの白人は憤慨した。ダンモアのために戦った奴隷に対し、即座に主人のもとに戻らなければ死刑にすると強弁した。だが、この脅しにもかかわらず、多くの奴隷は、自由を求めることは死のリスクに値すると考えた。ダンモアの宣言への黒人の反応を見て、ワシントン将軍は愛国派の軍隊から黒人を排除することを撤回し、戦った者に自由を約束した。その四年後、イギリスのヘンリー・クリントン（Henry Clinton）将軍は、フィリップスバーグ（Philipsburg）宣言という奴隷解放令を出した。この宣言は、イギリス軍に従事する者だけでなく、アメリカの愛国派が所有する奴隷もすべて解放し、主人のもとを去った者に土地とその保護を約束した。[138] 約一万人の奴隷がイギリス軍と戦ったが――この入植地にきわめて多くの奴隷が存在していたことを考えれば、驚くべき数ではない――その多くはヴァージニアとサウス・カロライナの奴隷たちであった。さらに何千人もの者が、必ずしも戦闘のためではなく、スペイン領フロリダをはじめ、各地で自らのやり方で自由を得ようと、逃亡した。そのほとんどは、自由を求める戦いから取り残されることを拒んだ女性と、その子供であった。イギリス軍のクリントン将軍は最終的に一部の奴隷に対し、所有者のもとに戻るよう命じ、また、ほかの奴隷は軍隊の食料生産のために働かせた。そして、最終的に五〇〇〇人の黒人が陸軍や海軍として戦った。南部では黒人の入隊を許可した入植地はメリーランドだけであったが、そのほかの南部州では奴隷が白人の主人の代わりに入隊できたところもあった。[139]

どちらの側につくのかを決めることは容易なことではなかった。奴隷の大半は自由を得る機会があるかどうか、また、元奴隷所有者が自分たちを解放する約束を守るかどうかによって決断した。さらに何千人もの奴隷が、戦争という動乱を利用して、特にサウス・カロライナやジョージアからスペイン領フロリダへ、自由を求めて逃亡した。ユニフォームの胸に「Liberty to Slaves（奴隷に自由を）」と刺繡されたダンモアのロイヤル・エチオピア（Royal Ethiopian）連隊と、ニュー・ジャージーからやって来た新兵とエチオピア連隊の残党である黒人旅団（Black Brigade）は、主に黒人で組織されていたが、中には白人移民も含まれていた。また、ブラック・パイオニア（Black Pioneer）の一員の者もいた[140]。サウス・カロライナ出身のボストン・キング（Boston King）は、奴隷主から逃げ出し、チャールストンで王党派に加わったのは、主人の残忍さが大きな理由だったと回想している。キングの言葉を借りれば、「主人の残虐さから逃れるため、私はチャールズタウンに行き、イギリス側に身を投じることを決意した。彼らは私を快く受け入れ、私はそれまで感じたことのないような幸福感や自由を感じたが、最初は友人と別れて見知らぬ人々の中で暮らさなければならないことに心が痛んだ[141]」。一方、ジェームズ・アーミステッド（James Armistead）は、奴隷でありながら、ヨークタウンの愛国派にイギリスのコーンウォリス（Cornwallis）将軍の動向や計画などの重要な情報を提供していた。一七八四年一〇月に、ラファイエット（Lafayette）侯爵は、ジェームズ・アーミステッドが「敵陣からの情報」を提供するという「重要な任務」を果たし、「彼の立場で認められ得る、あらゆる報酬を受ける資格がある」と記している[142]。

愛国派のアーミステッドも、王党派のキングも、独立戦争での奮闘の結果、自由を手に入れた。とはいえ、多くの者が自由を手にできたわけではない。一万人がイギリス王室のために戦ったとされるが、イギリス軍と共に出国できたのはわずか三〇〇〇人だけだった。残った者たちの中には最終的に自由を手に入れた者もいれば、フロリダに逃れることができた者もいたが、ある者はアメリカで、ある者はイギリス領カリブ海地域で再び奴隷にされた。イギリス軍とともに出て行った王党派の黒人はカナダ、ロンドン、そして後にシエラレオネに居住するようになった。それは彼らにとって容易な道のりではなかった。大半はノバ・スコシアの小さな黒人居住区に定住したが、そこでの生活は経済的に苦しく、同じく移住してきた王党派の白人からの差別を受けることもあった。最大のコミュニティはバーチタウン（Birchtown）で、王党派の黒人の約半数が住んでいた。農地は、通常、白人よりも少ない四〇エーカーで、土壌の質も悪かった。失業率も非常に高く、日雇い労働の賃金は白人の同程度の労働に対して支払われた額の約二五％であった。シェルボーン（Shelbourne）の「ブラック・タウン」では北アメリカで初の黒人と白人の人種間暴動が起きた。一七八四年の夏に、王党派の白人兵士が、地元の労働市場から黒人を排除するために暴力的に黒人を家から追い出した結果、多くの黒人の家が破壊され、人々が離散したのである。ハーバードで教育を受けた後、愛国派がイギリスに反旗を翻した時期にノバ・スコシアに移住した、地元の白人住民ベンジャミン・マーストン（Benjamin Marston）は、二六日の月曜日に「大暴動があった」と日記に記している。翌日には、「暴動は続いている。兵士は自由黒人たちを町から追い出し、彼らの家を二〇軒ほど壊した」と書かれてい

た。多くの黒人は白人のために年季奉公人として働くか、さもなければ、飢えに直面せざるを得なかったのである。(143)

王党派の黒人の中には、最終的に北アメリカを離れて、生活し、生計をたて、自由を求めることを決意する者もいた。一七九二年、ボストン・キングと妻のヴァイオレット(Violet)を含むノバ・スコシアの黒人たちは、シエラレオネ会社(Sierra Leone Company)の支援のもと、シエラレオネに向けて出航した。この入植地にやって来たのは彼らが初めてではない。「アフリカ回帰」運動、すなわち入植化の最初の先駆者は、独立戦争後にイギリスに連れて行かれた王党派黒人の海軍兵が中心であった。イギリスでもその多くはロ－ワー・カナダ(Lower Canada)に残った人々と同様に、社会的にも経済的にも劣悪な環境に置かれていた。イギリスでは一七七二年に奴隷制が廃止されていたが、(144)アメリカやカナダからの黒人移民を歓迎しなかったのである。グランビル・シャープ(Granville Sharpe)をはじめとするイギリスの奴隷制廃止支持者の大部分は、西アフリカの入植地のシエラレオネへ黒人を強制移住させることを提唱していた。

一九世紀後半にアメリカ合衆国で発展した黒人の入植地社会と同様、シエラレオネ会社の強硬なイギリス支持者の動機は様々であった。この入植地が貧しい王党派の黒人に大きな経済的機会を与えるとともに、アフリカ先住民(その多くはテムネ人とメンデ人)がキリスト教や西欧の生活や文化を受け入れるきっかけになるのではないかと期待する者もいた。

一方、イギリスから来た元奴隷や白人娼婦などを含め——その中には誘拐されたり、騙されたりして連行されて来た者もあった——入植地を好ましからざる人物の捨て場と考える者もいた。最初の入植の試みは成功とは言えなかった。入植者たち、すなわちイギリス人の自由黒人が飢餓、不安、疫病などに直面した時期もあった。奴隷として売られた者や奴隷組織に属した者もいた。地元のテムネ人との破壊的な戦争も起きた。それでも、入植地の支援者たちはノバ・スコシアからシエラレオネに次々と自由黒人グループを送り続けた。ジョン・クラークソン（John Clarkson）は北アメリカ以外でより良い生活の機会を求める王党派の黒人の数の多さに圧倒された。彼は当初、五〇〇人を連れて行く予定であったが、一七九二年一月一五日には一一九〇人が出航した。この中にはノバ・スコシアの高名な牧師だったボストン・キング（Boston King）の姿があった。先住民をキリスト教に改宗させるために赴いたのである。キングは教会と学校を開き、目標を達成するためイギリスに戻って、より正式な教育を受けたりした[145]。このほか、一八〇七年以降にイギリスによって拿捕された奴隷貿易船の解放奴隷はアフリカに帰されたが、後にシエラレオネに移送された。しかし、アメリカ独立戦争で愛国派として戦った結果、自由を獲得した元奴隷は、新しい国家で急増する自由身分の黒人の仲間入りをした[146]。まさにアメリカ独立戦争は、奴隷にされた黒人の生活や、アメリカ本土におけるイギリスの旧植民地の奴隷制にとって決定的な出来事であった。自由黒人の奮闘によって、北東部と北部平原では奴隷制は実質的に廃止された。アッパー・サウスでは永久的廃止には至らなかったものの、制度は不安定化した。一八六五年、憲法修正第一三条によって一旦は下火になった道徳的な議論に、再び火がついた。最初の正式な反奴隷団体は独立戦争時代に誕生している。一七七五年成立のペンシルベニア奴隷制廃止促進協会、一七八五年のニュー・ヨーク奴隷解放協会、一七八九年の奴隷制廃止を促進し、貧しい黒人や不法に拘束されている者を救済するメリーランド協会、一七九〇年のヴァージニア奴隷制廃止促進協会、一七九三年のニュー・ジャージー奴隷制廃止促進協会、一七八八年のドーバー、一七八九年のウィルミントン（デラウェア）奴隷制廃止協会、一七九〇年のプロビデンス（ロード・アイランド）奴隷制廃止協会である。そのほかにも多くの地方に関連団体が生まれ、一七九四年には初の全国的な「包括的」組織である「奴隷制廃止促進のためのアメリカ会議」が創設された[147]。

さらに重要なことは、新たに成立したアメリカ合衆国のほとんどの州が、アフリカ奴隷貿易、ならびに国際的な奴隷貿易を廃止したことである（大陸議会は一七七六年にこれを事実上、禁止し、その後の連邦法は奴隷貿易を徹底的に取り締まるようになった）。にもかかわらず、南部諸州では独立後の最初の二〇年間は、違法な奴隷輸入が横行していた。南北戦争時代中もそれは続いた。ロード・アイランドとコネチカットは一七七四年に奴隷輸入を法的に禁止している。同じく、デラウェアは一七七六年に、ヴァージニアは一七七八年に、メリーランドは一七八三年に、ニュー・ヨーク州は一七八五年に、ニュー・ジャージーは一七八六年に輸入を禁止している。ノース・カロライナは一七九四年に奴隷輸入に不利な税を課し、次いで奴隷輸入を禁止した。サウス・カロライナは一七九三年に、ジョージアは一七九八年に法的には奴隷輸入は終了した[148]。

独立戦争期の黒人は、奴隷であれ、自由人であれ、奴隷貿易や奴隷制の廃止を求める法的な闘争において白人に引けを取ることはほとんどなかった。早くも一七七〇年代の初頭には、黒人は個人、あるいは小グループで、自由を求めて議会に請願したり、裁判所に訴えたりし始めた。とはいえ、彼らの努力の大部分は、アメリカ独立戦争の理想に沿った宗教的、哲学的（啓蒙主義的）、法的な論理を基礎としたものであった。したがって、彼らの運動は白人が抱きつつあった反奴隷制感情に支えられた部分があったとも言える。北部の多くの州では奴隷を保有する経済的インセンティブがなかったことも奴隷解放運動の発展につながった。黒人と白人の主張が結びついたことにより、成果は絶大なものとなり、この地域では奴隷制は次第に縮小していった。バーモントは、一七七七年に州憲法で奴隷制を廃止した。マサチューセッツの奴隷黒人は、一七七七年一月一三日にマサチューセッツ州議会に自由を求める嘆願を行った。その嘆願書には次のように記されていた。「ほかのすべての人間と同様、宇宙の生みの親たる神が全人類に平等に授けた自由に対する自然、かつ不可侵の権利を黒人も有しており、いかなる協定や契約によっても、これを放棄したことはない[149]」。

一七八〇年のマサチューセッツの権利章典では、「すべての人間は生まれながらにして自由かつ平等であり、生命と自由を享受し、これを擁護する権利を有する」と定められていた。この普遍的権利の意味を認識したエリザベス・フリーマン（Elizabeth Freeman）は、一七八一年に自由を求めて訴訟を起こし、勝訴した。同じ年に、クオック・ウォーカー（Quok Walker）は自由と賃金の返還を求めて、裁判所に訴えた。マサチューセッツ州の裁判所はフリーマンと同じく、ウォーカーの奴隷状態が州憲法（一七八〇年制定）の条項に違反していることを認めた。ニュー・ハンプシャーの州憲法も奴隷制を禁止した。多くの州が一八世紀最後の二〇年間に段階的に奴隷解放法を可決していった。ペンシルベニアでは一七八〇年に奴隷解放法が定められた（同州のクエーカー教徒は一七七五年に信徒が奴隷を所有することを禁止していた）。コネチカットでは一七八四年と一七九七年に、ロード・アイランドでは一七八四年に、ニュー・ヨーク州では一七九九年に、ニュー・ジャージーでは一八〇四年に、奴隷解放法が制定された[150]。アメリカ先住民奴隷も恩恵を受けた。たとえば、一七〇五年にアメリカ先住民の奴隷制を初めて禁止したヴァージニアは、一七七七年に奴隷制の違法性を再確認した[151]。しかし、同法は先住民奴隷が直ちに自由を得ることを保証していたわけではなかった。そのため裁判所に訴えなければならなかった先住民もあった。また、同法は先住民が黒人奴隷を所有することを妨げていたわけでもなかった。たとえば、先住民による奴隷化は「文明化された」チェロキー族、チカソー族、クリーク族、チョクトー族、さらには一部のセミノール族の間で拡大していた。黒人とともに奴隷化され、また、ヨーロッパ人やクレオール商人や農民から影響を受けた後、一八世紀末に隣人の白人と同様、黒人の奴隷制を取り入れたのである。[152] 新たに誕生したアメリカ合衆国政府は、ミシシッピ川以東のこれら五つのグループに対して、先住民の文明化政策をとった。すなわち、先住民が望む、南部の白人の生活スタイルへの同化である。それによって市民意識の醸成と、繰り返される暴力の歴史に終止符を打とうとしたのである。たとえば、一七九一年、連邦政府はハルストン（Halston）条約第一四条に、合衆国はチェロキー族に「便利な農機具」を提供し、「狩猟民族の状態に留まるのではなく、牧畜や耕作を行えるようにする」と明記した。チェロキー族は南部白人のイデオロギーや文化に同化しようとし、一方、白人商人や入植者はチェロキー族の経済、思想、制度に大きな影響を与えるようになった。次第に、かなりの数のチェロキー族が、白人の主人が黒人奴隷に課したのと同じ条件や制限のもとで、黒人奴隷を活用した農業システムを取り入れるようになった。共和国初期の段階的な奴隷解放の努力を通じて、白人が所有した北部の黒人奴隷と東海岸の先住民奴隷の大半が解放されたが、その一方で、皮肉なことに、連邦政府の政策と南部の農耕文化とが相まって、南部黒人は真逆の状況に陥った。「文明化された」先住民を含め、彼らを購入できる人間さえいれば、奴隷化されるという状態が続いたのである。[153]

独立戦争の時代には、北部および中部で徐々に奴隷解放が進むとともに、アッパー・サウスでは奴隷をより自由になりやすくする法律が制定された。ヴァージニアとメリーランドは、独立戦争時代以前よりも所有者が容易に奴隷を解放できる法律を制定した。サウス・カロライナとジョージアも同様だったが、最も影響を受けたのはチェサピーク地方だった。たとえば、一七八二年には、ヴァージニアは所有者が証書や遺言によって、奴隷を解放することを認める法律を定めている。それ以前の法律では、奴隷解放は植民地議会の承認が必要であり、また、優れた功績があった場合にのみ認められていた。これに対し、一七八二年法では不誠実な所有者が年齢や病弱を理由に自活できない奴隷だけを解放することがないよう、所有者は解放後もその者を財政的に支援し続けなければならないとされていた。(154) 一七九六年にはメリーランドでも同様の法律が制定され、奴隷が四五歳未満で、自活のために働くことが可能な場合には、主人が遺言または証書だけで奴隷を解放することが認められた。(155) その結果、ヴァージニアとメリーランドでは居住地に住む自由黒人の数が全米で最も多くなった。特にメリーランド最大の都市ボルチモアは全米のどの都市よりも多くの自由黒人を抱えていた(表3・4参照)。

ヴァージニア州フェアファックスでは、ジョージ・ワシントンがこの新しい規定を利用して、自身と妻マーサの死後、三〇〇人以上の奴隷をすべて解放することになる。マーサは、結婚の際に持参金として奴隷を持ち込んでおり、ワシントンの管理下の奴隷数は大きく膨れ上がっていた。ワシントンの最後の意志と遺言は、奴隷解放を望む所有者は奴隷の将来のために経済的にも備えなければならないという法律の規定を遵守したものであった。合衆国の初代大統領であり、実際に奴隷を解放した数少ない建国の父であるワシントンは、相続人に対し、高齢もしくは幼少であるために自身の世話ができない奴隷に「快適な」衣服と食事を与えるように命じたのである。ワシントンはまた、両親のいない若い奴隷に対して、自活できるようにと、二五歳になった時点で自由を与えることにした。さらに、二五歳まで手元に留まる若い奴隷には、読み書きを教えるとともに、稼ぐための有用な技術を身につけさせることを求めた。ワシントンは、仮に隣人や知人が自身と同じような遺言を残したとしてもその気のない相続人によって阻まれることを懸念し、遺言の中で、「いかなる部分も、指定された時点において、しかるべく履行されるように。土の上の収穫物が刈り取られた後には、回避や、怠慢や、遅滞なく」と明記していた。特に、高齢の元奴隷に対する世話を強く望み、遺言執行者に「必要とする人がいる限り」、彼らのために基金を創設するように指示した。また、「私が所有していた奴隷を、いかなる理由であれ、売却したり、国外に移送したりすること」も禁じた。[156]

合衆国の半分以上で奴隷解放を促す法律や慣習の変化が起きたのは、革命の時代に生きた黒人の努力や、多くの人々の政治的・道徳的進化の結果であったといえる。特に中部とアッパー・サウスの各州では、奴隷制反対の姿勢を強めたクエーカー教徒、メノナイト教徒（メノー派）、ならびに一部のドイツ人の影響も有利に作用した。[157] また、アッパー・サウスの農業経済が主にタバコ生産から、より労働集約度の低い穀物生産へと、徐々にではあるが決定的に変化したことで、奴隷の経済的必要性が低下した結果でもあったと考えられる(158)。

奴隷制、ならびに一般的な黒人の地位に対する新生国家の曖昧な立場は合衆国憲法にも反映されていた。一七八八年七月に採択された連合規約は奴隷制について触れていない。とはいえ、「各州の自由な住民」の権利に関してそれとなく言及しており、人種に関係なく、すべての自由人が何らかの基本的権利を有していることを示唆するものとなっている。しかし、その後の条文では、新生国家の「陸軍」(海軍ではなく)に対する州の志願兵の数を決定するに際して、「各州の白人住民の数」だけが指定されている。これは、自由黒人と自由白人が国家に対する義務に関わるすべての事柄において同等ではないことを示すものとなっている(160)。

一七八九年発効の合衆国憲法は、連合規約と同様、奴隷制の問題に直接言及することはなかった。それでも奴隷に関わる利害について三つの重要な譲歩を行っている。第一条第二項では、代表権と課税を決定するための居住者の数を、どのように計算するかが規定されているのだが、自由人でも非課税対象の先住民でもない「そのほかのすべての者を合わせた、全体の五分の三」となっている。奴隷にされた黒人は完全な人間とはみなされていなかったのであろう。また、第一条第九項では、一八〇八年まで連邦による国際的奴隷貿

表3.4　共和国初期の奴隷と自由黒人の州人口[159]

州	1790年	1800年	1810年
	奴隷／自由黒人	奴隷／自由黒人	奴隷／自由黒人
マサチューセッツ	0/ 5,463	0/ 6,452	0/ 6,737
ニュー・ハンプシャー	158/ 630	0/ 818	0/ 970
バーモント*	0/ (255)	0/ (557)	N/A
メイン*	0/ (538)	0/ (818)	N/A
コネチカット	2,764/ 2,808	951/ 5,330	310/ 6,453
ロード・アイランド	948/ 3,407	380/ 3,304	108/ 3,609
ニュー・ヨーク	21,324/ 4,644	20,903/ 10,417	15,017/ 25,333
ペンシルベニア	3,737/ 6,537	1,706/ 14,564	795/ 22,492
ニュー・ジャージー	11,423/ 2,762	12,422/ 4,402	10,851/ 7,843
デラウェア	8,887/ 3,899	6,153/ 8,268	4,177/ 13,136
メリーランド	103,036/ 8,043	105,635/ 19,587	111,502/ 33,927
ヴァージニア	287,959/ 12,254	339,796/ 19,981	383,521/ 30,269
ノース・カロライナ	100,572/ 4,975	133,296/ 7,043	168,884/ 10,268
サウス・カロライナ	107,094/ 1,801	146,151/ 3,185	196,365/ 4,554
ジョージア	29,264/ 398	59,406/ 1,019	105,158/ 1,799

＊注：国勢調査では「その他自由人」というカテゴリーが指定されているだけなので、バーモント州やメイン州にどれだけの自由黒人が住んでいたかは正確にはわからない。このカッコ内の数字は、過剰な数字であると考えられる。なお両州の1810年の国勢調査の情報は得られなかった。

易の禁止は存在し得ないと規定されており、「現存するいずれかの州が適切であると考える者の移住または輸入」を許可し、そのような形で輸入された黒人への課税を認めていた。最後に、第四条第二項は合衆国初の連邦逃亡奴隷法とも言うべきものであり、「ある州で役務または労働のために（合法的に）拘束されている者」が、ほかの州へ逃亡したとしても、「その役務または労働から解放」されることはなく、その役務または労働の権利の保有者のもとに送還されることが明示されていた[161]。憲法の修正条項の最初の一〇項目を構成する権利章典は一七九一年に批准されたが、奴隷制、奴隷、自由黒人について言及はなかった。

しかし、初期の議会では奴隷制や奴隷貿易を直接取り締まる法律が制定されている。これらの法律は、奴隷所有者の財産権を保護しながら、その一方で大西洋奴隷貿易に関連する諸活動を抑制するものだった。たとえば、第二回大陸議会は一七八七年に「オハイオ川北西部の合衆国領土の統治に関する条例」を制定し、この地域で誕生する予定の州（最終的にはウィスコンシン、ミシガン、イリノイ、インディアナ、ミネソタ、オハイオ）における奴隷制を一部禁止した[162]。一七九三年には、連邦議会は一七九三年逃亡奴隷法（正式名称：An Act respecting Fugitives from Justice, and Persons Escaping from the Service of Their Masters）を可決し、逃亡奴隷の返還手続きを定めた。同法では、逃亡奴隷の所有権を主張する者は誰でも、「宣誓供述書」または「口頭による証言」によって所有権の証拠を地元の判事に提示さえすれば奴隷は返還される、とされていた。また、奴隷の逃亡を幇助した者にも制裁が科せられた。[163] 翌年、議会は「合衆国から国外のあらゆる場所または国への奴隷貿易を継続することを禁止する法律」を承認し、米国の造船業者が国際的奴隷貿易に使用する船舶を建造することを禁止した。同様に、奴隷貿易への参入を犯罪行為とし、また、合衆国市民が奴隷労働者の運搬や取引のために船を利用することも禁止した。一八〇〇年には、大西洋貿易に関する連邦政府の制限措置により、市民はたとえ外国籍船であったとしても、奴隷船で働く権利を失った。その三年後には、外国との奴隷貿易を違法とした州や地域に「新しい」奴隷を持ち込んだ者は、罰金を科されることになった。そして、ついに一八〇七年には、議会は一八〇八年一月一日をもって合衆国への国際的奴隷貿易を完全に停止することを決議した。[164]

憲法が奴隷制に与えた直接的な影響は驚くべきことに、特に数の急増として現れた。戦時中には奴隷貿易はほとんど停止状態になり、また、多くの新しい州が州憲法で国際奴隷貿易の禁止を決めていたため、北アメリカへ輸入されるアフリカ人の数が一〇年あたりで最多を記録するのは、一八〇七年以降、連邦政府が奴隷貿易を非合法化した憲法を批准してからのことである。この間には万単位の奴隷が合衆国に到着したが、その多くはニュー・イングランドの海運業者や関連業者によって連れて来られた。一八〇一～一八〇八年の間にも約一五万六〇〇〇人の奴隷が到着しているが、そのほとんどは奴隷制が違法とされて間もないニュー・イングランドの港から出航した船でやって来た。ロード・アイランドの奴隷商人だけでも、一八〇五年と一八〇六年には年間平均六四〇〇人のアフリカ人を合衆国に輸入している。一八〇三年に奴隷貿易を再び合法化したサウス・カロライナ州では、その後五年間で三万九〇〇〇人、一七八二年から一八一〇年の間には九万人もの奴隷を輸入した。[165]

一八〇八年、国際的なアフリカ人奴隷貿易は法的には終焉を遂げたが、それ以降も何万人、おそらく五万人もの人々が合衆国に連れて来られた。連邦政府は違法な輸入の流れを止めるべく一定の努力はしたものの、アフリカ人の多くはチャールストン、特にニュー・オーリンズ、モービル、ガルベストンなどのローワー・サウスの港に到着した。一八一九年、連邦議会は「アフリカ艦隊（African squadron）」を創設する法律を制定し、奴隷商人の活動や接岸を阻止するため、アフリカ中西部、西アフリカと北アメリカ沿岸を巡回する海軍を創設した。また、一八二〇年に制定された連邦法では、奴隷を売買した罪で有罪となった者はすべて海賊行為で裁かれ、死刑（絞首刑）に処されることが宣言された。[166]それでもなお、貿易は続けられた。クロチルダ（Clotilda）号事件は、一八〇八年以降もアフリカ奴隷貿易がアメリカ合衆国に拡大したことを示す一つの証左である。一八六〇年七月七日、ベニン湾の港町ウィダーから一一〇人の奴隷がアラバマ州モービルに連れて来られ、所有者のティモシー・バーンズ・メーハー（Timothy Burns Meaher）とジョン・ダブニー

（John Dabney）に引きわたされた。[167] 両者とも絞首刑にはならなかったが（法廷審問の時点で奴隷が一人も見つからなかったため、有罪判決を下すのに十分な証拠がなかったようだ！）、船長のウィリアム・フォスター（William Foster）には一〇〇〇米ドルの罰金刑が科せられた。[168]

アフリカからアメリカ合衆国への奴隷貿易が法的に「終了」したのは、アメリカ大陸における奴隷制のあり方やその将来に様々な影響が感じられた時期に当たる。たとえば、カリブ海地域では、この地で最も裕福な植民地であったサン＝ドマングで重大な革命（一七九一年から一八〇四年）が起きた。フランスによる世界の砂糖市場支配が終わり、何十万人もの奴隷が解放された。裕福なプランターと特権的な有色人種が、ルイジアナ、サウス・カロライナ、ヴァージニアなど、大西洋に面した合衆国の奴隷制の「聖域」に散らばった。アメリカ大陸で二番目の共和国が誕生した――しかも黒人共和国だ。そのため、奴隷制を採用する新世界の奴隷主たちは、自身が所有する奴隷も血みどろの革命を起こすのではと恐れ慄いた。実際、一八〇〇年にヴァージニア州ヘンライコで起こったガブリエル・プロッサー（Gabriel Prosser）による黒人反乱は失敗には終わったものの、トゥーサン・ル・ヴェルチュール（Toussaint L'Ouverture）がカリブ海地域でフランスの植民地権力を打倒した黒人革命はこの流れを汲むものであった。[169]

ガブリエル・プロッサーは、周囲の人々から信仰深い人物だと思われていたが、北アメリカの奴隷世界の中心地、すなわち、全米最大の奴隷保有州の州都リッチモンドで大規模な奴隷の反乱を計画していた。プロッサーは一〇〇〇人以上の奴隷を集めて軍隊を編成し、一八〇〇年八月三〇日の襲撃を計画した。タバコ農家トーマス・プロッサー（Thomas Prosser）の奴隷、かつ識字力のある鍛冶屋だった彼は、街の武器庫を襲撃して州内外に散らばる仲間に武器を与えるつもりだった。ところが、襲撃の前日、夏の豪雨で街に通じる橋や道路が流されてしまった。プロッサーは地元の有力者らに裏切られ、「革命」は失敗に終わった。ガブリエルと彼の二人の兄弟を含む多くの部下は絞首刑に処された。[170]
一九世紀初頭には合衆国の黒人奴隷制の将来は不確かであった。この制度は、北東部でも北部平原でも、段階的な奴隷解放法と一七八七年の北西部条例（Northwest Ordinance）によって、確かに消滅しつつあった。それでも、少なくともその後数十年間は同制度が消滅することはなかった。一七九四年にイーライ・ホイットニー（Eli Whitney）が綿繰り機の特許を取得したこと、農民がヴァージニアからウェスト・ヴァージニア、テネシー、ケンタッキーの各州へと西へ移動したこと、イギリスや北部諸州で発展しつつあった産業革命に必要な綿花を供給できる手頃で肥沃な農地やプランテーションを求めてアッパー・サウスからローワー・サウスへと人が移動したことなど、諸要因が重なり、奴隷制は終焉するどころか再生の兆しすらあった。実際、一八〇三年にフランスからルイジアナ準州を構成する南部および南西部の八二万八〇〇〇平方マイル以上の土地を獲得したことにより、国土の面積は倍増し、アーカンソー、ミズーリ、テキサス、ルイジアナの各州の一部となる土地を含めると、奴隷が存在する領土も拡大していた。一八一七年にミシシッピ、一八一九年にアラバマが開拓され、それぞれ州になったことで、ディープ・サウスでの奴隷制支持の声はさらに高まった。奴隷労働と結びついた経済の王者として綿花が君臨するようになった。たとえば、一七九〇年から一八二〇年の間に綿花生産量は年間三一〇〇俵強から三三万四〇〇〇俵以上へと三〇〇倍となった。奴隷人口も六九万四〇〇〇人から一五〇万人に増加し、その大半はアフリカからの輸入ではなく、自然増によるものであったことを考えると、その増加ぶりは一層、意味深い。(171) さらに、新しい綿花地帯へ白人奴隷所有者が移動するのに合わせて、奴隷の増加はアッパー・サウスからロークー・サウスへと移動していった。一九世紀後半には、国内奴隷取引が国際的奴隷貿易に取って代わり、また、ディープ・サウスや南西部で新たなプランテーションの発展により強制労働の働き手が不足したからといって、奴隷制が衰退することはなかったのである。

こうした奴隷制の興隆は、奴隷であれ、自由の身であれ、アフリカ系の人々に悲惨な状況をもたらした。国内の奴隷人口は、クレオールの数が増え、成人の男女比が等しくなったことで、ようやく家族やコミュニティを形成することができるレベルになったが、それは必ずしも彼らの社会的な安定にはつながらなかった。国内奴隷取引は発展を続けており、しかも、一般的には、奴隷のコミュニティ、結婚、親子の絆を認めていなかったためである。一度も売られず、生涯にわたって夫や妻、子供たち全員と一緒にいることを期待できる者はほとんどいなかった。たとえ運よく国内奴隷取引によって夫婦間の絆や家族間の絆を絶ち切られることがなかったとしても、主人が亡くなり、奴隷を含む主人の財産が分配されれば、奴隷家族は離散してしまう。

自由黒人も人口が増えたとはいえ、社会的、経済的に安定した生活を営むには多くの障害があった。北部でも南部でも西部でも、自由黒人は差別の壁にぶつかり、歓迎されない者として社会の片隅に追いやられた。連邦政府は自由黒人の市民権や権利については明確にしていなかった。しかし、明らかな制約があった。たとえば、郵便局などの連邦機関で働くこと、連邦の首都で選挙によって選ばれる役職者になること、民兵に参加すること、帰化市民となることは制限されていた。しかしながら、民兵への参加は禁止されていたものの、フランスやイギリスとの戦争時には、黒人が陸軍、海兵隊、海軍の兵士として戦うことを合衆国政府は認めていた。(172)

連邦政府が法律で明確に定義していなかった「自由」および「奴隷」州や準州における自由黒人の生活の制限については、白人男性が積極的に働きかけたことにより、地方や州、地域で厳しい法律が増えていった。法律のないところでは、差別的な行為が常態化していた。黒人男性の選挙権が必ずしも完全に否定されていない州もわずかにあったが、伝統として妨げられることが多かった。その結果、一八四〇年まで、北部の自由黒人男性の九三%が投票権を制限されていた。南部はどの州も黒人の選挙権を認めなかった。この頃にはメイン、マサチューセッツ、ニュー・ハンプシャー、バーモントの各州では有色人種の自由人が投票できるようになった。ニュー・ヨーク州も可能だったが、二五〇米ドルの財産要件を要求した。かつて自由黒人男性の投票権を認めていたニュー・ジャージー、ペンシルベニア、コネチカットの各州はその権利を完全に撤廃した。[173] ソロモン・ノーサップ(Solomon Northup)は、ニュー・ヨーク州の自由黒人の父親について、「勤勉さと経済力によって、参政権を得るのに十分な財産的な条件をクリアした」と述べている。[174] だが、こうした自慢をできる者はむしろ少数派だった。

この時期にはマサチューセッツは積極的に黒人住民の市民権を制限していた。たとえば、人種を超えた結婚を禁止し、ほかの州や国から自由な有色人種が流入することも制限した。[175] このほかにもいくつかの例を挙げることができるが、「北部」が「自由」な黒人にとって人種的平等を約束する天国でなかったことは明らかである。ロード・アイランドは黒人が白人と結婚することを禁止していた。コネチカットは地方自治体の同意がなければ、アフリカ系住民は教育目的で州内に立ち入ることはできなかった。ニュー・ハンプシャーは黒人の州民兵への参加を禁止していた。[176]

北西部の準州では、奴隷制はおおむね禁止されていたが(ただし、北西部条例の成立以前に準州で奴隷を保有していた者は奴隷制を維持できた)、状況は似たようなものだった。イリノイやインディアナなど、この地域で誕生した大半の州は、自由であることを黒人自らが証明し、なおかつ、五〇〇ドルから一〇〇〇ドルという、一九世紀初頭では高額な保証金を支払わない限り、黒人のこの地への移住を禁止した。オハイオは準州の中でもいち早く黒人に関する法律を作った。たとえば、一八〇四年と一八〇七年には「実質的な保証のない黒人移民を排除する」、「異人種間の結婚を禁止する」、「銃の所有を禁ずる」、「自由黒人が法廷で白人に不利な証言をすることを禁止する」などを内容とした法案を、白人男性の住民の手で可決している。[177] 選挙権の剝奪、移住・流入の禁止、政治的排除、結婚相手の制限などは、自由な有色人種に対する疎外のほんの一部に過ぎなかった。法廷で（白人に対して）証言する権利は、オハイオに限られず、全米のほとんどの地域で拒絶された。たとえば、一八五〇年までに連邦に加盟したインディアナ、イリノイ、アイオワ、カリフォルニアなど、南部以外の多くの州は、黒人の白人に対する証言や黒人の陪審員への参加を禁じていた。また、黒人は当然ながら裁判官を務めることもできなかった。[178] 北東部で黒人の陪審員への参加が認められていた州はマサチューセッツだけであった。歴史家レオン・リトワック（Leon Litwack）はこう述べている。「裁判において黒人の証言が認められなければ、その法的保護には明らかに限界がある。多くの黒人の証人や目撃者がいる中で、仮にある白人が黒人を暴行し、強奪し、あるいは殺害しても、もう一人の白人が出廷して証言することに同意しない限り、起訴されることはなかった[179]」。司法制度から排除されたために有罪判決を受けた自由な黒人男性と黒人女性の投獄率は特に高く、その刑期も不釣り合いなほど長期間にわたった[180]。

法律よりも習慣が支配し、隔離された公共空間が作られた。これはその数十年後の、南部におけるジム・クロウ（Jim Crow）時代を予見させるものであった。公共交通機関、公共の娯楽施設、ホテル、レストランなどでは黒人の利用を禁止したり、利用できる黒人の数を大幅に制限したりした。このアパルトヘイトのようなシステムは、教会や、さらには学校、病院、刑務所、墓地にも及んだ[181]。黒人の子供や一〇代の若者も学校に通うことはできたが、ほぼ隔離され、劣悪な施設で、白人教師に比べてわずかな報酬しか得られない教師のもとで学んだ。たとえば、ペンシルベニア、ニュー・ヨーク、ロード・アイランド、オハイオの各州では、自由黒人の子供には隔離された学校しかなかった。この傾向はほかの北部、中西部、西部州でも一般的であった[182]。マサチューセッツとコネチカットでは、一部で白人と黒人が一緒に通える統合学校が認められたが、白人住民の反発は強く、それが絶えることはなかった。

たとえば、プルーデンス・クランドール（Prudence Crandall）は、一八三一年にコネチカット州カンタベリーで、白人と黒人双方の少女教育の要望に応えようとした。だが、反響は大きかった。白人の親は子供を必死に学校から引き揚げ、登校拒否をした。街の住民たちは組織的に、学校への食料などの必需品の提供を禁止し、学校の井戸水に馬の糞尿をまき散らしたり、校舎に石を投げつけたり、焼き払おうとしたりした。コネチカット州議会は急遽、州外から通う黒人生徒や、州内の居住を当局から許可されていない生徒の入学を禁じる法律を可決した。クランドールは、この新しい州法に違反したとして逮捕され、裁判にかけられた。裁判官は「黒人は市民ではない」と宣言した。プルーデンス・クランドールは、一八三四年にはカンタベリーで黒人少女教育に取り組むことを断念した。[183]

こうした黒人教育の部分的な禁止は、グラマー・スクールだけでなく、大学や専門学校にも及んだ。それでも、ごく少数ではあったが、自由な有色人種の中には大学を卒業できた者もいた。ジョン・ラスヴルム（John Russwurm）は一八二六年にボウディン（Bowdoin）校を卒業した。ダートマス（Dartmouth）校は一八二四年以降黒人学生の入学を認め、一八三〇年代にはオバーリン（Oberlin）校やウェスタン・リザーブ（Western Reserve）校も同様の措置を取った。[184]しかし、自由黒人の大多数は正式な教育の初歩の初歩を受けたに過ぎなかった。大学進学を希望する者はごくわずかであった。

教育機会の欠如は自由黒人の経済的成功を阻む要因の一つに過ぎなかった。都市部の自由黒人の男性の多くは日雇い労働者として働き、女性の大半は家政婦や洗濯婦として働いていた。農村部ではわずかな報酬で農作業の手伝いをし、北部の州では使用人や減少しつつある奴隷と一緒に働くことが多かった。男性の熟練労働者は、鍛冶屋、大工、画家、理髪師、調理師、料理人、パン職人などであった。また、黒人男性の中には小さな店を所有する者もいた。海沿いの街に住む者の多くは、船員や港湾労働者として働いていた。街や都市では、少なからぬ数の女性が焼き菓子や調理済みの軽食、果物や野菜などを路上で販売していた。男性とは異なり、女性の技能職の選択肢は非常に限られ、おもに助産師や裁縫師として働いていた[185]。北部、東部、西部の白人の大多数は、黒人は知力的にも肉体的にも道徳的にも劣っていると信じ込んでいた。そのため、各地域、各州ならびに国中の白人住民が、黒人は自分たちと同じ教育を受け、同じ文化を享受し、同じ職業に就き、同じ政治的権利を有し、同じ法律のもとに置かれ、同じ社会的資源を利用すべきではない、と考えていた[186]。

それゆえ、指定された場所以外に出入りする自由な有色人種には、躊躇なく「規制」をかけた。一九世紀前半から半ばにかけて、反黒人を掲げた人種的暴動は珍しくなかった。たとえば、一八三二年から一八四九年の間には、フィラデルフィアで少なくとも五件、ほかにもシンシナティ、ニュー・ヨーク、ボストン、ワシントンでも暴動が起きている[187]。物理的暴力を加えたり、強制退去を実施したりするだけではなかった。社会の片隅で生きることを選択した自由黒人をさらに貶める方法として、「ニガー（nigger）」という人種的蔑称を使うことも一般的であった。ミンストレル・ショーで黒人を道化師として表現することは人気のある娯楽となり、新聞やポスターに描かれた政治漫画の黒人のステレオタイプ的なイメージは、人々の心を摑んだ[188]。

自由な有色人種が最も多く住んでいたアッパー・サウスの州法は、国家の創生期も南北

THE CELEBRATED NEGRO MELODIES,
as sung by the
VIRGINIA MINSTRELS,

3.4　ヴァージニアのミンストレル・ショーの広告（1843年）
出典：Wikimedia Commons

戦争時代も極めて厳しかった。特にヴァージニアはその典型だった。ここでは、有色人種の自由人は州内への移住、投票、人種を超えた結婚、公職への着任、白人への不利な証言、民兵への参加、武器の所有、などが禁止された。さらに、一八〇六年以降に解放された奴隷は合法的に州内に留まることができなかった。[189] ほかのすべての奴隷州や準州と同様、ヴァージニアの自由黒人は、自らの「自由」な身分を証明するために、それを示す正式な書類を携行しなければならなかった。投獄されたり、奴隷として売られたりしないためには、「フリー・ペーパー」と郡の自由黒人台帳への登録が必要であった。ヴァージニアの自由黒人の社会的・経済的地位を制限する法令は、数十年かけて、増加の一途を辿った。一八三一年八月にヴァージニア州サザンプトン郡で起きたナット・ターナー（Nat Turner）の奴隷反乱で約六〇人の白人が死亡してからは、この流れは絶頂期を迎えた。生まれたばかりの国で黒人の反乱が起きたのはこの事件だけであったが、これを機に白人は、奴隷と自由黒人に対してはさらなる制限を課すべきだと考えるようになった。

たとえば、一八一一年一月八日の夜、ハイチまたはジャマイカ出身の混血（ムラート）と思われるチャールズ・デスロンデス（Charles Deslondes）が、約五〇〇人の武装した奴隷たち（その中にはハイチ革命で戦った者もいた）とともに、ニュー・オーリンズに向かって進軍した。彼らは作業道具を武器に変え、手作りの旗を持ち、太鼓を打ち鳴らした。港町を目指しながら略奪と殺戮を繰り返し、やがて地元の民兵と対峙した。戦闘が始まり、反乱軍は敗北した。反乱は三日間で終わったが、この事件は白人の奴隷所有者の心には何十年にわたり、深く刻み込まれることになった[190]。一八二二年六月にサウス・カロライナ州チャールストンで起きたデンマーク・ヴェーシー（Denmark Vesey）の奴隷反乱も同様であった。一八二九年に出版されたデビッド・ウォーカー（David Walker）の『デビッド・ウォーカーの四箇条の訴え——前文とともに。世界中の有色人種に向けて、とりわけ、そして特に明白にアメリカ合衆国の有色人種に向けて（*David Walker's Appeal in Four*

Articles; Together with a Preamble, to the Coloured Citizens of the World, but in particular and Very Expressly to Those of the United States of America)』もそうであった。これは、ノース・カロライナ出身の自由黒人が奴隷制廃止のために暴力を行使することを容認している本である。こうした南部で起きた出来事や、一八三三年のアメリカ反奴隷協会設立に象徴される北部での奴隷制廃止運動の高まりは、自由黒人の南部における生活に対し、立法や慣習上の制限を強める上で大きな影響を及ぼした。

ヴァージニアの法律では、自由黒人が読み書きを学ぶことや、白人当局者の書面による許可がない限り教会での礼拝や説教を禁止されていた[191]。同様に、一八三九年のヴァージニアの州法では地元の白人パトロール隊に対して、事前の通知または許可がなくても、奴隷や自由黒人の家を捜索する権利が認められていた。エリート白人の許可がなければ、自由黒人は農作物を販売できなかった。薬草師、助産師、民間医として働いた自由な黒人男性と黒人女性も、一八四三年以降、いかなる医療行為も薬の調合も行えなくなった。その後、自由黒人は酒類の販売を禁止され、一八六〇年には、州法により、重罪で有罪判決を受けた場合には、裁判所は自由黒人を「絶対的な奴隷(absolute slavery)」にすることができるようになった[192]。

このように、ローワー・サウスにおける自由黒人の立場は決して良いとはいえなかった。しかし、もし、良いことがあったとすれば、一つには、この地域の多くの自由な有色人種が、白人主人と黒人奴隷の女性との間に生まれた混血児（あるいはより薄い有色肌を持つ混血児）として、元の所有者と家族的な繋がりを持っていたことであろう。特にチャールストン、ニュー・オーリンズ、モービルなどの都市部では、このような親子関係や、あるいは父親たちが時々、「有色人種」の子供に対して行使していたエリート白人の保護者としての行為が、初期国家時代における地域の奴隷解放を進める役割を果たした。また、このスポンサーシップによって、自由な有色人種の多くが文字を学び、技術を修得することができた。この地域の自由な有色人種の大半は都市部に住み、日雇い労働者よりも職人になる者が多かった。歴史学者のマイケル・ジョンソン（Michael Johnson）とジェームズ・ロアーク（James Roark）によれば、たとえば、サウス・カロライナ州チャールストンでは、自由な有色人種の男性の大半が大工、仕立屋、画工、床屋、肉屋、レンガ職人、そのほかの職種の職人であったという。また、女性は特に高い熟練技能を有し、裁縫師や仕立屋などの針仕事をしていたという。ジョンソンとロアークは、「ニュー・オーリンズでも同じパターンが見られたが、これに対し、北部の都市では自由黒人の約四分の三が普通の労働者として働いており、対照的な傾向が見られた」としている。[193]ジョージア州サバンナは州内で最も多くの自由な有色人種を抱えており、そのほとんどは日雇い労働者や家事労働者であったが、熟練労働者や小規模な起業家たちも相当数いた。たとえば、一八二三年には、自由な有色人種女性の雇用者の大半は洗濯婦、裁縫師、果物やケーキを販売する露天商、家政婦であった。[194] 一方、その三年前の固定資産税の記録によると、一八一八年に不動産の所有を禁止する法律が施行されたにもかかわらず、三六人の自由な有色人種の者が二〇〇米ドルを超える高価な持ち家を所有していた。[195]

アッパー・サウスと同様に、ローワー・サウスの経済、刑事司法制度、政治構造における自由黒人の地位は、時間の経過とともに悪化した。たとえば、一八六〇年までに、サバンナの黒人の不動産所有者の数、および彼らの所有する不動産の量は減少した。[196] 同じく、ローワー・サウスの各州では最終的に移民禁止法が制定され、自由な有色人種の流入が禁止された。サウス・カロライナは、一八二〇年に奴隷解放を禁止した。[197] ジョージアは一八一五年に、有色人種の自由人も奴隷と同じように裁判にかけなければならないと決定し、また、主人は遺言によって奴隷を自由に解放することはできないとした。その四年後、同州の議員らは、有色人種の自由人は毎年、郡裁判所に登録するか、あるいは奴隷として売られるというリスクを選ぶか、いずれかであることを決定した。一八二七年には、サウス・カロライナ出身以外の黒人船員は、船長が一人当たり一〇〇米ドルの保証金を支払わない限り、ジョージアの港に接岸中、船から離れることを禁じられた。一八二九年には、南部のいくつかの港で黒人船員が所持していたデビッド・ウォーカーのアピール（David Walker's Appeal）が発見され、ジョージアの黒人は教育を受けることが禁止された。「この州の奴隷、黒人、あるいは有色人種の自由人の間で、所有者や市民に対する反乱、陰謀、抵抗運動を刺激する目的」で印刷物を配布することや、黒人船員同士で連絡を取り合うことも禁止された。このほか、ジョージアの有色人種の自由人は、法律によって、印刷機の使用（一八二三年）、薬剤師や医療関係の仕事（一八三五年）、建造物の建設や修理に携わる機械工や石工の仕事（一八四五年）から排除された。また、当時は女性にではなく、成人白人男性のみに課税され、年間二五セントずつしか課税されなかった時代であったが、一八五一年には二一歳以上のすべての男女に五米ドルの年税が課された[198]。

　しかし、南部の有色人種の自由人の中には成功を収めた者もいた。特に成功したのは自ら奴隷を保有した少数の者であった。歴史家のラリー・コーガー（Larry Koger）によると、一八三〇年の国勢調査では、ヴァージニア、メリーランド、サウス・カロライナ、ルイジアナの各州に居住する有色人種の自由人は、合わせて一万人以上の奴隷を所有していたという[199]。有色人種の世帯の奴隷はほとんどが家族の一員であり、彼らを購入した主人によって合法的に解放される途上にあったが、その一方で、近隣の白人と同様、経済的利益や低賃金の利便性のために奴隷を保有していた有色の自由人もいた。彼らは白人の奴隷主の子孫であり（八九％）、自由を与えられ、技能訓練を受け、あるいは財産を与えられた人々である[200]。

　彼らは、奴隷を購入したり、時には相続を通じたりして、男女の黒人労働者を取得し、ほかの南部の主人たちと同じような物的支援と処罰を与えながら、仕事に従事させた。たとえば、ノース・カロライナ出身の混血のジョン・スタンリー（John Stanley）は、一八三〇年に一六三人の奴隷と二六〇〇エーカーの土地を所有していた。同じ年に、サウス・カロライナ生まれの混血のウィリアム・エリソン（William Ellison）は九〇〇エーカーの土地と六三人の奴隷を所持していた。ルイジアナのアンドリュー・ダーンフォード（Andrew Durnford）も混血であり、自身が経営する砂糖プランテーションで働く七七人の奴隷を所有していた。同じくルイジアナのシプリアン・リカード（Ciprien Ricard）とピエール・リカード（Pierre Ricard）の母子も、砂糖プランテーションで働く一六八人の奴隷を保有していた[201]。とはいえ、このような裕福な有色人種の自由人は、拡大しつつある南部の自由黒人のごく少数であった。多くはアメリカ合衆国社会の周縁部で生活することを余儀なくされていたのである。

国中で自由な有色人種に対する反感が高まっていたことを考えるならば、合衆国以外の地域を入植地化するという考え方が、自由黒人の抑圧を改善するための有効な――それが唯一の方法ではないとしても――解決策であると考える人がいても不思議ではない。この考え方は、当然ながら、自由黒人よりも白人の間で人気があった。その中にはアンドリュー・ジャクソン（Andrew Jackson）、ヘンリー・クレイ（Henry Clay）、ジェームズ・マディソン（James Madison）、ブッシュロッド・ワシントン（Bushrod Washington）、ダニエル・ウェブスター（Daniel Webster）といった有力な白人政治家も含まれていた。自由黒人の間では、この考え方は、自分たちが生まれた国で同等の権利が与えられるということではなく、むしろ、排除のための露骨な試みだと考えられていた。

しかし、この運動は初期の黒人・白人の奴隷制廃止論者らの努力の一端として始まったものである。これらの人々は、アフリカ系の人々が「自由」というステイタスにあってもアメリカ社会の中で対等に受け入れられるとは考えていなかったのである。入植政策の支持者の中には、この運動が奴隷制の段階的な終焉につながると信じていた人々もあった。また、アフリカに戻った黒人が、アフリカの先住民をキリスト教化し、西洋化に貢献することを期待する人々もあった。しかしながら、入植政策を支持する多くの白人は、黒人は劣っているという人種差別的な観念や、奴隷にされていない黒人をこの国から排除したいと考えていた。たとえば、南部では、入植地化論者の多くは奴隷所有者であった。中には奴隷制を心から支持し、自由黒人は奴隷制だけでなく、白人の安全と文明に対する継続的な脅威であると見なす人々もあった。ヴァージニアのチャールズ・フェントン・マーサー(Charles Fenton Mercer)は、同州の有色自由人を「日々、公共のモラルを乱し、腐敗させている」人々として描き、その理由について「女性の半分以上が売春婦であり、男性の半分がならず者」だからとしている。この意見は、多くの人々の声を代弁したものであった。[202]

アメリカ植民協会(American Colonization Society)は、一八一六年にワシントンDCに数州の代表が集まり、創立された。アフリカへの自由な有色人種の「自発的」移住を支援することを目的としたものであった。これらの州は、連邦政府と連携し、入植政策を財政的に支援することを約束した。一部の自由黒人や解放されたばかりの黒人の中には自発的に移住する者もいたが、奴隷のままでいるか、自由を得て移住するかという厳しい選択を迫られた者もいた。一八二一年に、アメリカ植民協会はアフリカ西海岸にある現在のリベリアの土地を、移住黒人のための入植地とした[203]。

当初、いくつかの州組織はリベリア沿岸の別の入植地を支援していた。最終的に一八三八年に、ヴァージニア植民協会、ペンシルベニア州クエーカー青年植民協会、アメリカ植民協会が協働してリベリア連邦を設立した。一八四二年には、ミシシッピのグループもこれに加わった。リベリアは一八四七年にアメリカ合衆国からの主権を主張し、「母国」の建国文書と同じ文言を用いて、独立宣言を発した。その一〇年後、ボウディン（Bowdoin）大学の卒業生ジョン・ラスヴルムが総督を務めていたメリーランド入植地もリベリアの一部となった[204]。

自由黒人のための入植計画はリベリア連邦の設立として結実した。だが、その過程では、社会階級を問わず、国内の大勢の自由な有色人種からの猛烈な反対にあった。実際、マサチューセッツの裕福なアフリカ系アメリカ人クエーカー教徒の造船業者で、商人でもあったポール・カフィー（Paul Cuffee）が、一八一二年にアフリカへの黒人入植地構想を推進し始めた時にはかなりの少数派であった。カフィーは自分の家族などをシエラレオネに移住させたいと思っていた。一七八七年にはグランビル・シャープ（Granville Sharpe）、トーマス・クラークソン（Thomas Clarkson）、ウィリアム・ウィルバーフォース（William Wilberforce）などのイギリスの奴隷制廃止論者が、ノバ・スコシアの元王党派の黒人を集めて、自由黒人のための入植地をシエラレオネに設立した。最終的に、カフィーは私費を投じて一八一六年に約三八人のアメリカ人の黒人をシエラレオネに移送した。[205]

ポール・カフィーの熱意と行動に刺激され、入植運動に参加する人々も出たが、多数の自由黒人を説得するまでは至らなかった。たとえば、一八一六年には、フィラデルフィアの黒人教会のベセル教会（Bethel Church）に三〇〇〇人以上の自由黒人が集まり、入植政策に抗議している。その際にはいくつかの理由を挙げていた。すなわち、白人の入植地主義者は奴隷制の支持者であり、彼らの取り組みは人種差別的な合衆国のイデオロギーや社会観に基づいていること、シエラレオネの入植者の間で早くから病気が蔓延し、高い死亡率が報告されていたこと、文化的、家系的ゆかりを感じていない、見知らぬアフリカに戻るという願望がないこと、などである。[206] フィラデルフィアの裕福な自由黒人の船員で、ベセル教会での集会開催に協力した奴隷制廃止論者のジェームズ・フォーテン（James Forten）は、後にポール・カフィーに対し、「アフリカ行きに賛成する者は一人もいなかった」と報告している。[207] 入植政策に抗議する人々は「ここは我々の故郷であり、国である」と主張していた。「この芝の下に我々の先祖の骨が埋まっている。この国のために戦い、血を流し、多くの者が死んだ。ここで我々は生まれ、ここで死ぬのだ」[208]。アメリカ奴隷制廃止協会論者は一八一七年に黒人の反対派に同調し、入植政策を非難する決議を行った[209]。

合衆国とイギリスの間で起きた一八一二年の米英戦争は、入植政策のパイオニアであるポール・カフィーがシエラレオネで「実験」を始めるのを一時的に遅らせた可能性があるが、逆に、アメリカ独立戦争の時と同様に、奴隷が自由を得るチャンスとなった面もある。この戦争は新国家にとって内地で行われた初の戦争であり、東海岸をアップダウンし、またメキシコ湾において二年半ほど続いた。黒人は、奴隷も、自由人も、両陣営で戦った。南部に駐留するイギリス軍は、独立戦争と同じように、合衆国軍と戦えば自由を保障するという条件で多数の奴隷を勧誘した。彼らは、兵士や水兵の家族に対しても自由を与えると甘言を弄した。合衆国のために戦う黒人もいたが（たとえば、アメリカ海軍の約一五％は有色人種だった）、黒人奴隷はイギリスの軍艦や占領地にたどり着けば自由を得られるという誘惑に勝てなかった。その結果、四〇〇〇人がイギリス軍に加わったと推定される。一八一四年に戦争が終わると、植民地海兵隊に参加し、解放された男性隊員の多くは、妻や子供とともにトリニダードを中心とするイギリス領カリブ海地域に定住した[210]。彼らはそこで、合衆国とも、また、奴隷制やそのくびきに繋がれた黒人労働者の運命に関して高まる不安からも、距離を置いた生活を追い求めた。この問題をめぐっては、わずか二世代のうちに国を二分する内戦が勃発することになる。

参考文献：

Berlin, Ira. *Many Thousands Gone: The First Two Centuries of Slavery in North America.* Cambridge, MA: Belknap Press of Harvard University Press, 1998.

Blassingame, John W. (ed.) *Slave Testimony: Two Centuries of Letters, Speeches, Interviews and Autobiographies.* Baton Rouge: Louisiana State Univerisity Press, 1977.

Carney, Judith A. *Black Rice: The African Origins of Rice Cultivation in the Americas.* Cambridge, MA: Harvard University Press, 2001.

Foote, Thelma Willis. *Black and White Manhattan: The History of Racial Formation in Colonial New York City.* New York: Oxford University Press, 2004.

Gilbert, Alan. *Black Patriots and Loyalists: Fighting for Emancipation in the War for Independence.* Chicago, IL: University of Chicago Press, 2012.

Gomez, Michael A. *Exchanging Our Country Marks: The Transformations of African Identities in the Colonial and Antebellum South.* Chapel Hill, NC: University of North Carolina Press,1998.

Hall, Gwendolyn Mildo. *Slavery and African Ethnicities in the Americas: Restoring the Links.* Chapel Hill, NC: University of North Carolina Press, 2005.

Klein, Herbert, and Vidal Luna, Francisco. *Slavery in Brazil.* Cambridge, UK: Cambridge University Press, 2009.

Litwack, Leon F. *North of Slavery: The Negro in the Free States, 1790–1860.* Chicago, IL: University of Chicago Press, 1965.

Schwartz, Philip J. *Slave Laws in Virginia.* Athens, GA: University of Georgia Press, 1996.

Taylor, Alan. *The Internal Enemy: Slavery and War in Virginia, 1772–1832.* New York: W. W. Norton, 2013.

Washington, Margaret. *Sojourner Truth's America.* Urbana- Champaign, IL: University of Illinois Press, 2009.

4．南北戦争以前のアメリカ合衆国における奴隷制と反奴隷制

「戦争について最初に耳にしたのは、ある日、ジョージ牧師が家にやってきて、エマリン(Emmaline) さんに『血なまぐさい戦争が起こる』と言った時だった。彼は、すべての奴隷が奪われるのを恐れていると言っていた……その瞬間から、私は自由のためにお金を払うようになった。ほかの女性たちも同じようにした」

ドーラ・フランクス (Dora Franks)(1)

一八二〇年時点で、四五年後には急成長するアメリカ合衆国において、黒人奴隷制は憲法修正一三条の成立によってピタリと終了すると思うかどうか尋ねられたとするならば、終わっていると答えた人は誰もいなかったであろう。アメリカ独立戦争と初期共和制の時代に奴隷制を「終わらせた」北部や中西部の州や準州でさえ、黒人解放は通常、緩慢な過程を辿った。一八二〇年まで、コネチカット、インディアナ、イリノイ、ニュー・ヨーク、ニュー・ジャージー、ペンシルベニア、ロード・アイランドの各州には奴隷が残っていた。

4.1　ジョージ・カーターのオートランズ農園、ヴァージニア州ラウドン郡（1803年頃）
出典：Cones Collection、写真クレジット：Beverly and Carla Harris

この時までに、大量の奴隷人口がメイソン＝ディクソン線（Mason-Dixon Line）より南方へ移動したことは確かであった。それでも、ニュー・ヨーク州に一万人、ニュー・ジャージーに七五〇〇人の奴隷が残っていた。しかも、反奴隷運動は羽が生えたばかりと言われていたが、その言葉通り、まさに初期段階に過ぎなかった。アメリカ反奴隷制協会（American Anti-Slavery Society）が設立されるにはさらに一三年の歳月が必要だった。奴隷制廃止に対する意識はまだ脆弱であったようだ。たとえば、アメリカ植民協会が設立され、北部とアッパー・サウスには活発な奴隷制廃止協会があり、自由の理想を掲げた国が北半球最大の奴隷社会となることへの抵抗が沸き起こる兆しはあったし、このことによって段階的に国民の解放が進むか、あるいは少なくとも奴隷制が存在する物理的空間は縮小する可能性も秘めていたが、にもかかわらず、奴隷制廃止は決して喫緊の問題とはなっていなかった。奴隷制下で綿花やそのほかの作物を生産することを求める市場の論理が、「典型的な」非黒人アメリカ人の社会意識を支配していたからである。

綿繰り機の発明は、間違いなく、南北戦争以前の南部をアメリカ大陸最大の奴隷社会として発展させることに貢献した。特に綿花は、一八二〇年から一八六〇年の間、合衆国の輸出の半分以上を占め、砂糖、米（コメ）、タバコ、トウモロコシも南部と南西部のローカル市場と輸出市場を支配していた。[2] たとえば、一八六〇年のサウス・カロライナだけでも、黒人労働者は一五〇〇万ブッシェルのトウモロコシ、一億一九〇〇万ポンドの米（コメ）、四九万ポンドのタバコ、三五万三〇〇〇ベールの繰り綿の生産に寄与していた。[3]

奴隷人口の増加と移動

奴隷主たちは、奴隷労働を利用してこうした作物を栽培すれば大きな利益が得られるものと考えた。彼らは、利益を確保し続けるためにさらに多くの土地と奴隷を求めていった。実際、この時期のアメリカ大陸のほかの地域の奴隷制と比較して、南北戦争以前の南部奴隷制との違いを考える時に重要なのは、一つには、奴隷人口が一八二〇年の二〇〇万人から一八六〇年は四〇〇万人へと倍増し、かつ、それは全くと言ってよいほど、自然増だったことである。これに対し、南部でも奴隷人口は倍増したが、その一方で、多くの奴隷たちがローワー・サウスや南部や西部に移動していた。南北戦争以前の時代の末期の状況はその数十年前のそれを抜きにして語れない。すなわち、一八五〇年から一八六〇年の一〇年間だけでローワー・サウスの奴隷人口は全体で三四%増加したが、これに対し、アッパー・サウスでは同期間に九・七%の増加にとどまった。この一〇年間には綿花栽培の盛んな州では居住する奴隷の数が大幅に増加していた。ミシシッピは四〇・九%、テキサスは二一三・九%、アラバマは二七・二%、アーカンソーは一三五・九%、ジョージアは二一・一%、ルイジアナは三五・五%の増加である。国内奴隷貿易は儲かる手段であり、最低でも八七万五〇〇〇人、額にして四億三〇〇〇万米ドルの黒人労働者が強制移住させられたのだ[4]。一八三〇年代は奴隷にされた四人に一人がヴァージニアを離れている。一八三〇年代から一八五〇年代には、二五万人以上がアッパー・サウスからローワー・サウスへ移動した[5]。この奴隷の大半は親族や友人を伴わず、単独で移動した。歴史家のスティーブン・デイル(Steven Deyle)はその数を五〇万人と推定している[6]。

南北戦争以前に拡大した奴隷の数と男女比を見ると、奴隷が家族を持つという希望は皮肉なことに物理的にそれほど現実的ではなかった。一方でまた、奴隷が家族やコミュニティを失う可能性もまた、それほど大きかったわけではない。失うときはいつでも、荒廃が蔓延した。「子供が売られると母親や兄弟姉妹は死ぬほど悲しんだ。家族の死と同じくらい辛いものだった」。アーカンソー州のマティ・ファネン（Mattie Fannen）はこう述懐している。[7] こうした光景は特にアッパー・サウスで繰り返され、ローワー・サウスでも拡大していった。家族はしばしば引き裂かれ、何世代にもわたる深刻なトラウマを残した。奴隷の移動は所有者にとって有益な事業であったかもしれないが、奴隷にとっては肉体的にも精神的にも残酷な体験であった。マライア・ロビンソン（Mariah Robinson）は結婚式の引き出物として贈られた。彼女は蒸気船と駅馬車を乗り継いでウェイコ（Waco）までやって来た。[8] ほかの者は馬車で、そして、ほかの多くの者は歩いて来た。ヘンリエッタ・ラールズ（Henrietta Ralls）は、子供の頃、ミシシッピからアーカンソー、そしてテキサスまで歩いて来た一人だった。[9] ヘゼキア・スチール（Hezekiah Steel）も歩いて来た。ジョージア州のベン・シンプソン（Ben Simpson）も母親と妹と一緒に歩いて来た。シンプソンのサディスティックな主人は、ベンの母親を、自分のペースについて来られないという理由で殺してしまった。[10]

南北戦争以前の奴隷労働

植民地時代や初期共和国の時代と同様に、南北戦争以前の時代に南部奴隷労働者が従事した労働の種類から、奴隷の中での、また所有者の間での奴隷のステイタスがわかる。それは白人が押し付けたヒエラルキーであったが、奴隷の男女はそのヒエラルキーを洗練させる機会を求めていた。特に、職業的な差別化が可能なほど十分な奴隷を擁していた奴隷所有地では、その傾向が顕著であった。奴隷解放から数十年後、インタビューに応じた元奴隷は、奴隷労働から得た地位に依然として強いこだわりを持っていた。「料理？　いいえ、あなた！　結婚するまで料理なんてしたことないし、洗濯もしたことないです。……洗ったことがあるのは赤ちゃんの足とか、奥様の足だけです。私は奥様のメイドだったんです」[11]。元奴隷のローザ・スターク（Rosa Starke）は、白人の階級について二種類しか認識していなかった。「奴隷所有者である白人と奴隷を所有していない貧しい白人」である。彼女の見立てでは、「奴隷の中にはより多くの階級があった」。その階級は五つであった。第一に、家事使用人。第二に、馬車の運転手、庭師、床屋、厩務員など、家の外で働く家事労働者。第三に、車夫、荷馬車夫、鍛冶屋、現場監督、家畜や狩猟犬の世話をする、熟練労働者。「彼らは皆、良い主人の家に属し、決して重労働をする必要もなく、また、殴られることもなかった」と彼女はインタビューで答えている。第四に、農業に従事する熟練労働者。「小麦の揺りかご、脱穀機、トウモロコシや小麦の製粉機、綿繰り機」などを操った者である。第五に、「普通の畑仕事を行う黒んぼ（ニガー）」[12]。彼らは自給作物や換金作物を生産し、家畜を飼うだけでなく、自家消費用や市場用の原材料の製造を手伝っていた。ほとんどの奴隷はこの「階級」であった。南北戦争以前の南部奴隷の男女、そして一〇代の若者の大半は綿花農場の農業労働者であった。

農園主たちは、一七九四年にイーライ・ホイットニーが綿繰り機の特許を得て十分な利益を得る手段を提供する以前から、何年もかけて綿花栽培を試みていた。このほか、紡績や織物、蒸気動力などの技術革新が、綿織物産業にプラスの影響を及ぼした[13]。また、技術進歩によって、綿花農民が耕す平均耕作面積も増加した。たとえば、一八二〇年当時、奴隷所有者は、「プライム・ハンド（prime hand）」〔訳注：奴隷商人による奴隷の評価のこと。「プライム」は一日当たり最も多くの仕事をこなす一流の奴隷を指す〕の者であれば、六エーカーの綿花畑と八エーカーのトウモロコシ畑でも十分利益が上がると考えた。数年後、彼らは平均一〇エーカーの綿花畑と一〇エーカーのトウモロコシ畑を耕作する営農形態を取り入れた。綿花農園に閉じ込められた農業労働者の奴隷たちは、冬の間に古い畑を片付け、新しい畑を準備し始めるのが毎年の日課であった。彼らは通常、三月にトウモロコシを植え、四月に綿花の植え付けを始めた。綿花が成長し始めると、七月末まで鍬入れと耕作を繰り返した。真夏の間は、畑仕事の多くはトウモロコシ畑での作業であった。

南北戦争以前の黒人奴隷の大半は農場やプランテーションで働いていた。しかし、中には都市に住む奴隷主のもとで働く者や、個人や企業に貸し出される者もいた。通常は一月を開始月として、年単位で貸し出された。貸し出し奴隷の「一時的」なオーナーは、奴隷に食料、住居、衣服、医療を提供する義務を負っていた。しかし、都市部で働く奴隷の中には、自身の収入の大部分をオーナーに返し、自分で仕事を探すことが許される者もいた。オーナーたちは自ら物的支援を行い、住居を用意した。それは、農村の奴隷からすれば、たとえ熟練労働者であっても、夢見るような「自由」であった。南部の都市に住み、労働している者たちはどのような仕事をしていたか。

ボルチモア、ワシントンDC、リッチモンド、ピーターズバーグ、ノーフォーク、チャールストン、サバンナ、アトランタ、モービル、ニュー・オーリンズ、ルイビル、セント・ルイスなどの南部の都市は、ほかの田舎の地域と同じく、多くの経済部門で奴隷労働に依存していたが、特に家事や日雇労働者などの「雑役」の仕事が多かった。女性は通常、家事労働者であったが、お針子、助産師、露天商、および都市部の性産業などで働く者もいた。また、男性は溝掘り、道路敷設、あらゆる種類の民間や自治体の建設作業者、港湾労働者、鍛冶屋、たる製造職人、火夫、漁師、牡蠣漁師、水夫など、様々な職業に就いていた。さらに、タバコ倉庫、綿繰り場、織物工場、釘工場などで働いたり、鉄道建設、石炭採掘、製鉄炉の現場で働いたりする奴隷もいた(14)。奴隷労働は、南北戦争以前の時代を通して、都市生活にとって重要であり続けたが、農村の綿花関連部門への奴隷人口のシフトが決定的になると、都市に割り当てられる奴隷の人数は減少した。また、奴隷の反乱が起こる恐れも高まり、都市部の奴隷の「自由」はより制限されるようになった。

奴隷の仕事の種類は、奴隷内部の「ステイタス」に影響を与えただけでなく、一般の人々のジェンダー・イメージにも影響を与えた。たとえば、南北戦争以前の南部の田園地帯で奴隷男性が行った農作業や熟練労働のほとんどは、体力や持久力といった男性的な特徴を強調するもので、「男らしさ」というイメージを高めるものであった。一方、人々は、特に所有者や監督者は、こうした仕事は女性でもできるのではないかと考えた。その結果、女性の奴隷たちはこの種の仕事も担わされるようになり、「女の馬車馬」というステレオタイプのイメージができていった。

奴隷所有者たちは、この「馬車馬」という見方の上に立って、女性労働者を過度なほど追い詰めた。時には最低限の物的支援も拒否した。自分たちの想定に女性が従わない場合は厳しく罰した。フレデリック・ロー・オルムステッド（Frederick Law Olmstead）がサウス・カロライナで道路修理する奴隷女性の一団を目にした時の発言は、田舎に住む女性労働者が日常的に抱く黒人女性に対する否定的なイメージを表していた。ところが、不思議なことに、男性労働者に対しては、オルムステッドの「観察」のどこにもこうした否定的な見方は出てこない。彼が最も辛辣な言葉を浴びせたのはたまたま遭遇した奴隷女性に対してだった。「不器用で、ぎこちなく、粗野で、象のような動きで、口を尖らせ、ニヤニヤと笑い、私たちを睨みつけた。その表情や態度のすべてが、ずる賢く、ふしだらで、恥知らずで、これほど不快な光景を目の当たりにしたことはなかった[15]」。オルムステッドの描写はあまりにもグロテスクであり、そこからは彼女らが置かれていた労働環境はほと

4.2　イーライ・ホイットニーの綿繰り機
出典：Wikimedia Commons

んど見えてこない。当時、労働者グループの中では女性が多数を占めていたのだが、彼女たちは男性とともに、泥だらけで轍のできた田舎道の穴を、自分の手で運んだ土と、自分の手で切り、整えた丸太で穴を埋めていたのである。オルムステッドが出会った奴隷女性は、「全盛期」には、奴隷男性と同じくらい、時にはそれ以上の重労働をしていた。しかし、彼女たちの労働者としての実態は、男性のそれとは全く異なっていたといえる⑯。

屋外で働いていた労働者は、男も女も、同じ種類の仕事をすることが多かった。にもかかわらず、女性の仕事量、労働に伴う肉体的・心理的条件、労力に対する報酬は、しばしば男性のそれとは大きく異なり、時には、その違いは驚くほどであった。また、

表4.1　南北戦争以前の合衆国南部の奴隷人口（1820～1860年）[17]

州	1820年	1830年	1840年	1850年	1860年
アラバマ	47,449	117,549	253,532	342,844	435,080
アーカンソー		4,576	19,935	47,100	111,115
フロリダ			25,717	39,310	61,745
ジョージア	149,656	217,531	280,944	381,682	462,198
ケンタッキー	126,732	165,213	182,258	210,981	225,438
ルイジアナ	69,064	109,588	168,452	244,809	331,726
メリーランド	107,398	102,994	89,737	90,368	87,189
ミシシッピ	32,814	65,659	195,211	309,878	436,631
ミズーリ	10,222	25,096	58,240	87,422	114,931
ノース・カロライナ	205,017	245,601	245,817	288,548	331,059
サウス・カロライナ	251,783	315,401	327,038	384,984	402,406
テネシー	80,107	141,603	183,059	239,459	275,719
テキサス				58,161	182,566

表4.2　奴隷を持つ世帯の割合、人口に占める奴隷の割合[18]

州	奴隷を持つ世帯	人口に占める奴隷の割合
ミシシッピ	49%	55%
サウス・カロライナ	46%	57%
ジョージア	37%	44%
アラバマ	35%	45%
フロリダ	34%	44%
ルイジアナ	29%	47%
テキサス	28%	30%
ノース・カロライナ	28%	33%
ヴァージニア	26%	31%
テネシー	25%	25%
ケンタッキー	23%	20%
アーカンソー	20%	26%
ミズーリ	13%	10%
メリーランド	12%	13%
デラウェア	3%	2%

表4.3　合衆国の綿花価格と生産量（1790～1860年）

	貨物の大きさ	貨物の量[19]	価格[20]／ポンド
1790年	225ポンド	3,135	0.28セント
1800年	225ポンド	73,145	0.44セント
1810年	247ポンド	177,638	0.155セント
1820年	269ポンド	334,378	0.17セント
1830年	308ポンド	731,452	0.095セント
1840年	368ポンド	1,346,232	0.123セント
1850年	415ポンド	2,133,851	0.117セント
1860年	436ポンド	3,837,402	0.13セント

労働以外の職業に関しても、ジェンダー間の違いは大きかった。女性の家政婦はかなり少数派であったが、男性の家政婦はさらに少数派であった。たとえば、大規模な所有地を持つ奴隷主の家では男女両方が家政婦として雇用されていたが、特に小規模所有地の家では、南北戦争以前は女性がこの職を独占していた。女性の家政婦は召使、看護師、料理人、裁縫師、紡績工、織工、助産師であり、南部の街ではウェイトレスや洗濯婦も兼ねた。一方、男性の奴隷は、農村でも都市でも自分の経験を生かせる熟練職や監督職に就く機会が多かった。男性はもっぱら鍛冶屋、たる製造職人、画家、車屋、大工、鉱夫、皮なめし職人、建具職人などのエリート職に就いていた。そのため小遣いを稼ぐこともでき、また、「一時的な主人（temporary masters）」に雇われる機会も多かった。さらに、運転手、監督、職長、職人長など、女性が就くことが極めてまれな指導的な地位に就くこともあった[21]。

南部の奴隷女性、特に「現場」で働く奴隷は、日常的に労働時間が長く、より多くの仕事――実態としては、熟練労働、肉体労働、家事労働、性的労働の合体であった――を担っていた。夜遅くまで働き、男性の奴隷が「オフ」だった時間帯も働いた。奴隷女性にフルタイムで畑仕事をさせ、時々、あるいは日常的に、家事や機織り、縫製、助産などの熟練労働者として、パートタイムで働かせた。小規模や中規模の農場や農園では、特に重要な労働力であった。たとえば、ノース・カロライナのファニー・ムーア（Fannie Moore）は、自分の母親についてこう回想している。「一日中、畑で働き、夜通しでキルトを作っていた。母は毎晩、四カット分の白い布を作るのに必要な糸を紡がなければならなかった。そのため、私は一度も寝ることができなかった。ずっと母のために明かりを持ち、光を当てていなければならなかった[22]」。

サラ・コルケット（Sara Colquitt）は、ヴァージニアの小さなタバコ農園、そして、その後はアラバマの大きな綿花農園で奴隷として過ごしたが、その体験は奴隷女性の労働の実態をよく示している。彼女は、ヴァージニアの所有者は「いい人」だったと認めながらも「遅くまで一生懸命働かなければならなかった」と話した。サラは日常的に畑仕事と家事をこなし、その間、幼い子供の世話係もこなした。「毎日、夜明けから日が暮れるまで畑で働いた」。「一番小さな赤ん坊を連れて。私には二人の子供がいた。蟻や虫を除けるためにこの子を木の枝に縛り付け、その間に鍬で溝を掘っていた」。一日が終わる頃にやっと畑仕事が終わっても、別の仕事が待っていた。「私は紡績工の一人として、当時は六本のリールを巻かなければならず、夜通しそれを行っていた」。「畑仕事と紡績のほかに、料理人が病気の時や、お客さんが大勢いる時は、大きな家で料理を手伝ったりもした」[23]。一八五〇年代後半、アラバマのプランターに売られてから、労働形態は大きく変わった。プランターは十分な数の奴隷を保有していたので、サラの労働は家の中に移った。彼女は家事のほとんどを担当することになった[24]。通常、奴隷は家事労働者になると、アラバマ時代のサラのように、労働の範囲は主人の家、納屋、機織り場、台所、庭に限定される。ただし、収穫期には畑仕事に回される家事労働の奴隷も珍しくなかった。

一方、畑仕事を担当する女性労働者は、大規模な農園主のもとにいた場合も、奴隷主が一時的な空白を埋める必要があると判断すれば、家事労働を要請された。したがって、特に大規模な農園を除き、女性が「プライム」の地位にある期間は、労働範囲は単なる農作業に限定されなかった。若い奴隷女性や年配の女性はさらに多様な仕事を押しつけられた。一方、奴隷男性のほうが多くの量の畑仕事をこなしたわけでもない。南北戦争以前の南部プランターが書いた農場の日誌や、奴隷女性の働きぶりを「観察」した日記には、奴隷の男女が「畑」で同等レベルの仕事を行っていたことが日々、記録されている。

女性労働者は、現場監督や運転手が鳴らす警笛の音とともに早朝から起床し、週に五日半から六日、男性の現場労働者と肩を並べて、日が暮れるまで働いた。開墾、耕作、溝掘りなど、最も重労働で、最も劣悪な仕事をしたのは特に男性であったと主張する歴史家もいる。しかし、南部では女性もこのような仕事を担っていた。たとえば、ヴァージニアのアメリア・ウォーカー（Amelia Walker）は、母親が畑で働く姿を記憶している。「母は馬を三頭も使って畑を耕していた。女性は男性と一緒に長く働くものだと思っていたし、私自身もそうしていた」[25]。ノース・カロライナのヘンリエッタ・マッカラーズ（Henrietta McCullers）も得意げに話している。「私は畑を耕し、溝を掘り、新しい草地を掃除した。……モーズおじさん一人しかいなかったから、当然、数百エーカーの土地を耕すには誰かの助けが必要だった」[26]。ミシシッピのある奴隷制の観察者は、「女中が耕すのを見て、私は彼（監督）に、彼女らは通常、鋤などの農具を使って耕しているのかどうか尋ねた。すると彼は、よくそのようにしますと答えた」と記している[27]。フレデリック・ロー・オルムステッドによる観察も同様であった。彼は、女性たちが日常的に畑を耕し、鍬を入れ、溝を掘り、道路を修理するだけでなく、肥料を与えるという汚い仕事もしていたと指摘している。そして、ある記録の冒頭では「私は、女性が男性と一緒に大きなグループの一員として働いているのを見た」として、次のように語っている。「あるところでは肥料を撒いていた。荷車に山積みにされていた肥料を、かごに入れて頭に載せたり、エプロンに入れたりして運んできたものを、昨年綿花が植えられていた畝の間に手を使って撒いていた」。残りの者は「長い柄のついた、大きくて、重く、扱いづらい鍬を持ち、畝を崩して肥料の上に土をかけた。次の植え付けのために新しい畝を作るためであった」[28]。ソロモン・ノーサップは、南北戦争以前のルイジアナの奴隷の暮らしを描いた物語で、家、庭、洗濯場、納屋での女性の家事労働を紹介している。しかし、彼は特に、奴隷女性が自分たちの住む田舎の原生林や手入れの面倒な畑で、男性とともに、あるいは男性の代わりに、働いていたことに驚きを示している。たとえば、シャーロット（Charlotte）、ファニー（Fanny）、クレシア（Cresia）、ネリー（Nelly）という「大きくて頑丈な」木こりの女性が男性と同じくらい効率よく森で木を伐採できること、パッツイ（Patsey）という女性が一日に五〇〇ポンドもの綿を摘むことができること、ジム・バーンズ（Jim Burns）の隣りにある砂糖と綿花プランテーションの女性たちが男性の助けなしに素晴らしい収穫を上げていることなど。ソロモンはまた、出会った黒人奴隷女性についてこう語っている。「プランテーションで必要な労働はすべて彼女たちが分担してやっていた。彼女たちは畑を耕し、車を走らせ、荒野を切り開き、幹線道路で作業をしていた[29]」。

一方、男性の奴隷は通常、熟練労働か肉体労働のいずれかどちらかを担当し、両方の仕事を行うことはなかった。同様に、夜間や土曜日の午後、あるいは日曜日に、日常的に働く男性は比較的少なかった。その時間帯は彼らの伝統的な「余暇」となっていた。多くの男性は自営業の仕事に充てていた。さらに、男性の奴隷は女性の奴隷よりも労働に対する報酬が多かった。男性の方が、より多くの食料を支給され、子供の世話や家庭環境に対する責任も軽く、社会的自由や移動可能な範囲も大きく、職業面では監督的な役割に昇進する機会も多かった。もちろん、それぞれのケースで多くの例外があった。奴隷労働者の働き方は、特に、奴隷所有地の規模、主要労働者の男女比、生産される主要作物の種類によって左右されたからである。チャーリー・ハドソン（Charlie Hudson）は、自分の農場では、男性も女性も畑から戻った後、ともに夜中まで仕事をしていたと語っている。「男たちが薪を割っている間、女たちは夕食を作っていた」[30]。この大きな差異は消え去るどころか、消滅することなく続いた。

奴隷女性の労働の特性に影響を与えていたものに母性がある。母系家族、核家族、大家族のいずれであっても、主に子供の養育を担っていたのは奴隷女性であった。所有者の主人が看護師を雇っていた場合も、日々の子供の世話は彼女たちの責任であった。フランシス・ウィリンガム（Frances Willingham）は、男性が休んでいる間、女性が夜間に行った仕事について、こう回想する。「夜、奴隷が畑から戻ってくると、女たちはすぐに家の片付けをし、洗濯をして、翌朝早く起きて洗濯物を干した」[31]。「男たちは食事をし、ほかの男たちと雑談し、その後、眠りについた」。加えて、子供への食事や衣服の準備、社会的・技術的な指導、養育としつけなどの仕事もあった。しかし、それだけではなかった。所有者、所有者の妻、監督、運転手などとの労働に関する交渉もあった。自分の子供のために不本意ながら、というよりも、しばしば、仕方なく、交渉を迫られた。彼女たちは自分の子供が奴隷労働の世界に入れば、いかなる問題に直面するかをよく知っていた。また、ひとたび奴隷として働き始めると、男の子であれ、女の子であれ、奴隷に「価値」というものが生じること、所有者はためらうことなく、売却や交換を通じてその価値を増やそうとすることも知っていた。実際、単身者であったり、あるいは、子供と一緒に住んでいても、夫が別の場所にいたりする奴隷女性の多くは、こうした不安定な状態に置かれていた。

ファニー・ムーアは、サウス・カロライナのプランテーションでの母親と監督者との関係についてこう語っている。「監督者は私の母を憎んでいた。母は彼が子供を殴ったために歯向かったのだ。そのため、彼女は誰よりも多くの鞭打ちを受けた。母には一二人の子供がいた[32]」。ジョージアのある奴隷女性も、同じような不満を口にしている。それは彼女の女主人に対してだった。「とても意地悪だった」。「彼女は私の一番上の子を、もう二度と会えないところに売り飛ばし、私をそのまま自分の手元に置いていた」。「彼女は私の赤子を連れて行き、自分の家で彼女の赤ん坊の世話をさせ、火おこしをさせた。そして、その家にいる間、私の子はずっと床に寝かされていた[33]」。ヴァージニア州ヤンスヴィルのナンシー・ウィリアムズ（Nancy Williams）は、「アント・シシー（Ant Cissy）」という奴隷の女性について語っている。シシーは自分の主人を「意地悪で、汚いニガー・トレーダー」と呼んだ。娘のルーシー（Lucy）の世話をさせてくれず、その子を売却してしまったのである。しばらくして、シシーの息子ヘンドリー（Hendley）が亡くなった時、彼女は息子の死に対する悲しみを表すことなく、ルーシーが売られたことへの恨み節を再び口にした。ウィリアムズは、「アント・シシーは子供の死をそれほど悲しんでいない」と結論づけた。「彼女はマーサ（Marsa）のところに行き、彼の顔に向かって、『神をたたえよ、神をたたえよ！　私の小さな子は、イエスのもとに行くのよ。あれは私の子よ、あなたは絶対に売ってはならないわ』と叫んだ」(34)。実際、奴隷の母親たちは、自分の子供の仕事や労働条件について交渉しながら、その一方で、監督者との関係を損ねることが多かった。

同様に、奴隷女性が労働者として自ら行う必要のあった交渉の多くは、ジェンダー問題に関わるものであるためさらなる困難をもたらした。彼女たちが生活し、働く世界は、単に人種差別的であるだけでなく、性差別的であった。労働者として差別され、職場で権威ある地位を得る可能性もほとんどなく、仕事の割り当て、条件、報酬、罰について、最終的な決定権を持つ男性に対する交渉力は乏しかった。奴隷女性は、労働者として窮地に立たされることが多かったことであろう。一方で、もし彼女たちが自らの仕事量や条件に激しく抵抗するようなことがあれば、特に男性の上司らは、女性、黒人、労働者という三重に劣った存在の土台が根底から切り崩されてしまうため、彼女たちの力に驚異を感じたのではないか。逆に、もし彼女たちが従順な労働者であったとしたら、監督者たちの性的関心を呼び起こす危険性が生まれる。いずれの場合も、仲間に裏切られたと感じる同僚の労働者たちから敵意を持たれる恐れが常にあった。

奴隷女性と奴隷男性の労働経験のもう一つの重要な違いは、そして、おそらく最も大きな違いは、女性の労働が性的要素を持っていたことである。ほとんどの男性は、多くの女性が直面し、最も恐れていたような、絶え間のない性的嫌がらせや暴行にあうことはなかった。確かに、奴隷の少女や女性は、男性の所有者、監督者、運転手、そして奴隷男性の性的なはけ口として、働くことを要求された。研究者たちもこれをようやく完全に労働の一つだったと認識し始めるようになった。こうした性暴力に関する議論は、南部全域で、また世代を超えて広がったことを証明する相当な証拠があるにもかかわらず、今もなお、激しく続いている。奴隷労働者という「新しい作物（new crop）」を生み出すために奴隷女性の肉体を利用することは、性奴隷化という現象のほんの一部に過ぎなかった。奴隷女性と接触した主人やそのほかの男性は、性行為の要求に応じることを期待し、また、しばしば強要した。それは文字通り仕事の一部となり、奴隷女性にとって大きな苦痛の源となった。実際、奴隷女性の受けた性的虐待は、奴隷の少女、女性、そしてその家族が経験する最も破壊的なトラウマの一つだった。

デボラ・グレイ・ホワイト（Deborah Gray White）は、奴隷女性が「イゼベル（Jezebel）」か「マミー（Mammy）」のどちらかの人格に当てはめられるという、研究者にとっても、画期的分析を行っている。(35) 確かに、主人たちが頭に描くイゼベルの役割は、奴隷女性の性的労働について私たちに多くの示唆を与える。年配の家庭内奴隷女性としてたいへん人気のある、愛らしいイメージを持つ「マミー」が、母性的で養育好きで、敬虔で無私の、完璧に成熟した女性を体現するものであるとすれば、イゼベル（性的な奴隷女性）は、まさにその正反対であった。[36] 南部白人の護教論的神話や心象においては、彼女はイブ以来の女性としての恐ろしさを体現するものであった。つまり、邪悪で人を操る誘惑者であり、その飽くなき性欲を私利私欲のために利用する女性である。彼女は誘惑者であり、姦通者であり、雇われた売春婦であり、そのすべてを一つにまとめた存在であった。イゼベルは女主人の悩みの種であり、イゼベルの魔力に絡め取られた男たちにとって責め苦であった。最も偉い地位の者から下っ端の現場監督に至るまで、彼女の策略に対抗できる者はほとんどおらず、イゼベルは彼らを思いのままに操った。「主人のシド（Sid）おじさんの弱点は一つだけ、それはかわいい女の子たちだった」と、ノース・カロライナ出身のチェイニー・スペル（Chaney Spell）は言う。「彼はどうしてもやめられない。メアリー奥さまはそれを知って、心が折れそうになった」[37]。女主人のメアリー・チェスナット（Mary Chesnut）の有名な言葉がある。「私たちは娼婦に囲まれて暮らしている」[38]。この言葉は奴隷の所有家庭の多くの白人女性の不満を代弁するものであった。イゼベル神話の存在は、南部の白人女性が奴隷制を痛烈に批判する根拠となった。

奴隷、中でも特に奴隷女性の本質については、まったく相反する意見がある。ミシシッピとルイジアナで育ったローザ・マドックス（Rosa Maddox）なら、チェスナットの人物像に異議を唱えたことであろう。彼女は、奴隷女性の問題についてインタビューを求められた時に、「白人はいつでも好きな時に黒人の女の子を抱いた。白人の中にはほかの人種を望んだ者もいた。だが、少なくとも、彼らは、まず黒人女性から、と望んでいた」と答えている。[39] したがって、イゼベルについても、同じように答えたはずである。ある元奴隷は、「主人や監督者は、夫のそばで寝る奴隷女性を起こして、自分の言うとおりにさせた」と語っている。「奴隷の夫たちを農場に送り出し、牛の乳搾りや薪割りをさせる。そして、自分たちは奴隷女性とベッドに入る。主人に抵抗する女性もいれば、抗う者もいた。しかし、ほかの女性たちはおおむね謙虚であった。殴られるのを恐れ、抵抗できなかった」。「当時のことを考えると、今でも血が凍りつく。もし彼らが奴隷女性の夫たちにこう言ったとしたら――お前たちには何もできないよ[40]」。

当時の風潮では、奴隷の少女や女性が性的快楽を与えることはプランテーションの主人に報いることであると考えられていた。そのため、それらの男性は、女性の義務、あるいは奴隷労働の一部として性的行為を要求した。[41] これは奴隷を所有する世代から次の世代へと受け継がれた伝統だった。「エセル・メイ（Ethel Mae）は、マーサが自分の息子リーベイ（Levey）を小屋に連れてきた時のことを話してくれた」。これはある元奴隷の告白である。「二人は彼女を捕まえた。父親は息子にそれがどういうことかを教えた。彼女は何もできなかった[42]」。

白人の家父長的な特権は奴隷所有者の「論理」の一部に過ぎなかった。慣習が広く行きわたるにつれて、道徳心が痛むこともなくなり、感覚を麻痺させたに違いない。たとえば、元奴隷のジェイコブ・マンソン（Jacob Manson）は、近所の奴隷所有者の大半が奴隷女性を恋人にしていたという。「主人には白人女性との間に子供がいなかった」。そして、「彼の恋人は彼が所有する奴隷の女たちの中にいた」。「私は嘘つきではない。本当のことしか言わない。これは本当のことなんだ」。マンソンはまた、主人であるバン・エデン（Bun Eden）大佐が奴隷女性に心を奪われていたので、白人の監督者を雇うのを拒否し、代わりに黒人の運転手をその仕事に充てたと述べる。「彼は何人かの黒人女性が好きで、ほかの白人にもてあそばれるのを嫌がった」。この時、彼はこうも言っていた。「所有する奴隷の女を抱かない主人を探すことのほうが、困難だった。奴隷所有者の間では、それはごく当たり前のことだ(43)」。

ある元奴隷が指摘しているように、奴隷女性に性的行為を要求し、それが断られると酷い仕返しをした男は所有者や主人だけではなかった。監督者もまた、奴隷女性に接近し、要求が拒まれれば、自身の持つ権力を躊躇なく行使した。ミニー・フォルクス（Minnie Folkes）は母親が受けた虐待について語っている。「ダール（Dar）という監督は、しばしば、納屋で母親をブロックの上に立たせ、手を頭の上に挙げさせてロープで縛りあげ、つるした。縛り上げるとすぐにブロックが外された。母親の足は宙に浮いた」。「この老人は、しょっちゅう、背中から踵にかけて血が流れるまで、彼女の首を叩いた」。フォルクスによれば、彼が殴りつけたのは彼女が「この男の妻になることを拒んだ」ためであった。しかも、母がそのような扱いを受けたことを所有者は知らなかった。なぜなら、「奴隷が告げ口でもしようものなら、監督者は彼女を殺しただろうから」。奴隷女性は、皆、恐れていたのである。(44) 奴隷男性もまた、その女性が所有者や監督者の「お気に入り」であったり、性行為が「変態」とみなされたりしない限り、奴隷の少女や女性を強姦したり、性的ハラスメントをしたりしても、罰されることはなかった。たとえば、奴隷男性のジョージは、一八五九年一〇月にミシシッピの州裁判所で、奴隷女性の子供を強姦した罪で起訴された。下級裁判所は彼の有罪を認め、死刑を宣告したが、控訴審でこの判決は覆された。(45)

奴隷女性の価格から、奴隷所有者がその女性たちの「資産」の「価値」をどのように考えていたかがわかる。南部全域では、南北戦争以前の数十年間には、一般的に奴隷男性は奴隷女性よりも高価であった。熟練労働者は畑仕事に従事する労働者よりも高価であり、若い奴隷は高齢者の奴隷よりも高価であった。(46) これが市場の法則であったが、一つだけ例外があった。美しい少女と「良い血統」の女性の取引である。「マリー（Marie）は可愛かったために、リッチモンドに連れて行かれ、売られた。当時は可愛い女の子を売れば大金を手にすることができた」。キャロル・アンナ・ランドール（Carol Anna Randall）は、妹がカロライナに売られた時の話をした。ヴァージニア州アレクサンドリアのブルーイン&

ヒル（Bruin and Hill）社のジョー・ブルーイン（Joe Bruin）は、ニュー・オーリンズで、美しい混血女性エミリー・ラッセル（Emily Russell）に娼婦として一八〇〇米ドルの値段をつけた。奴隷の自伝作家であるジェームズ・ペニントン（James Pennington）は次のように記した。

メリーランド、ヴァージニア、ケンタッキーの各州のような最も穏やかな奴隷制のもとでは、最も優れた有色人種の女性が育てられていた。明らかに、ルイジアナやミシシッピのつましい紳士階級の市場に提供するためであった。彼らは正当な家族を養う費用を出したくないと考えていたのだ。しかし、彼ら紳士たちは、女性たちの性的魅力ゆえに、最も醜悪な姿をさらけだしたのだった。(47)

ペニントンは、一四歳と一六歳の奴隷のメリー・ジェーン（Mary Jane）とエミリー・キャサリン・エドモンドソン（Emily Catherine Edmondson）に二二五〇米ドルの価格がつけられた事例を紹介し、このような法外な値段がつけられたのは、彼女らをディープ・サウスで売春婦として売るつもりだったからだとしている。(48)

国際的な奴隷貿易が法的に廃止されてから数十年が経ち、奴隷の需要が高まると、多くの奴隷所有者は奴隷の男にも、女にも、子孫を残すことを強要し始めた。労働力という

「新しい作物」を奴隷に作らせ、それを所有者が利用したり、販売したりすることが多くなっていた。奴隷の性行為は、所有者が新たな労働力を生み出すために要求した、労働の一部であった。奴隷女性の出産能力は、日常的に、価値を宣伝する際の一つの要素となっており、売買交渉の中で俎上に載った。購入希望者は、子供を産む能力があるかどうかを確認するために、奴隷女性の身体を検査することが許されていた。奴隷の繁殖者としての女性への扱いは、依然として、イゼベルの神話や性奴隷として悪質な虐待や搾取が行われた現実と密接につながっていることがわかる。奴隷の証言には、少なくとも南北戦争以前の時代には、一部の奴隷が繁殖実験に加わっていたことを十二分に示唆している資料が多々ある。

「一七歳の頃、私は夫と呼ばれる男と一緒に若い主人に売り飛ばされた」。ウェスト・ヴァージニア州ダンバーのリジー・グラント（Lizzie Grant）は次のように振り返る。

その若い主人は、あなたが今日、やっているのと同じように、私たちを一緒に集めて育てたのです。彼らはそれについて何とも思っていませんでした。私たちの気持ちを気に掛けたり、考えたりすることもありませんでした。もちろん、私たちは互いに慣れ親しみ、彼らが私たちに課した生き方について考えることもなかったのですが……。主人は私たちを結婚させました。子供を産ませて、その子をさらなる奴隷として育てるつもり

だったからです。主人は、奴隷を買うよりも育てる方が安上がりだと言っていました……[49]

同じく、ジョセフィン・ハワード (Josephine Howard) は、自分の両親の結婚について、こう語っている。「もちろん、ママとパパは今日のような結婚生活を送っていたわけではなかった。当時、白人の人々は馬や牛などの家畜と同じように、奴隷男女のカップルを扱っていた[50]」。

女性だけでなく、男性も強制的にこの流れに巻き込まれた[51]。それでも、奴隷の立場からすると、このプロセスは男性よりも女性にとってはるかに虐待的であった。それにはいくつかの理由がある。女性は妊娠し続けることを強いられ、また、「カップリング」から生まれた子供を育てなければならないため、その影響はより大きかった。同様に、所有者が望むだけの数の子供を産まなければ、ほかの男性との性交渉を繰り返し強要されたり、激しく鞭打ちされたり、売られたりする危険性があった。奴隷所有者はカップルの不妊に関して、それを男性側のせいにすることはほとんどなく、女性の方を責めた。つまり、女性側に妊娠する気がない、避妊や中絶を密かに行っている、あるいは、子供を産めない身体である、と非難した。ある元奴隷の女性は、「『産む女』は、男性より常に多くの金をもたらす」からだと言う。「彼女をブロックの上に立たせて、その周りに子供たちを並べて、彼女がいかに早く子供を作ったかを人々に見せた。彼女がほかの所有者に売られると、家族はもう二度と彼女に会えなくなった」[52]。

南北戦争以前の南部における奴隷家族の生活

南北戦争前の数十年間、これらの女性やそのパートナー、ならびに子孫は、隆盛する国内奴隷貿易に深く組み込まれ、何世代にもわたって家族や地域社会は引き裂かれてきた。奴隷商人は奴隷の男女や子供をアッパー・サウスからディープ・サウスの開拓地（アーカンソー、アラバマ、ミシシッピ、ルイジアナ、テキサスの各州）へ強制的に連れて行った。したがって、家族は必ずしも核家族や安定を意味するものではなかったし、コミュニティは必ずしも忠誠やサポートの維持を約束するものでもなかった。それでも、この物語を構成する、南北戦争前の世代の何千人もの人々は、しばしば家族構成、血縁関係、結婚、共同生活、そして理想について語っている。所有者、監督者、運転手、奴隷商人、そして南部の法律――奴隷カップルが合法的に結婚することを認めず、奴隷の親権を否定し、奴隷男性を家族の長として認めず、また、奴隷女性を性的、肉体的保護や精神的サポートに値する家族として認めなかった――によってもたらされた暴力的抑圧がある限り、こうしたジェンダーや家族に関する理想は実現できず、かりに完全に実現できたとしても、それを維持することは困難であったことは確かであろう。

奴隷であった人々が提供する自伝は、家族とは何であったか、何でなかったのか、そして、奴隷であったとはいえ、自分たちが関わりを持っている以上、家族とはどうあるべきであったかについて、多くを教えてくれる。植民地時代には、オットバー・クゴアーノ、オラウダ・エクイアーノ、アルベルト・グロンニオソーなど、かつては奴隷でありながら、ヨーロッパ紙にアクセスできた執筆者たちは、第三章で述べたように、奴隷にされる前のアフリカの家族生活について記述しており、彼らの理想をいくつか言及している。南北戦争以前の奴隷(特にアフリカ人がまだ活発に密輸されていた地域の奴隷)の経験や想像の中では、アフリカはまだ、それほど遠い存在ではなかった。それゆえ、クレオールの黒人の中には、自分たちが現に住んでいる社会の伝統的な、文化的信念、慣習、知識を保持している人々に対する敬意と尊敬を表に出さない者もいた。[53] また、アフリカの親族が先祖の家から愛する人々を運んで来てくれるという希望、あるいは幻想も時には見られた。たとえば、ジョージアのシャドラック・リチャード(Shadrack Richard)は、祖父が息子を買い戻し、西アフリカに連れ戻そうとしてジョージアを訪れたという噂があったと語っている。しかし、二人とも帰国できないまま死んでしまった。[54] 多くの人々にとって、アフリカは、黒人が力を持ち、社会的、文化的、政治的な「場(place)」を有するとともに、保護すべき親族をもった、家族とコミュニティの拠りどころだったとともに、誇りのある場所であり続けたのである。

また、南北戦争以前の奴隷の家族やコミュニティの生活に関する語りからは、これらの社会的な「場」は個人の強さや集団の協働の力の心理的源泉であったことが見えてくる。これは南部における暴力的で予測不可能な奴隷の世界では奇跡以外の何物でもなかった。たとえば、ナット・ターナー（Nat Turner）は一八三一年八月にヴァージニア州サウサンプトン郡で奴隷の反乱を組織し指導するようになった経緯について記しているが、両親、祖母、地元の黒人から、自分が知的、かつ精神的に大きな影響を受けながら大人になったという記述であふれている。「自分が偉大であることがすぐにわかった」とターナーは言う。そして、地元の評判や称賛に応えるため、「そう見せなければならないので、社会に混じらないようにし、神秘の中に身を包み込み、断食と祈りに時間を割いた」[55]。著名な作家であり逃亡奴隷であったハリエット・ジェイコブス（Harriet Jacobs）もまた、ナット・ターナーと同様、奴隷の大家族の中で生活しており、彼女自身の特性だけでなく、家族全員が高い水準の人格と勤勉さを備えていたことから、特別な感覚を感じることができた[56]。また、家族や地域社会、あるいは親族や社会的ネットワークの欠如が、人生を、同じく深く、形作った人々もある。たとえば、メリーランドで育った有名な奴隷廃止論者で、作家兼編集者のフレデリック・ダグラス（Frederick Douglass）は、ベストセラーとなった『フレデリック・ダグラスの生涯（Narrative of the Life of Frederick Douglass）』の中で、家族やコミュニティからの支援の欠如について繰り返し語っている。ダグラスは、母親との

ってきた兄弟……

間には、彼の兄弟との間にあるような親密な絆は全くなかったと言う。「母とは、私がまだ幼い時に離れ離れになったからだ」[57]。兄弟とともに祖母に育てられたが、「母から早く離れたことで、私たちの関係の事実は、ほとんど記憶から消えてしまった」[58]。

とはいえ、血縁関係は重要であった。とりわけ奴隷にとってはそうであった。一八二〇年代以降、国内の奴隷貿易が拡大した結果、家族の分離、離散、喪失の経験が増えたとはいえ、結婚、そして子供や親族関係の拡大こそが、おそらくそれ以前の時代にも増して、奴隷のアイデンティティ、精神、想像力の核になっていたのであり、本質的なものだった。それはなぜか？　実際に人口統計学的に見て、何らかの家族関係を築く可能性が最も高かったのは、南北戦争に至るまでの数十年間の奴隷たちであった。出産適齢期の男女が広い土地に同じ割合で存在し、小さな区画の街において、お互い徒歩圏内にいたからである。さらに、南部奴隷のほとんどは、南北戦争以前の最盛期において、代々、家族関係を維持してきた。大西洋を越えて四散した家族やコミュニティの記憶は一部の者にとっては、依然として重要であったが、ほとんどの人々は、身近な、あるいは、少なくとも間近な記憶を持つ地域に根ざした家族に関心を向けていた。ほとんどの者が家族の喪失を経験しながらも、実態としての奴隷家族やコミュニティの一部は依然として多くの人の中に存続していた。

南北戦争以前の奴隷たちは、どのような家族・共同生活の理想を抱いていたのだろうか。

家族という単位では、それ以前の世代と同じように、ジェンダーによる役割の違いが支配的であった。夫は妻に協力的で従順であることを期待した。エズラ・アダムス（Ezra Adams）は、「自分のために働いてくれる良い妻を持った男は、喜びを感じ、そして、自立を経験することができた」と指摘している。[59] 彼らはまた、主人とともに、女性が家族のための家事労働を行うことを期待していた。ある元奴隷は、自分の母親はたとえ自らは空腹のまま寝ることになったとしても、子供には食事を作ってくれたと言う。「母親たちは自分がどんなに惨めな状態であっても、あらゆる優しさで私たちに接してくれた」。[60] ヴァージニア州マシューズ郡のエリザベス・スパークス（Elizabeth Sparks）は、自分の母親は「下女」で、家族の衣服を洗う前に主人の衣服を洗わなければならなかったと語っている。「夜中まで洗濯することもしばしばあった。昼間に衣服を洗うなんてとてもできなかった」。[61]

スパークスの母親のようなプライム・ウーマン（prime woman）は、当然ながら、常に子供の面倒を見ていることなどできなかった。そのため育児の一部は、フルタイムで働く母親の勤務時間中、高齢者や幼い奴隷または病弱な奴隷にまかされていた。サウス・カロライナのジョセフィン・ブリストウ（Josephine Bristow）は、「私たちの世話をしてくれた老婦人の名前はメアリー・ノブリン（Mary Novlin）といった。彼女は一日中私たちのためにあらゆる世話をしてくれて、心のこもった食事を作ってくれた」と回想している。[62] チャーリー・ヴァン・ダイク（Charlie Van Dyke）は、脚に障害があったため、自分の母親やほかの者の両親らが働いている間、「庭の周りで働き、妹や弟、ほかの奴隷の子供たちの面倒を見ていた」と言う。(63)薬の知識を持つ男性や女性はしばしば、親族などの水腫、喘息、リウマチ、風邪、結核なども含め、病気を治療することを期待されていた。また、奴隷コミュニティや主人らは、助産師としての経験を持つ年配の奴隷女性は、妊婦の手助けをすべきだと考えていた。(64)

家族の中では、成人男性や少年たちは、身体的保護のみならず、精神的なサポートも期待されていた。ある元奴隷は、男たちが住まいから離れたところで外敵を威嚇していた話をしている。(65)ヴァージニアの若い奴隷の少年で、一九世紀後半から二〇世紀初頭にかけて有名な黒人指導者だったブッカー・T・ワシントン(Booker T. Washington)は、弟のジョンに頼んで、「二〇〇本の小さな針」のように肌に突き刺さる、粗い亜麻の新しいシャツを「着慣らして」もらっていた。(66)幼い頃に両親が売りに出された結果、孤児になったミンゴ(Mingo)は、父の友人であるジョンを讃えている。「私のパピーがジョンに私の世話をするようにと言ったんだ」。場所はアラバマのプランテーションだった。「他人に世話をしてもらったのは、自分の記憶では、これだけだ」。(67)ジェイコブ・ブランチ(Jacob Branch)は、女主人による牛皮の鞭打ちから母親を守ろうとした。(68)家族と別離することになった夫や父親たちが、親族を連れて逃げ帰ることもあった。セレスティア・エイベリー(Celestia Avery)の叔父は、ジョージアの森の中の洞窟にシェルターを作ってくれた。彼はそこに「妻と二人の子供を連れ戻し」、自由を得るまで一緒に暮らした[69]。

父親、兄弟、祖父、および叔父たちは、家族と一緒にいたり、地域社会にいたりする時は、家族に保護や安らぎを与えただけでなく、食べ物や衣服、娯楽を与え、リーダーシップを発揮した。チャールズ・ボール（Charles Ball）の父親は、逃亡する前、食べ物やプレゼントを持って家族を訪ね、もてなしていた[70]。南北戦争以前の時代にアラバマからやって来た元奴隷は、重要な事実として、何もない時には男性が食料調達の作業をしていたと指摘している。「奴隷は、アライグマやウサギ、熊などの肉をたくさん手に入れ、日曜日は魚釣りや亀の捕獲に出かけた[71]」。

奴隷への処罰と物質的な支援

奴隷は、家族やより大きな奴隷コミュニティから、親切に、また愛情を持って扱われることを期待していた。それだけではなく、彼らの労働の価値を考えれば、所有者は彼らを公平かつ親切に扱うべきだと考えていた。だが、南北戦争以前の南部の主人たちは、最も従順な奴隷であっても、時には残酷に扱うことがあったと、元奴隷たちは繰り返し証言している[72]。

奴隷の子供も所有者の残虐行為から免れることはできなかった。たとえば、奴隷所有者は、たとえ病気であっても子供に働くことを要求することは珍しくなかった。幼い奴隷が、大人のような技術や体力がなく、十分に労働を遂行できないにもかかわらず、過酷に、時にはサディスティックに罰されることもしばしばあった。また、不従順と思われる者や経済的に有益であると思われる子供の奴隷を売ることもあった。そのため、奴隷の少年や少女が働き始め、白人の直接の監視下に置かれると、大人と同じような心理的、身体的虐待を受けるようになった。たとえば、アラバマのデリア・ガーリック（Delia Garlic）は子供の頃に、労働の一環として家庭内の若者と遊んであげていた時に、女主人の赤ん坊の手を怪我させてしまった。怒った女主人は罰として彼女の腕に熱いアイロンをあてた[73]。幼いアーマシ・アダムス（Armaci Adams）は、彼女に飼育の責任があった七面鳥が何者かに殺されたことで、飼い主に気絶するまで激しく殴られた[74]。若い奴隷にとって、どこかに売り飛ばされるという恐怖心とそれによって家族や友人から引き離され、孤立してしまうことは特に恐ろしいことであった。奴隷は思春期の若いうちに売られるのが一般的だったからである。しかも思春期は、少女が初めて性的虐待を受ける年齢であり、まだ処女であった[75]。ハリエット・ジェイコブス（Harriet Jacobs）は、「一五歳になったところでした。奴隷女性の生活の悲しく、忘れがたい記憶です」と、セクシャル・ハラスメントの話を始めた。「主人は私の耳元で汚い言葉をささやき始めた。若かったけれど、その言葉の意味を知らないはずがありません[76]」。また、ルイス・クラーク（Lewis Clark）は、「妹が一六歳になった時、主人が妹を呼びに来た」。この出来事はこの若い女性の、そして家族の人生を永遠に変えることになった。クラークによると、妹は「かわいらしく」、白人に近かった。この混血の妹について、「彼女は私より白かった。彼女は父親に似ていたから」とのことであった。「主人が再び妹を呼びに来た時、妹は泣いて、行きたがらなかった」。ついに母親に悩みを打ち明けたが、同じ経験をした女親が彼女にできることは、「できることなら、きちんと礼儀正しくして、頭をしっかり上げていなさい」という助言だけであった。この少女が性的欲望を暴露し、それを公然と拒絶したことに主人は激怒し、「彼女をルイジアナに売り飛ばした」。「私たちもその後で聞いたのだが……」と、ルイスは付け加えた。「彼女はそこでつらい目に遭わされ、死んだ」[77]。

また、南北戦争以前の南部奴隷は、最低限の食料、衣料、医療、住居しか割り当てられず、時には全く不十分であったと証言する[78]。栄養ある食事がとれたり、十分な衣服を持てたりしたのは、通常は、「暇な」時間に懸命に働いて、自分で衣食を確保した者たちだった。奴隷所有者は、子供たちには食べ物として、トウモロコシまたは小麦から作られたパンと牛乳の粥だけを与えた。子供が成長し、より多くの儲けを生み出す労働者になるにつれて、奴隷主は彼らに少量の肉、それも脂身の多い豚肉を割り当てた。大人の労働者には、小麦粉と肉または魚が毎週、配給された。ただし、大半の奴隷は、自分で育てた野菜や、森や近くの小川や川で捕まえたり、釣ったりした肉や魚で食料を補っていた[79]。衣服の支給は、食料品に比べれば、まだましだった。主人は年に二回、秋と春の終わりに作業着を配布した。子供はウールや綿、亜麻で作られたワンピースのシャツを着ていた。プライムの男性たち（prime males）は長ズボンとシャツ、そして、夏は麦わら帽子、冬は靴が支給された。フルタイムで働く女性は、ワンピースやスカート、ブラウスを着用し、頭にスカーフを巻き、寒い冬は靴と寒冷地用のコートを身につけた。紡績工、織工、編工、染工、キルト職人、縫工としての訓練を受けていた思春期の少女や若い女性の多くは、自身や家族のために、不要になった素材や糸、衣類を再利用し、キルトや毛布、ベッドカバーなどの衣類や生活用品を作った。ある元奴隷の女性は、「私は羊の背中から羊毛をはぎ取り、それを布にすることができた。洗って、梳いて、紡いで、織って、服に縫い付けて、そして（笑いながら）機会があれば着ることもできた」と語っている(80)。

奴隷男性の多くは自分たちが住む住居や家具の一部を作った。南北戦争以前の南部奴隷の住居は通常、木造でドアは一つ、窓のない小さな小屋で、一つの部屋と、おそらくはロフトや地下室から構成されていた。結婚した夫婦は、また核家族や母子家庭もおおむね別々の家族用の小屋に住んでいた。独身で、親族のいないプライム労働者は――南北戦争以前の南部では国内奴隷貿易が活発だったためこのような労働者は増加していた――同性のほかの独身労働者と一緒に住んでいた。家事使用人や熟練労働者は、時には所有者の家の近くの隔離された地区に住むこともあった。家政婦として働く小さな子供や、メイドや付き人として仕える大人の家事労働者は、時として自分の仕える主人の部屋で寝ることも

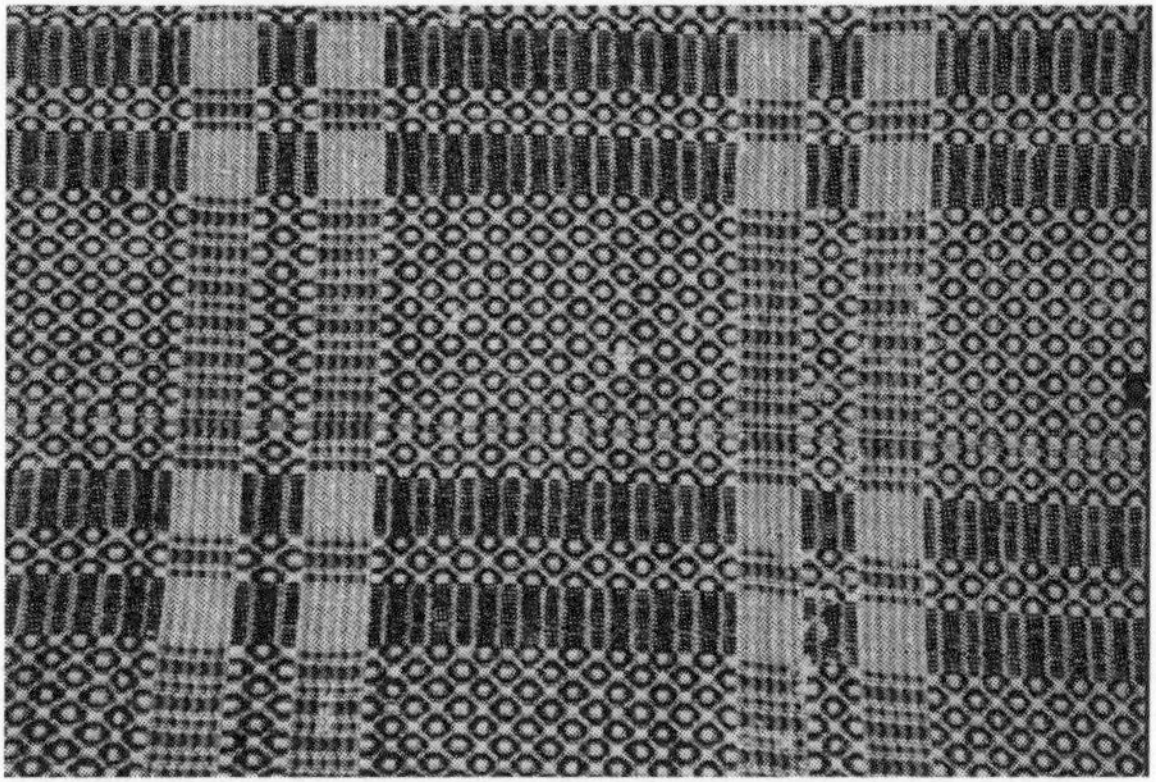

4.3　綿織物の部分、合衆国の奴隷用の掛布団、綿、インディゴ、赤色天然染料（1840年頃）
出典：Cones Collection

あった[81]。

南北戦争以前の奴隷の抵抗

南北戦争以前の奴隷は、個人や親族の虐待に対して数限りない形で抵抗した。その抵抗戦略は植民地時代のそれを反映していた。メリーランドのチャールズ・ボールの父親の例に習った者もあった。彼は愛する妻がジョージアに売られ、自分も売られる日が迫っていることを知り、逃亡したのだ[82]。ミニー・フォルクス（Minnie Folkes）の母親は、監督者の性的要求に抵抗したため、血まみれになるほどの鞭打ちを何度も受けた。一方、ヴァージニア州サウスサイドのスキー・アボット（Sukie Abbott）は反撃した結果、売り飛ばされた[83]。ルル・ウィルソン

（Lulu Wilson）の母親は、「主人を打ちのめし、血まみれにした」が、その主人は、思うがままに、いつでも彼女の子供を売り続けた[84]。有名な裁縫師のエリザベス・ケックリー（Elizabeth Keckley）は、彼女を借り受けた男性に殴られるのを拒み、こう宣言した。「ビンガムさん、私はあなたの前でドレスを脱ぐつもりはない。それに、もっと強い人だということを証明しなければ、私を鞭で打ったりしてはいけない。それができるのは私の主人だけだし、私が拒んだら、誰もそんなことはしてはいけない[85]」。アーカンソーのルクレティア・アレキサンダー（Lucretia Alexander）は、自分の父親が肉体的な虐待を受けるくらいならと、五回も売られることになった。これに対し、W・L・ブースト（W. L. Boost）と一緒に働いていた奴隷男性は、所有者の要求ほど働かないという理由だけで鞭打たれ、死に至った[86]。ノース・カロライナの元奴隷の女性は、母親は祈りに頼っていたと言う。「母は彼らの扱いに心を痛めていた。毎晩、自分と子供がここから出られるようにと神に祈っていた[87]」。最後の抵抗として自殺を選ぶ奴隷もいた。テキサスのある元奴隷は、同じプランテーションで働く老人が鞭打たれた後に自殺したと言う。翌朝のことだった。「その老人はあまりにも年をとっているためにこれ以上、要求通り働けない……宿舎の裏の木にぶら下がっていた。不幸から逃れるために首を吊ったのだ！[88]」。ウォルター・リム（Walter Rimm）もこう言う。「主人が彼（ボブ・ラブ）を鞭で打とうとすると、彼は喉を切り、川に飛び込んだ。彼は鞭打ちが怖くて、自殺したのだ[89]」。

奴隷はまた、物質的な収奪や心理的な虐待にも抵抗していた。空腹時には、彼らは日常的に食べ物を、特に肉類を、盗んだ。また、ほかの奴隷は、白人に対して口答えをするなどの無礼を働いたり、衣服を盗んだり、与えられた仕事を完璧に、あるいは適切に行わなかったり、時には、それと分からないように主人やその妻を困らせたりして、罰せられた。殴られたり、塩水で身体を洗われたりするのを逃れるために、近くの洞窟や森に一時的に逃げ込む者もあったが、多くの者は単独で、あるいは親族やコミュニティのグループと一緒に、自由な領土、州、国へと逃れていった[90]。中には、奴隷主のもとを離れ、長い時間をかけて繫がりを感じられる仲間を求めようとした者もあった。シャーロット・ブルックス(Charlotte Brooks)は、「ジェーン(Jane)おばさんは、私と血の繫がりはないけれど、同じ故郷の出身だから、親族のように感じた」と吐露している[91]。

南北戦争以前の奴隷男性は、それ以前と同様、永続的に、かつ遠方まで逃亡する傾向があった。女性は一時的な逃亡であり、それほど遠方まで逃げることはなかった。たとえば、一八二〇年から一八六〇年の間にアラバマ州ハンツビルの新聞に所有者が広告を出した逃亡奴隷の人数は五六二人。そのうち、八五パーセントが男性、一五パーセントが女性であった[92]。ラヴィニア・ベル(Lavinia Bell)は、例外的に脱出に成功した女性の一人であったが、そのために大きな代償を払わなければならなかった。ベルはテキサス州ガルベストン近郊で拘束された後も、何度も脱走を試みた。最終的にカナダに辿り着いたが、この抵抗が彼女自身に与えた犠牲はこの上なく厳しいものであった。ベルとモントリオールの医師ジョン・レディ（John Reddy）によると、彼女が払った自由のための代償は、身体中を切り刻まれ、焼かれ、壊され、殴られたこと——切り裂かれた耳、折れた歯、折れた顎、頭蓋骨の骨折、腹部と手への大きな焼き印、背中と体の大部分を覆う傷跡、切断された指など——であった。[93] ベルのように逃亡を試みて捕まった者は、通常、肉体への極度な残虐行為に見舞われた。たとえば、アデリン・カニンガム（Adeline Cunningham）はテキサス州ラヴァカ郡で逃亡した奴隷が結果として、失明したとしている。[94] ソロモン・ノーサップは、ルイジアナ州アボイルズ郡の女性セレステ（Celeste）がパルメットヤシ林の中に隠れ、病気であっても「監督に鞭で打たれて死ぬくらいなら沼で死んだ方がましだ」と口にしていたと語っている。[95]

奴隷が「地下鉄道」〔訳注：反奴隷制の援助組織〕の支援で移動した「ルート」は奴隷制の領域を越境し、北（北部の自由な州とカナダ）、南（メキシコ）、西（カリフォルニアやそのほかの自由な州、またはもっともっと遠い土地）に逃亡者を逃していった。農家の地下室や納屋、そして教会、船会社、クエーカー教徒や自由黒人などの奴隷廃止論者たちによって秘密裏に管理されたビジネスが、自由への道程の「中継地」として機能した。奴隷は個人で、夫婦で、家族で、そしてコミュニティ単位で、旅立った。このように、奇想天外でありながらも、実際に存在した逃亡の物語は、奴隷が自由を得るために行った、勇気ある努力を想起させる。ヘンリー・「ボックス」・ブラウン（Henry "Box" Brown）は、木箱の中に封印され、ヴァージニアから北へ輸送されて、無事に脱出できた。メリーランドのハリエット・タブマン（Harriet Tubman）は、身体に障害を抱えた奴隷女性だったが、一八四九年に一人で脱走した。その後、南部に戻ってほかの七〇人以上の解放を支援した。一八四八年、エレン・クラフトとウィリアム・クラフト（Ellen and William Craft）夫妻は、主人と奴隷に変装し（肌の色の薄いエレンがウィリアムの病弱な主人に扮した）、列車と蒸気船を使ってジョージア州メイコンからフィラデルフィアに向かい、自由を手に入れた。彼らはまた、奴隷領内で、あるいは「自由」を手に入れた後に、多大な援助を受けた。フィラデルフィア、ボストン、アルバニー、およびそのほかの自由な地域では、黒人と白人の男女からなる自警団が手助けし、迫り来る危険から奴隷の男女を救い出し、食料、衣服、避難所、輸送、医療、法的支援、そして自活のための手段を提供していた。(96)

奴隷の抵抗は毎日、様々な形で行われた。奴隷の不満の表れである反乱ほど白人の想像力をかき立て、その怒りを買い、すべからく暴力的な反応を示すものはほかになかったろう。植民地時代から南北戦争直前まで、四〇回以上の反乱が起きた。さらに、未遂に終わった計画も数多く存在した。これらの事件には男の奴隷も女の奴隷も関係していた。その中で、一八三一年八月にヴァージニア州サウサンプトン郡で起きたナット・ターナーの反乱は次の点で特に重要である。第一にその場所が奴隷人口の最も多い州であったこと。第二にそのタイミングが、デビッド・ウォーカー（David Walker）の扇動的な控訴から二年後であり、最も重要な全国的な反奴隷雑誌であるウィリアム・ロイド・ギャリソン（William Lloyd Garrison）とアイザック・ナップ（Isaac Knapp）の『解放者（Liberator）』が創刊された年であったこと。第三に白人とその地元に影響を与え、六〇人の地元の白人が殺害されたこと。そして最後に、ヴァージニアでは法律にも影響を及ぼし、奴隷制を敷く州や準州全体にも広く波及し、奴隷と自由黒人の移動、識字、職業や居住地の選択、宗教的な慣行、また、公的にも私的にも集まることなどを規制する法的措置が可決されるに至ったことである。(97)

しかし、南北戦争以前に南部白人を震えあがらせ、自由のために闘う奴隷黒人の決意を深めたのは、合衆国の奴隷領内での反乱だけではなかった。船上での奴隷の反乱もこの時代を通じて、大西洋で頻発した。特に合衆国の報道機関や一般市民の興味を誘ったのは、一八三九年にキューバの奴隷船ラ・アミスタッド（La Amistad）号で起きたアフリカ人の反乱の詳細と顛末であった。ポルトガルの奴隷船テコラ（Tecora）号に乗ってシエラレオネからハバナに不法に連行され、スペイン人農園主に売却された（その後、カリブ海のほかの場所で売られることになっていた）五三人のアフリカ人が、一八三九年七月一日、反乱を起こし、乗組員のほとんどを殺害した事件である。彼らはアフリカに戻ることを望んでいたのだが、八月二四日に合衆国の領海で拘束され、コネチカット州ニュー・ヘイブンに収

表4.4　植民地時代の北米と合衆国における奴隷の反乱（1526～1860年）[98]

	事件名	場所
1526	サン・ミゲル・デ・グアダルーペの反乱	ジョージア州サペロ島（スペイン領北アメリカ）
1691	ミンゴー（Mingoe）の反乱	ヴァージニア州ミドルセックス群、ラッパハノック群
1708	ニュートン奴隷の反乱	ニュー・ヨーク州ロング・アイランド
1711	セバスチャンの反乱	サウス・カロライナ州
1712	ニュー・ヨーク奴隷の反乱	ニュー・ヨーク州ニュー・ヨーク市
1720	ベンジャミン・キャトル（Benjamin Cattle）の反乱	サウス・カロライナ州チャールストン
1729	ブルー・リッジ山脈の反乱	ヴァージニア州ブルー・リッジ山脈のマルーン入植地
1730	ウィリアムズバーグの反乱	ヴァージニア州ウィリアムズバーグ
1738	ジョージアの反乱	ジョージア州
1738	メリーランドの反乱	メリーランド州プリンス・ジョージズ
1739	ストノ奴隷の反乱	サウス・カロライナ州ストノ川流域
1740	チャールストンの反乱	サウス・カロライナ州チャールストン
1741	ニュー・ヨークの騒乱	ニュー・ヨーク市、ニュー・ジャージー
1767	アレクサンドリアの反乱	ヴァージニア州アレクサンドリア

1771–1774	サバンナの反乱	ジョージア州サバンナ、セント・アンドリュース・パリッシュ
1782	サン・マロの反乱	スペイン領ルイジアナ
1791–1792	ポイント・クーピー奴隷の反乱	フランス領ルイジアナ
1795	ポイント・クーピーの反乱	スペイン領ルイジアナ
1792	ノーサンプトン奴隷の反乱一揆	ヴァージニア州ノーサンプトン郡
1797	スクレブン奴隷の反乱	ジョージア州スクレブン郡
1799	サウサンプトン奴隷の反乱	ヴァージニア州サウサンプトン郡
1800–1802	ガブリエルの陰謀	ヴァージニア州ヘンリコ郡
1803	ヨーク奴隷の反乱	ペンシルベニア州ヨーク
1805	ウェイン奴隷の反乱	ノース・カロライナ州ウェイン郡
1805	チャタム・マナー（Chatham Manor）の反乱	ヴァージニア州スタッフォード郡
1811	チャールズ・デスロンデス（Charles Deslondes）の反乱	ルイジアナ州ラ・プレイス
1817	セント・メアリーの反乱	メリーランド州セント・メアリー郡
1818	ウィルミントンの反乱	ノース・カロライナ州ウィルミントン
1820	タルボット島の反乱	フロリダ州タルボット島
1822	デンマーク・ヴィージー（Denmark Vesey）の叛乱	サウス・カロライナ州チャールストン
1831	ナット・ターナーの反乱	ヴァージニア州サウサンプトン郡
1831	シーフォードの反乱	メリーランド州イースタンショア、シーフォード

1835	ブラゾスの反乱	テキサス州ブラゾス
1837	アレクサンドリアの反乱	ルイジアナ州アレクサンドリア
1840	アボイルズ、ラピッズ、アイバービルの反乱	ルイジアナ州アボイルズ、ラピッズ、アイバービル群
1842	チェロキー族の反乱	オクラホマ州
1845	メリーランドの反乱	メリーランド州ロックビル、チャールズ郡
1848	ドイルの反乱	ケンタッキー州ファイエット郡
1856	ニュー・イベリアの反乱	ルイジアナ州ニュー・イベリア
1858	コーヒーヴィルの反乱	ミシシッピ州コーヒーヴィル
1859	ジョン・ブラウンの襲撃	ヴァージニア州ハーパーズ・フェリー

監された。一八〇八年には、合衆国ではアフリカ人奴隷貿易は法的には終了し、スペイン植民地向け奴隷貿易も違法となっていたため、奴隷か、自由かといった彼らの地位に関する公開裁判がその後二年間も続いた。アフリカの人々は、シングベ（Singbe）（ジョセフ・チンク〈Joseph Cinque〉）の指導や北部の奴隷廃止論者の支援を受けながら自由を獲得するための努力を続けた。こうした世間の関心の高まりもあり、一八四一年には、合衆国元大統領のジョン・クインシー・アダムス（John Quincy Adams）が連邦最高裁で被告のために弁論を行い、裁判に勝利した。[99]

同年、ヴァージニアからニュー・オーリンズへ輸送されていた奴隷たちが、大西洋岸の奴隷船クレオール号で反乱を起こし、乗組員を一人殺害した。バハマ諸島のナッソー島に到着しつつあった時のことである。反乱を首謀したのは逃亡奴隷のマディソン・ワシントン(Madison Washington)であった。妻を連れ戻すためにカナダからヴァージニアに戻り、捕らえられてしまったのだ。ナッソー島の住民は、一八三三年制定のイギリス奴隷解放法に基づき、ヴァージニアの奴隷解放を要求した。イギリス政府は奴隷を送還せず、自由を認めた。しかし、所有者には一一万三三〇米ドルという高額な補償を行った。[100]

南北戦争以前の奴隷コミュニティの生活

ナッソーで解放されたイギリスの奴隷が、ヴァージニアからの逃亡者たちの自由を要求した行動は、大西洋世界で黒人ナショナリズムが機能していたことを示唆している。しかし、ホームグラウンドであっても、奴隷が四散した場所であっても、完璧な家族やコミュニティは存在しなかった。南北戦争以前に奴隷となった男女は、コミュニティの中で起きる虐待などに耐えてきた。奴隷の中には、窃盗や脱走といった出来事を記録したり、「宿舎での殴り合い、騒ぎ、喧嘩および暴行」を記録したりする者もいた。[101] ジョージアのアンダーソン・ファー(Anderson Furr)は、自分の農場で、奴隷の男たちが「酒を飲んで、喧嘩して、騒ぐ」ことが時々あったとしている。[102] また、仲間の奴隷や女性を密告したり、監督や所有者が奴隷を殴るのを手助けしたりする者もいた。[103] テキサスのローズ・ウィリアムズ(Rose Williams)は、夫のルーファス(Rufus)との性的関係を強制された――彼女の奴隷主とルーファスによって強制された――ことに激しい不満を漏らした。[104] また、妾にさせられた奴隷女性をからかったり、見捨てたりする者もいた。[105] ノース・カロライナのファニー・ロング（Fannie Long）のように、肌の色の階層に基づいた奴隷の間の分裂や嫉妬を記憶する者たちもいる。たとえば、「黄色人種の女性は高慢で、黒人よりも優れていると考えていた」というのだ。[106] 宗教上の信条をめぐる争いが起きるのも珍しくなかった。超自然的な力を授かっていると信じられている者から犠牲を強いられることへの恐怖も珍しいことではなかった。[107]

明らかに、家族や地域社会で見られる様々な不正、誤解、嫉妬、不義理、そして卑劣さは、自由人に劣らず、奴隷たちの間にも蔓延していた。それでも、ヴァージニア州ポーツマスのジェーン・パイアット（Jane Pyatt）のように、多くの人々はこう結論づけているようであった。「奴隷が所有者に尊敬を抱いていたのは恐怖のためであったろう。しかし、奴隷の真の特性は奴隷たちが相互に尊重し合っているところにある」。[108]

奴隷は男女とも、家族やコミュニティに対する尊敬や、また、楽しみを表現する機会を有していた。結婚、出産、さらに育児だけでなく、儀式化され、規則化された作業、遊び、礼拝などである。南北戦争以前の時代の奴隷の人々は、日常的な活動において、家族的・共同体的な価値観とともに、自らの個性を表現していた。たとえば、音楽、言葉遊び、身ぶりなどは、仕事のルーティーンや宗教儀式的サービスの一部をなしていたが、同時に、トウモロコシの皮むき、ダンス、求愛、結婚式、葬儀、子供の遊び、語り、キルト作りなどがコミュニティの活動として数多く行われた。アーカンソーのある元奴隷は、自分のコミュニティには「昔は有色人種のフィドル弾きがたくさんいた。ダンス、飴細工、キルティングは彼らの唯一の楽しみでした。それとトウモロコシの皮むきも」と言う[109]。ヴァージニア出身の者は、「毎日歌を歌って、昔のスクエア・ダンスを好きなだけ踊った。おお！おお！おお！主よ！主よ！主よ！」と。今も女の子たちが動いている姿が目に浮かぶ。そう、スキップしたり、速足をしたり」と振り返っている[110]。アラバマのウェイド・オーウェンズ（Wade Owens）は、彼らの奴隷社会が享受し、楽しんでいた余暇について詳細に語っている。大人たちは「土曜の夜に大騒ぎをして、一晩中、あるいは、ほぼ一日中踊っていた。そして、トウモロコシの皮を剝きながら、"All 'Roun' the Corn Pile Sally"を歌い、ウィスキーとジンを飲んだ」。語り部たちは、「魔女たちが皮膚内から現れるといった類の怪談話」をして、子供たちを魅了した。日曜日の教会の礼拝は、土曜の夜の「大騒ぎ」に続いて行われることもあったが、特に白人と一緒に礼拝したがらない者、あるいは白人の監視のもとで礼拝したくない者は密かに礼拝をするために、しばしば夜の仕事を選んでいた。南北戦争以前のフロリダの元奴隷が話すように、「奴隷は日曜日にフォーク・カトリックの教会に行った」。白人司祭は奴隷に向かって「あなたの主人に気を配りなさい、あなたの主人に敬意を払いなさい」と言っていた。とはいえ、奴隷たちはそのために指定されていた小屋で、自分たちの集会も開いていた[111]。バプティズム（baptism）では「信仰の確認を受けてから、水の中に浸った。そして、高揚し、叫び、祈りながら、水中から飛び出たのではなかったか？」。葬儀の前の通夜では、「歌い、叫び、大声を出し、説教をしようとした[112]」。

これらのリラクゼーション、レクリエーション、精神的表現、そして喜びのイメージは、記録にはあまり残されておらず、年齢や性別、あるいは、熟練、現場、家事、監督といった労働形態とは無関係に、奴隷としての労働の日程の中でごくまれに見られたものであった。にもかかわらず、それは、彼らのアイデンティティ、非人間性への抵抗、共同体としての絆、そして精神的サバイバルにとって重要であった。しかし、残念ながら、こうした経験は、南北戦争以前の南部の残酷極まりない綿花奴隷制のフロンティアで働く人々にとっては、得難いものであった。

南北戦争以前の奴隷のフロンティア

南北戦争以前には、奴隷制は南部と南西部で特に盛んであった。ジョージア、アラバマ、ルイジアナ、ミシシッピの各州は、この時代の大半の時期には綿花生産のフロンティアであったが、時代の終わりにはテキサスが新たな綿花のフロンティアとなった。テキサスを含む独立国メキシコは、一八二一年の国家樹立後すぐに、すべての奴隷を解放する態勢を整えていた。奴隷州であるルイジアナとアーカンソーの境に位置するテキサス東部は、合衆国からの白人移民が増加し、彼らは綿花生産から利益を得るために黒人奴隷制を維持しようとした。メキシコが独立してから一八二九年に奴隷制が廃止されるまでの八年間に、モーゼス&スティーブン・オースティン（Moses and Stephen Austin）は、テキサスにアングロ人のための入植地を設立する許可を得ることに成功した[113]。彼らは肥沃な土地を求めて、メキシコ領テキサスに大挙して移動し、プランテーションを設立した[114]。一八二五年までに、オースティンが所有する入植地だけで四四四人の奴隷がいた。これはその入植地人口の二四%に相当した[115]。一八三四年頃には、ブラゾス（Brazos）には一〇〇〇人の奴隷が、ナコドーチス（Nacogdoches）にも一〇〇〇人の奴隷が住んでいたという[116]。奴隷のほとんどが綿花、トウモロコシ、砂糖を生産する農園やプランテーションで働いていた。合衆国の市民が奴隷を引き連れてメキシコ領テキサスに移住する権利と、すでにそこに居住する奴隷主がその人的財産を維持する権利をめぐって生じた緊張は、大きな政治的、経済的、文化的、そして最終的には軍事的緊張を引き起こした[117]。一八三五年にテキサス独立戦争が勃発した時に、「アングロ革命派」が勝利すれば黒人奴隷制が引き続き保証されることは間違いなかった。結果はその通りになった[118]。戦争が行われている間でさえ、奴隷商人はアフリカ人をガルベストンに密入国させていた[119]。

一八四五年にテキサスが合衆国の一部になると、新しい移民であるアングロ人は労働力にするために奴隷の購入を急いだ。その結果、奴隷の価格は一八四五年の平均三四五米ドルから、一八六〇年には約八〇〇米ドルへと大幅に高騰した[120]。南北戦争が始まる直前、テキサスの奴隷所有者は、優良で健康な奴隷男性を一五〇〇米ドル、あるいは一八〇〇米ドルで購入した。優良で健康な奴隷女性は約八〇〇米ドルであった[121]。元奴隷の自伝には、テキサスで発展しつつあった動産奴隷制に関する辛い別れの物語が数多く残されている。奴隷は一八四八年には四万三〇八人しかいなかったが、一八六一年には一六万九一六六人（男性、女性、子供）に拡大した。同州の奴隷数は一八五〇年から一八六〇年の間、毎年、平均して一万人以上増加したことになる。テキサスはこの一〇年間に全米で最も奴隷数が増加した州であった[122]。

シルビア・キング（Silvia King）は、自分の家族の歴史をほとんど知らない、あるいは覚えていない多くの元テキサスの奴隷とは異なり、自分の過去についてよく記憶している。彼女はモロッコで生まれ、そこで結婚し、三人の子供をもうけた。その後、フランスのボルドーに奴隷として売られ、シェフとしての訓練を受けた後、再びニュー・オーリンズで人身売買の密貿易商に売られた。彼女を買い取ったのはテキサスへ向かう商人だった[123]。シルビアはフランスに売り飛ばされた時にモロッコの家族と離れ離れになった。その数年後には彼女はフランスで手に入れたコミュニティからも引き離された。シルビアの経験は大人になってからの物語である。しかし、子供たちもまた、こうした痛ましいシナリオを構成している。残される側であったり、奴隷取引の対象だったり、と。テキサス州キャス郡のトム・ロビンソン(Tom Robinson)はこう振り返る。「母親のことはほとんど覚えていない。私は一一歳になる前に母に売り飛ばされた」[124]。サラ・アシュレイ(Sarah Ashley)はミシシッピで生まれたが、子供の頃にテキサスに売られた。彼女の姉妹と父親はジョージアへと売られた。「私たち家族は離ればなれになってしまった」[125]。

一八四〇年代と一八五〇年代にテキサスにやって来た者は、一八三〇年代にやって来た者と同様、ほとんどが東部に定住した。しかし、結果的に、州の大部分、とくに農村部で奴隷制は盛んになった[126]。開拓時代の南部や南西部と同じく、テキサスにおいても土地、奴隷、設備、種子、および使役用の動物などへの初期投資は多額であった。そのため奴隷所有者は、できるだけ早く利益を回収するために黒人労働者に厳しい労働を課していた[127]。

開拓時代の労働の過酷さは、奴隷や家族・地域社会に対して身体的・心理的影響も与えている。エドガー・ベンディ(Edgar Bendy)は、両親が綿花と砂糖プランテーションで働いていた間、町で看護師として雇われていたために両親と過ごす時間はほとんどなかったと言う[128]。サン・パトリシオのウォルター・リム(Walter Rimm)は、彼の父親は病気であるにもかかわらず、働かなければならなかったと語っている。「できることでも、できないことでも、とにかく働けと言われた」。「父は背中を痛めていて、穀物を製粉する工場に何度となく這いつくばって行った。優秀な粉ひき職人だったため、奴隷として購入された」[129]。アデリン・マーシャル（Adeline Marshall）は、自分の主人やその運転手は情け容赦のない人たちで、「常にニガーを鞭打ち、叩いて仕事をさせた。グループのリーダーにとっては、相手がどんなに幼かろうが関係なかった。歩けるようになったらすぐに畑仕事に行くことになった」と述べている[130]。

所有者は強力なインセンティブを使って奴隷をでき得る限り激しく働かせ続けた。ウエスト・コロンビア出身のサラ・フォード（Sarah Ford）は、彼女の主人が黒人運転手に対して奴隷を厳しく鞭打つよう命じていたことを覚えている。「ビッグ・ジェイク（Big Jake）おじさんは、朝早くから夜遅くまで奴隷を働かせた。畑にいる時は、決して遅れないように作業しなければならない。マッサ・チャールズ（Massa Charles）さんは、プランテーションをまるで工場のように経営した」[131]。奴隷は、残酷な主人だけでなく、冷酷無比な主人の妻に対する不平不満も漏らした。サン・アントニオのジュリア・ブランクス（Julia Blanks）は、ある女主人が奴隷女性に酷い仕打ちをしたことを回顧している。「女主人は、男たちに彼女を縛らせて、九本の縄のついた鞭で打ちつけた。彼女が血を流した後も、その傷口に塩とコショウを塗りつけて、再び鞭打った。ああ、その女主人は本当に意地悪だった！」[132]。

テキサスが合衆国に併合された後も、カリフォルニアはメキシコ領の一部であった。逃亡奴隷の大半はカリフォルニアに到着することができなかったし、また、国家のあり方をめぐる国民的議論もそこではほとんど行われなかった。だが、一八四〇年代後半に住民が州権獲得に向けて組織化を始めると、その多くは「自由土地党員」となった。彼らは自由人であれ奴隷であれ、自身の土地に黒人が住むことを望まなかった。特に一八四九年、カリフォルニアで起きたゴールドラッシュの時期からがそうだった。この時には、何百人もの奴隷を所有する白人が大勢の奴隷を引き連れ、カリフォルニアの金鉱に殺到した。そのため、多くの者がこれは不当な競争であると考えた。(133) また、カリフォルニアには、奴隷制廃止論者と奴隷制推進論者が明確に分かれていた。カリフォルニアから選出された最初の二人の上院議員はこの分裂を象徴するものだった。一人は、有名な奴隷制廃止論者のジョン・フレモント（John Fremont）である。彼は共和党の初の大統領候補であり、南北戦争中に主人の所有する「反抗的」な奴隷を解放した最初の人物であった。もう一人の上院議員はウィリアム・グウィン（William Gwin）というテネシー出身の奴隷所有者である。彼の奴隷はグウィンを訴え、賠償金を要求している。一八五〇年に、合衆国への編入がようやく認められると、カリフォルニアは自由州を宣言した。それでも、奴隷制はすぐに消滅したわけではなかった。グウィンのように奴隷解放を拒む者も多く、一八五三年末になっても地方紙には奴隷の販売広告が掲載されていた。州民の中には、この州が奴隷と自由人の二つの政治領域に分離することを望んでいた者もいた。(134)

彼らの意向を後押ししたものがあった。テネシー州の医師であり、弁護士であり、土地収奪者であり、傭兵のリーダーであったウィリアム・ウォーカー（William Walker）である。彼は一八五三年にバハ・カリフォルニアとソノラの両州を占領し、合衆国に奴隷制国家を新たに創設しようとした。ウォーカーの試みは失敗したが、それでもニカラグアの政治指導者の地位を、一時的にではあったが、確立し、すぐさま奴隷制を復活させた（同制度は一八二四年以来、廃止されていた）。その後、中央アメリカのほかの地域にも奴隷制国家を建設しようとした。ウォーカーの海賊的な行為（米国と平和状態にあった国との交戦）は奴隷制を推進する南部や西部の人々から支持された。フランクリン・ピアース（Franklin Pierce）大統領も、一八五六年にはウォーカーが率いるニカラグア政府の「正統性」を認めている。最終的にウォーカーは敗北し、合衆国に戻った。中央アメリカに合衆国の奴隷国家を創設しようとする彼の最後の試みは、一八六〇年、ウォーカーがホンジュラスの銃殺隊に殺害されたことで幕を閉じた[135]。

カリフォルニアを分割し、南部地域に奴隷制を復活させようとする試みは幾度となく続いたが、カリフォルニアは自由州のままであった。その結果、奴隷として連れて来られた者の中には、自由を求めて訴えを起こし、成功した者もいた。たとえば、ミシシッピからユタを経由してやって来た、かの有名なロサンゼルス出身奴隷のビディ・メイソン（Biddy Mason）は、ロバート・マリオン・スミス（Robert Marion Smith）を訴え、一八五六年に自由を認められた。アーチー・リー（Archy Lee）は、カリフォルニア住民として自由を求め、四回の裁判を受け、一八五八年にようやく自由を手に入れた。また、ジョージ・ワシントン・デニス（George Washington Dennis）のように、自由を買う者もいた。[136] しかし、自由黒人として手に入れた生活は、ほかの地域の有色人種の自由人の生活ほど「自由」ではなかった。カリフォルニアの立法者は、一八四九年から一八六〇年にかけて自由黒人の権利を大幅に制限しており、選挙権や、法廷で証言したり、陪審員を務める権利を認めていなかったのである。このほか、自由黒人の土地所有も、肌の色の違う結婚も、禁じられていた。[137]

一八二九年にメキシコが奴隷制を廃止すると、奴隷たちはメキシコへの脱出を試み続けた。自由を得ようとしたのは、白人を主人とする黒人奴隷だけではなかった。一八四二年一一月一五日、オクラホマのチェロキー族の人々に所有されていた二〇人以上の黒人奴隷らもメキシコに自由を求めて逃亡した。彼らは出発前に地元の商店を襲撃し、食料、弾薬、そのほかの物資を調達し、移動手段のために馬やラバを奪った。途中で、チョクトー族やクリーク族の配下にあった黒人奴隷も加わった。しかし、一三日目にチェロキー族の軍隊に襲われた。二人は何とか捕まらずに済んだが、ほかの人たちは主人のもとに戻され、再び、白人が所有する黒人奴隷とあまり違いのない、厳しい生活を強いられた。[138] しかし、その七年後には、チェロキー族とクリーク族の奴隷であった黒人奴隷のグループが、オクラホマのセミノール族の黒人と手を組み、力を合わせて、メキシコまで逃げ切ることに成功している[139]。

南北戦争以前に南部や西部に移住した奴隷所有者のほとんどは、奴隷を連れて行くか、あるいは売られた奴隷を積極的に購入しながら、指定された土地に辿り着いたのだった。しかし、ミシシッピ川の東側に居住していたアメリカ先住民の、黒人奴隷の所有者たちは、一八三〇年代から一八四〇年代にかけて、オクラホマへの南下を余儀なくされた[140]。恐るべき、あの「涙の旅路（Trail of Tears）」である。チェロキー族はアメリカ先住民の中で黒人奴隷の最大の所有者であった。彼らによって奴隷化された人々の経験を辿ってみよう。

南北戦争以前、チェロキー族の奴隷所有者は、一八三五年には一・二五％、一八六〇年には一・六七％と限られていたが[141]、彼らの奴隷の使用状態や扱い方、そしてチェロキー族の中でのステイタスは、南部の白人の奴隷所有者と違いが無かった。確かに、チェロキーの奴隷所有者の成功は、南部と西部の農業を中心とした経済で、奴隷労働が所有者にもたらしたそれに匹敵する。チェロキー族の奴隷所有者の多くはヨーロッパ人と先住民の「混血」であった（たとえば、その割合は一八三五年には七八％。なお、チェロキー族全体では平均一七％）[142]。彼らは、チェロキー族の中でも経済的にも政治的にもエリートであった。奴隷所有者の平均的な奴隷所有者数は七人、さらに多くの奴隷を所有する者もいた。一八三五年、ジョセフ・ヴァン（Joseph Vann）は一一〇人の奴隷を所有し、ジョージ・ウォーターズ（George Waters）は一〇〇人の奴隷を、そのほかの一九人の所有者は二〇人から七〇人ほどの奴隷を保持していた[143]。一八四〇年代初頭になると、ヴァンは約三〇〇人の奴隷を有するほどに成長した[144]。彼らは、通常、「組」（gangs）として働く黒人奴隷の助けを借りて、チェロキー族の農耕経済を支配していた。そこでは一般的に、輸出用のトウモロコシ、小麦、粟、そのほかの穀物が栽培されていた。ジョセフ・ヴァンの奴隷たちのように、輸出用の綿花を栽培する者もいたが、穀物ほどには拡大しなかった。また、熟練した職人工や家事、家畜の世話、塩田での仕事、通訳の仕事などをする者もあった。子供や老人は、白人の奴隷主の農場と同じ様な仕事もやらされた[145]。チェロキー族の奴隷所有者のエリートは、農地、輸出作物生産、市場へのアクセスをほぼ支配していた。たとえば、彼らは最も重要な換金作物であるトウモロコシの大部分を生産し、製粉所の七五％と輸送用のボートの四二％を所有していた[146]。元奴隷のチェイニー・マクネア（Chaney McNair）の語りによれば、「私たちは小麦、トウモロコシ、ハンガリー粟を育てた[147]」。

彼らの富は、ほかの南部奴隷所有者らと同様に、政治的権力となった。一八二七年のニュー・エコタ（New Echota）憲法のもとでチェロキー国が正式に統合された時には、一二人の「建国の父（founding fathers）」、つまり憲法の署名者のうち一一人が奴隷所有者であった。ジョン・ロス（John Ross）は、一八二八年から一八六六年までチェロキー国の首長を務めていたが、約一九人の奴隷を持っていた。ジョン・マーティン（John Martin）は同国の財務官であり、最高裁判所の初代裁判長でもあったが、一〇〇人の奴隷を所有していた。奴隷所有者はまた、チェロキー族の社会生活も支配し、年一回開催される重要なグリーン・コーン・フェスティバル（Green Corn Festival）や、そのほかの多くの舞踏会、ダンス、ピクニック、娯楽や文化的なイベントの資金を提供していた。[148]

奴隷制廃止

アメリカ大陸において、一八三〇年までに奴隷制が廃止されたのは合衆国南西部に位置するメキシコだけではなかった。ハイチ（一八〇三年）、アルゼンチン（一八一三年）、コロンビア（一八一四年）、チリ（一八二三年）でもそうであった。一八三一年にボリビアが続き――さらに合衆国に対する影響という点で最も重要なことであるが――イギリスが一八三三年に漸進的奴隷廃止法を採択している。これは、一八三八年までにカリブ海地域を含む、その広大な帝国内において奴隷制を終わらせるというものであった。黒人も白人も、男性も女性も、奴隷制反対を掲げる勢力は効果的に流れを変えつつあった。合衆国の奴隷制は終焉を迎えようとしていた。だが、国家の分裂と激しい戦争につながる闘争が終わったわけではない。

奴隷制を終わらせるための闘いは、言うまでもなく、南北戦争の数十年前から始まったわけではない。

それは、最初のアフリカ人が大西洋貿易での奴隷化に異議を唱えた時から始まっていた。

奴隷制への抵抗の長い伝統はこの本のほかの箇所でも示してきた。疑いなく、アフリカの人々やその子孫たちは自由のための最も重要な擁護者であった。しかし、彼らだけがそうだったわけではない。

奴隷制廃止への年表（アメリカ大陸とカリブ海地域）(149)

・一八一三年　アルゼンチンで段階的解放が採択
・一八一四年　コロンビアで段階的な奴隷解放が開始
・一八二三年　チリで奴隷制が廃止
・一八二四年　中米で奴隷制が廃止
・一八二九年　メキシコで奴隷制が廃止
・一八三一年　ボリビアで奴隷制が廃止
・一八三三年　イギリスで奴隷制廃止法が成立（漸進的廃止）
・一八四二年　ウルグアイで奴隷制が廃止
・一八四八年　フランスとデンマークの全植民地で奴隷制が廃止
・一八五一年　エクアドルで奴隷制が廃止
・一八五四年　ペルーとベネズエラで奴隷制が廃止
・一八六三年　米国で奴隷解放宣言が発布

・一八六三年　オランダの全植民地で奴隷制が廃止
・一八六五年　アメリカ合衆国で憲法修正第一三条により奴隷制が廃止
・一八七一年　ブラジルで段階的な解放が確立（一八五〇年に制定された段階的解放法はほとんど機能しなかった）
・一八七三年　プエルトリコで奴隷制が廃止
・一八八六年　キューバで奴隷制が廃止
・一八八八年　ブラジルで奴隷制が廃止

奴隷制反対への組織的取り組みは、植民地時代、特にアメリカ独立戦争の時代から始まった。その努力の結果、合衆国との合法的なアフリカ人奴隷貿易は終わり、北東部と西部の一部地域の黒人奴隷制は徐々に廃止され、アッパー・サウスでは不十分なものではあったが、奴隷解放法が制定された。そして、アメリカ植民協会と解放奴隷のためのリベリア入植地が設立された。

しかしながら、奴隷廃止派の勢いは、その後、やや後退していく。黒人奴隷が生産する短繊維の綿花が南部の奴隷所有者だけではなく、綿花生産の関連産業やサービスに携わる人々（北部や西部の人々）の手に、信じがたいほどの、しかも増加の一途を辿る利益をもたらしていたからである。奴隷によって生み出された富は、政治的影響力の強まりという現象を生み出した。その結果、奴隷制支持派と反奴隷制派の間で、奴隷の命運がかかった政治的、文化的、法的な闘いが繰り広げられることになった。

一八三〇年は両陣営において多大な努力が注がれた年であった。たとえば、この年には、八つの州から四〇人の自由な黒人男性が集まり、国内のアフリカ系アメリカ人の状況を検討する会合が開かれた。その一年後には、南北戦争以前の南部で急進的な奴隷制廃止運動のリーダーとなるウィリアム・ロイド・ギャリソン（William Lloyd Garrison）が、アイザック・ナップ（Isaac Knapp）とともに、雑誌『解放者（Liberator）』の第一号を出版した。同誌は、ジェームズ・フォーテン（James Forten）など、裕福な自由黒人を中心とする少数の支持者から財政的支援を受けていた。ギャリソンは奴隷制の絶対的かつ即時廃止のためにこの雑誌を捧げることを決意した出版人であり、また、熱心なオーガナイザーであり、反奴隷制の戦略家でもあった。一八三二年一月六日、彼はボストンでほかの一一人の白人と会合を持ち、ニュー・イングランド反奴隷制協会（NEASS）を結成した。一八三三年一二月には、アメリカ反奴隷制協会（AASS）が、州や地域の加盟団体の発展を促す男女混成の傘下組織として、設立された。この協会にはNEASSのメンバーのほか、クエーカー教徒二一人、黒人三人、女性四人も加わった[150]。初期の全国指導者には、ギャリソンのほか、次のような者がいた。ニュー・ヨークの商人、アーサーとルイスのタッパン兄弟（Arthur and Lewis Tappan）、作家兼編集者で教育者のセオドア・ドワイト・ウェルド

(Theodore Dwight Weld)、異人種間にまたがって事業を展開した起業家ロバート・パービス(Robert Purvis)、製帆職人で義父のジェームズ・フォーテン(James Forten)、フィラデルフィアのジェームズ・マククラメル(James McCrummell)牧師、ボストンの弁護士ウェンデル・フィリップス(Wendell Phillips)、著名な詩人ジョン・グリーンリーフ・ウィッティアー(John Greenleaf Whittier)、オハイオの編集者ジェームズ・G・バーニー(James G. Birney)、活動家でもある作家・編集者のリディア・マリア・チャイルド(Lydia Maria Child)、セーラムのアフリカ系アメリカ人の兄と妹の、チャールズ・レノックス・レモンドとサラ・パーカー・レモンド(Charles Lenox Remond and Sarah Parker Remond)、活動家のマリア・ウェストン・チャップマン(Maria Weston Chapman)、黒人編集者兼作家、そして長老派協会牧師のサミュエル・E・コーニッシュ(Samuel E. Cornish)、作家兼編集者で演説家でもあるルーシー・ストーン(Lucy Stone)。設立から五年を経て、AASSは一三五〇以上の地方支部と二五万人の会員を数える規模になった[151]。

ポスト一八三〇年の時代には奴隷解放論者のほとんどは段階的解放や、解放奴隷や自由黒人のアフリカの入植地への移送を良しとしていなかった。即時奴隷解放は、黒人、白人を問わず、全米の奴隷解放論者の共通の願いとなっていた。特に北東部、中西部、西部の地域はそうであった。これらの地域ではそのための公的な取り組みが中心的に行われていた。男性も、また女性も含め、こうした奴隷解放論者は、中には聖職者も何人かいたが、多くは信仰心が篤い人々であり、奴隷制が奴隷自身だけでなく、国家全体に与えている道徳的、社会的、文化的損害を指摘し、奴隷制廃止の必要性を訴えた。したがって、ギャリソンや彼に近い支持者は、何よりもまず、主に道徳的説得と非暴力による抗議を信奉する平和主義者であったといえる。

しかし、南北戦争前には、奴隷制廃止運動が拡大するにつれて、各派は様々な戦略を展開するようになった。たとえば、ギャリソンは、政治的プロセスに依存することには特に反対した。合衆国は、奴隷制支持派で占められる議会と奴隷制を支持する憲法に支配された、道徳的に腐敗した連邦制度によって、政治的に無力化されていると考えていたのである。一八三二年に、彼は憲法について「何たる、神聖なる契約か！」と記している。「それは地球上で最も残虐な悪魔の制度を存続させ、保護するために、人間が作った最も極悪かつ残虐な取り決めであるとわれわれは断じる」[152]。ギャリソンは「奴隷所有者との連合」を望まず、合衆国は奴隷制が存在する限り、道徳的に健全になることはないと考えていた。憲法は「死との誓約」であり、「地獄との契約」であると主張し、一八五四年にマサチューセッツ反奴隷制協会が主催した七月四日の行事で、そのコピーを人々の面前で燃やした。彼の偉大な支持者の一人であるウェンデル・フィリップス（Wendell Phillips）も、「自由州と奴隷州は、なんと言おうと、全員が奴隷制の罪を背負わない限り、団結は不可能である」と強調している[153]。

だが、多くの奴隷制廃止論者は、ギャリソンの政府批判は過激すぎ、戦略的に非現実的だと考えた。彼のこうしたスタンスは、女性の奴隷制廃止運動への平等な参加を寛大に受け入れるという彼の姿勢と、国内の聖職者は奴隷制のシンパであるという彼の評価と相まって、運動の分裂を決定的にした。一八四〇年のＡＡＳＳの年次総会では、ギャリソンがアビー・ケリー（Abby Kelley）の執行委員就任を支持したことをめぐって口論となり、三〇〇人の代議員が退席し、アメリカおよび海外反奴隷協会（ＡＦＡＳ）を設立した。タッパンズ（Tappans）、ウェルド（Weld）、ジェリット・スミス（Gerrit Smith）、ジェームズ・バーニー（James Birney）、コーニッシュ、ヘンリー・ハイランド・ガーネット（Henry Highland Garnet）、ヘンリー・B・スタントン（Henry B. Stanton）らが、その指導者となった。[154] 彼らは自身の雑誌『The National Anti-Slavery Standard』を発行し、特に政治運動を活発に行った。たとえば、ＡＦＡＳのメンバーの多くは、一八四〇年に奴隷制廃止派からなる自由党を結成している。自由党は、一八四八年の自由土地党と一八五四年の共和党成立に貢献した。両党ともに奴隷制の拡大に反対していた。エイブラハム・リンカンは、一八六〇年に共和党で最初に勝利した大統領候補であった。[155]

反奴隷主義者は皆――ＡＡＳＳとＡＦＡＳの両組織に所属する、黒人や白人も、男性や女性も――黒人の自由な権利を獲得することが彼らの奴隷制廃止運動にとって不可欠であると考えていた。この原理原則を受け入れなければ奴隷制推進派の術中にはまることになる。なぜならば、彼らは、北部白人の奴隷制廃止論者が、南部にいる者たちと同様、黒人を対等に扱うことに抵抗感を抱き、また、黒人を人種的に劣等な存在とみなしている、と主張しているからだ、というのである。[156] 自由黒人は、党派を問わず、奴隷解放運動のあらゆる組織に積極的に参加していただけではなく、自分たちは平等な市民であるべきだと確信していた。そのため、早くから彼らを国外に入植させようとする動きがあったにもかかわらず、南北戦争以前の合衆国では自由な有色人種コミュニティが拡大していった。その数は、一八三〇年の三一万三〇〇〇人から一〇年後は三七万八〇〇〇人、一八五〇年は四二万四〇〇〇人、そして一八六〇年は四七万七〇〇〇人へと増加している。[157]
目的を達成するため、奴隷制廃止論者は多くの手段を用いて国内はもとより国際的な注目を集めようとした。彼らの最も効果的な資源の一つは出版物であった。この運動で最も影響力があったのは、ギャリソンの『Liberator』（一八三一－一八六五）のほかに、『National Anti-Slavery Standard』（一八四〇－一八七〇）、ニューヨーク州反奴隷協会の『Friend of Man』（一八三六－一八四二）、『National Era』（一八四七－一八五五）などがあった。また、サミュエル・コーニッシュ（Samuel Cornish）とジョン・B・ラスヴルムらが発刊した『Freedom Journal』（一八二七－一八二九）などの初期の多くの黒人向けの雑誌のほか、コーニッシュの『The Colored American』（一八三七－一八四二）、マーティン・ディレイニー（Martin Delany）の『Mystery』（一八四三－一八四七）、フレデリック・ダグラス（Frederick Douglass）とディレイニーの『North Star』（一八四七－一八五一）、ダグラスの『Frederick Douglass Paper』（一八四七－一八五五）、さらにカナダでサミュエル・リングゴールド・ワード（Samuel Ringgold Ward）とメアリー・アン・シャッド・ケアリー（Mary Ann Shadd Cary）らが刊行した『The Provincial Freeman』（一八五三－一八七〇）などがあった。出版物は奴隷制廃止にとって非常に重要であると考えられていたため、少なからぬ奴隷制反対派の印刷機が破壊され、少なくとも一人の編集者、すなわちイライジャ・P・ラブジョイ（Elijah P. Lovejoy）が、一八三七年にオハイオ州アルトンで四台目の印刷機を守ろうとして命を落とした（ほかの三台はすでに奴隷制支持派の暴徒に破壊されていた）[158]。しかし、かつて奴隷であった男性と女性が自らの体験を綴った文章ほど、奴隷制反対の感情に傾く読者に訴えかけるものはなかった。南北戦争前に出版された何十冊もの自伝的記述の中で最も人気があったのは、フレデリック・ダグラス（一八四五）、ソロモン・ノーサップ（一八五三）、チャールズ・ボール（一八三七）、ウィリアム・ウェルズ・ブラウン（William Wells Brown）（一八四七）、ジョシア・ヘンソン（Josiah Henson）（一八四九）、ヘンリー・ビブ（Henry Bibb）（一八四九）、ジェームズ・ペニントン（James Pennington）（一八四九）、ハリエット・ジェイコブス（一八六一）のものであった[159]。

反奴隷制派の運動家はあらゆる才能を駆使してこの問題に取り組んだ。ジョン・グリーンリーフ・ホイッティア（John Greenleaf Whittier）などの詩人たちは詩を発表した。その一つに親友を讃える詩があった。

ウイリアム・ロイド・ギャリソン、
抑圧の鉄の手の下で呻吟する王者へ
貧窮、憎しみ、そして死を前にしながらも
汝は恐れることなく立ち続けている。
汝の気高き眉をさらに上げ、
確固たる真実の力を掲げ、
汝の青年期の誓いと
約束を忘れぬ大人として。
そのまま進め、汝が選んだ道を
神のように強く!
暴君の鞭の下でも
ひとりの人間の心臓が鼓動を打つほど長く。
まどろむ国民の耳に語りかけよ、
汝がこれまでそうしてきたように、
罪ある死者の耳に届くまで、

足枷の鎖の輪が壊されるまで！
私は兄弟の愛をもって汝を愛す、
私の動悸が激しくなる、
病める人間どもの、怪しい雲行きを
汝の魂が突き破ってゆく姿を書き記そうとして。(160)

俳優たちは舞台で反奴隷のテーマ劇を演じ、音楽家は反奴隷のために作曲された音楽で構成された演奏会を開催した。一八三六年にアイザック・ナップが出版したマリア・ウェストン・チャップマン（Maria Weston Chapman）の『Songs of the Free, and Hymns of Christian Freedom』、ジャイルス・リンカン（Jairus Lincoln）の『Anti-Slavery Melodies』に収録された歌、ジャイルス・リンカンの『Anti-Slavery Melodies: For the Friends of Freedom』（一八四三）、そしてウィリアム・ウェルズ・ブラウン（William Wells Brown）の『The Antislavery Harp』（一八四八）は、ギャリソン少年合唱団（Garrison Juvenile Choir）や歌唱グループのハッチンソン・ファミリー・シンガーズ（Hutchinson Family Singers）などによって、北東部と中西部の反奴隷集会で聴衆に歌われた。(161) 中には、聴衆を楽しませる、強烈な皮肉を込めたメッセージ性のある曲もあった。たとえば、愛国的な歌である『My Country 'Tis of Thee（我が祖国 汝の国）』のメロディーにのせて歌われたこの曲がそうである。

我が祖国！　汝の国よ、
奴隷制のとりで、
汝のことを歌おう
我が祖先が死んだ国、
人間の権利が蔑ろにされる国、
すべての山腹から、
その行為を鳴り響かせよ。
我が生まれ故国よ！　汝よ、
すべての者が自由に生まれる場所
肌が白ければ。
私は汝の丘と谷を愛している、
汝の山、そして汝の快適な渓谷を愛する、
だが、汝の黒人の売買を憎め、
最も汚い罪として。(162)

作家たちは短編や長編の小説を執筆した。確かにこの時代に、まさに一九世紀という時代に最も人気のあった小説は、何と言ってもハリエット・ビーチャー・ストウ（Harriet Beecher Stowe）の奴隷制反対をテーマにした感傷的なドラマ『アンクル・トムの小屋（Uncle Tom's Cabin）』である。この作品は、一八五一年に奴隷制廃止論者の雑誌『National Era』に連載され、一八五二年に本として出版され、その後六〇カ国語に翻訳された。大変な人気で、合衆国では最初の週に一万部、イギリスでは最初の一年間で一五〇万部を売り上げ、合衆国、イギリス、アジア、ヨーロッパではベストセラーとなった(163)。

奴隷制反対派の作家たちはもっとも若い読者にも影響を与えたいと考えた。たとえば、フィラデルフィア女性奴隷制反対協会は、奴隷制廃止をテーマとした子供向けのアルファベット詩集を制作し、一八四六年のブック・フェアで販売して大成功を収めた。その詩は次のように始まる。

子供たちよ、みんな、聞いてください、
私たちの切実な呼びかけを
あなた方はとても若いです、
でも、できることはたくさんあります。
誰かに嘆願してください

二度と奴隷を買わないようにと、
そして、奴隷を所有しているのであれば
早く解放するように……

そして、こう続く。

Aは Abolitionist
哀れな奴隷を解放し
すべての人に平等な自由を与える。
Bは Brother
肌は少し褐色、
でも、天国の父の目から見れば、
彼もあなたと同じように大切な存在。
Cは Cotton-field
傷ついた兄弟はそこへ追いやられた、
白人たちの奴隷として働かされた、
朝から晩まで……[164]

識字能力のない者たちは、ＡＡＳＳやその関連団体、および同じ志を持つ組織が毎年主催する数多くの奴隷制反対の講演会から知識を得ることができた。ユニテリアン派の牧師サミュエル・メイ（Samuel May）、セオドア・ドワイト・ウェルド（Theodore Dwight Weld）、講師として雇われた初の黒人チャールズ・レノックス・レモンド（Charles Lenox Remond）、ウィリアム・ウェルズ・ブラウン（William Wells Brown）、そして特にフレデリック・ダグラスなどは、最も重要な男性講師であったろう。マリア・スチュワート（Maria Stewart）、サラ・レモンド（Sarah Remond）、ソジャーナー・トゥルース（Sojourner Truth）らの講演は、黒人女性の視点について話をした。ブラウン、ダグラス、チャールズ・レモンド、ウィリアムとエレン・クラフト（William and Ellen Craft）は、イギリス全土とヨーロッパの数ヵ国で講演を行った。女性講師陣には、元奴隷所有者の姉妹であるアンジェリーナとサラ・グリムケ（Angelina and Sarah Grimkē）、ルーシー・ストーン（Lucy Stone）、ルクレティア・モット（Lucretia Mott）、リディア・マリア・チャイルド（Lydia Maria Child）、アビー・ケリーなど、多数の白人女性も含まれていた。講師たちは、時には奴隷制支持派の聴衆の暴力に晒されることもあった。奴隷制支持派は、脅したり、怒鳴ったり、押し倒したり、引っ張ったり、殴ったり、発砲したり、さらには、彼ら彼女らの命に賞金をかけたりした。ウィリアム・ロイド・ギャリソンは何度もリンチの脅迫を受け、また、ジョージア州は彼を逮捕した者には五〇〇〇米ドルの報酬を約束した(165)。

奴隷制廃止論者がメッセージを持って出掛けたのは街や都市だけではなかった。嘆願書を手にして議会にも押しかけた。嘆願書は女性メンバーが考案し、彼女らの手で配布され、奴隷制の様々な問題を提起していた。たとえば、その内容は、首都における奴隷制と国内奴隷売買の停止、逃亡奴隷法の廃止、テキサスとフロリダの併合反対などであった。彼らの努力は連邦議会の奴隷制支持勢力の反対にあった。一八三六年には、この請願書が読まれたり、議論されたりすることのないよう、討議打ち切り法が可決された。AASS傘下の組織はこれに対応するべく、さらなる嘆願書を、一八三八年だけで四〇万通(!)送った(166)。

反奴隷派の組織のメンバー構成は、それぞれ大きく異なっていた。多くは人種ごとに構成されていた。アフリカ系アメリカ人は、この運動から得るもの、失うものが非常に多い。そのため、同じ考えを持つ白人も含め、白人の影響を排した、奴隷制反対や自由黒人の公民権のアジェンダや行動計画を明確に打ち出していくべきだと考えていた。彼らは、自分たちのことを、白人の仲間たちよりも、また、ギャリソンのような、ほとんどの人々からかなりリベラルだと思われていた白人たちよりも、「レフト」ではないかと思っていた。

自由なアフリカ系アメリカ人の男性たちは、自前の協会を組織し、複数の州で大会を開き、新聞、パンフレット、ちらし・ポスター、伝記、自伝を出版し、国内外の講演会で講師を務め、寄付活動を行い、そして、これらの運動に献身するほかの人々と協議を繰り返した。自由土地党や反奴隷制の関連政党の活動を支援する者もいた。東北部で黒人男性活動家の中心を占めたのは、ロバート・パービス（Robert Purvis）、フォーテン（Forten）家の男性たち、セオドア・S・ライト（Theodore S. Wright）、ウィリアム・C・ネル（William C. Nell）、ヘンリー・ハイランド・ガーネット（Henry Highland Garnet）、マーティン・ディレイニー、サミュエル・コーニッシュ、チャールズ・レノックス・レモンド、および、そのほか数名、特にフレデリック・ダグラスである。

特に一八三〇年代、一八四〇年代、一八五〇年代の「黒人大会」運動は、常に数人の女性が参加していたとはいえ、黒人男性による奴隷制反対戦略の場としてユニークであった[167]。最初の大会の一つは、一八三〇年にフィラデルフィアで開催され、リチャード・アレン（Richard Allen）司教により主宰された。彼は一七八七年の自由アフリカ協会（Free African Society）と一七八四年のフィラデルフィアのベテル・アフリカン・メソジスト・エピスコパル教会（Bethel African Methodist Episcopal Church）の共同創設者である。その後、フィラデルフィアでは一連の大会が開催され、地元の活動家の手で道徳改革協会（Moral Reform Society）が結成された。会長には裕福な製帆職人のジェームズ・フォーテン（James Forten）が就任した。真言（マントラ）は自由、平等、教育、節制、経済を促進するためのキリスト教徒の戦闘心であった。道徳改革協会は、考え方としてはギャリソン主義であった。一八三九年に『National Reformer』を創刊したが、一八四一年に解散した。[168] メンバーは、その後、ほかの組織で活動を続け、ニュー・ヨーク、オハイオ、ペンシルベニアの各州で少なくとも一二回開催された大会のアジェンダに影響を与えた。西部では、カリフォルニアの黒人が一八五六年から一八五八年にかけて三回の有色人種大会を開催し、自由黒人を対象とした差別的法律の強化が続いていることに抗議した。[169] サンフランシスコやサクラメントで開催された黒人大会は、概して、州および地域ごとに黒人を組織したものであった。その具体的なアジェンダは、時によって若干変化したが、全体としては、奴隷制の即時廃止、権利の平等、教育や職業の機会の平等、道徳の向上、ジェンダー化された責任などを訴えるべきであるという点では一致していた。[170] また、当時のほかの改革運動、特に女性の権利のための運動を支持するものも多かった。フレデリック・ダグラスは、一八四八年、女性の権利のためのセネカ・フォールズ会議（Seneca Falls Convention）に出席した数少ない男性の一人であった。[171]

奴隷制廃止派の組織の中には、性別ごとや若者を中心に構成されたものもあった。たとえばマサチューセッツでは、南北戦争前には一八三の地方組織が存在したが、その中に女性だけの組織が四一、また、若者だけのグループが一三ほどあった。[172] 実際、一八三〇年代、一八四〇年代、一八五〇年代の組織化された奴隷制反対運動は、特に女性、それも中流階級の既婚女性の、運動への参加の機会を拡大するために、彼女らを教育し、政治化した。

その結果、一九世紀のアメリカ先住民の権利、禁酒、男女平等、社会制度改革（刑務所、精神病院、図書館、孤児院、公立学校）に焦点を当てたキャンペーンにおいては女性たちがリーダーシップを取るようになった。奴隷制廃止論者が開催した巡回講演会では、ほとんどが、男性、あるいは女性のグループの前に、まず黒人や、白人の女性たちが話をした。奴隷制廃止運動はまた、女性の編集者の輩出や出版物の刊行、さらには、議会への請願運動の主要なきっかけになった。[173]歴史家のジュリー・ロイ・ジェフリー（Julie Roy Jeffrey）は、奴隷廃止運動における女性に関する著作の中で、ギャリソンらは女性の奴隷制廃止論者がいかに驚くべき役割を果たしたかを記していると指摘している。ギャリソンは一八四七年にもこう記している。「奴隷制反対運動を最も支えたものは何か、それを今、評価することはできない。しかし、最後に総括が行われる時にはそれを手助けした女性の努力と犠牲が最も名誉ある、高い位置を占めることは確かであろう[174]」。

女性たちは、官職の候補者を除き、講演者、請願者、資金調達者、作家、伝記作家、編集者、芸術家、裁縫サークルの参加者、逃亡奴隷の支援者、自由生産者の擁護者、教師、手紙作家などとして奴隷解放運動を行った。彼女たちは、一八三〇年代の終わりにアメリカ女性奴隷制反対集会（Anti-Slavery Conventions of American Women）という独自の異人種間の大会を三回ほど開催した。大会では奴隷制や人種的偏見を非難し、奴隷制反対の請願書に署名するよう女性たちに促し、運動を財政的に支援し、奴隷解放という大義に与しない教会を批判した。[175] 彼女たちは、女性として、高潔でキリスト教的な女性らしさ、責任ある母性という一九世紀的なレンズを利用し、奴隷女性が受けた性的虐待や、国内奴隷貿易によって奪われた奴隷の子供たちを記録することで、反奴隷の大義に貢献した。奴隷女性を自分たちの「姉妹」として認識するよう女性に求めたのである。彼女らは、特に南部の女性に、奴隷女性の廃止に責任を持つことを突きつけた。アンジェリーナ・グリムケ・ウェルド（Angelina Grimké Weld）の講演と一八三六年の「キリスト教徒の南部女性へのアピール（An Appeal to the Christian Women of the South）」は、白人女性が男や女の聴衆の前に登場することによって、南部のエリート女性が奴隷制の話題から目をそらさないようにするための舞台となった。アンジェリーナとその妹のサラは、サウス・カロライナ州チャールストン出身の、「キリスト教徒」の元奴隷所有者であった。そのような女性が奴隷制と奴隷女性やその家族に対する扱い、それを傍観し支持する者を非難したことは、大変な衝撃であった。グリムケは、正義のために立ち上がった聖書の中の女性や、イギリスや北部の反奴隷制を訴える女性を例にあげ、こう訴えた。

そこにいるキリスト教の女性のみなさん、道徳的な力の威厳をもって……立ち上がりましょう。救いは必ずあります。自分自身、社会の一員となり、奴隷制の廃止のために、自分たちの夫や父や兄弟や息子たちに懇願し、嘆願書をそれぞれの議会まで送りましょう。もう二度と、女性を鞭や鎖で縛りつけ、精神的な暗黒や道徳的な堕落に陥れることのないように。もう二度と、夫を妻から、子供を両親から引き離すことのないように。もう二度と、男も女も子供も賃金なしに働かせることがないように。もう二度と、彼らの生活を厳しい束縛の中で苦しめることのないように。もう二度と、アメリカ合衆国市民を「個人的な財産」というような忌まわしい奴隷という状態に追いやることのないように。もう二度と、修羅場に置かれた神の似姿を、銀や金といった堕落したものと交換することのないように。(176)

南北戦争以前のアフリカ系アメリカ人の自由な女性も、アフリカ系アメリカ人の自由な男性やヨーロッパ系の自由なアメリカ人女性と同様に、奴隷廃止運動に力を注いでいた。彼女たちは、インスピレーション、戦略、正当性の多くを、自由な黒人と白人の女性コミュニティが持つ慈善活動、自助努力、自己修養の伝統から得ていた。これらの最初の黒人女性団体の中には男性団体の補助的な存在として結成されたものや、黒人男性や白人女性の奴隷制廃止論者の団体が、人種や性別、あるいはその両方を理由に、黒人女性を組織から排除または制限したために結成されたものもあった。サラ・フォーテン（Sarah Forten）は、よく知られているように、白人の奴隷制廃止論者である姉たちが不平等な扱いを受けていることに失望し、「女性への訴え（An Appeal to Women）」という詩をしたためている。それはこう始まる。

ああ、女性よ
汝の価値と、誇りと、意識の力が
もっとも輝けるときの女性よ
敬虔なクリスチャンの役割を果たしなさい
それは魅力的な女性の心にいかにも相応しい！
善良になりましょう。偉大なのよ、と言えるのと同じように
たとえ妬み、蔑み、憎しみの言葉を受けたとしても
〝肌の色〟はちがうかもしれない、でも
汝のために私たちは訴える
姉妹の権利を、姉妹の名において。(177)

黒人奴隷制に反対する女性活動家の努力は、ほかの活動家たちと同様、奴隷に対してだけでなく、すべてのアフリカ系米国人のための自助努力、道徳的向上、および識字率向上というより大きな課題へと注がれていった。彼女たちは、ロード・アイランド州ニュー・ポートのアフリカ女性慈善協会（African Female Benevolent Society）、マサチューセッツ州

セーラムの有色女性宗教・道徳改革協会（Colored Female Religious and Moral Reform Society）、フィラデルフィアのミネルヴァ文芸協会（Minerva Literary Association）などの団体を組織した。一八三二年に初の女性奴隷制廃止協会であるセーラム女性奴隷制廃止協会（Salem Female Anti-Slavery Society）を設立したのも彼女たちである。また、一八三三年にはフィラデルフィア女性奴隷制廃止協会（Philadelphia Female Anti-Slavery Society）を設立し、ニュー・ヨーク州ロチェスター、マサチューセッツ州リン（Lynn）やボストンなどでの異人種間の女性協会の創設にも貢献した。彼女たちの組織は主に北東部の都市にあったが、ボルチモア、ワシントンDC、リッチモンド、チャールストン、ニュー・オーリンズなど南部都市の中心部にも見られた。自由な有色人種の女性たちは、奴隷制や人種差別に抗議するために、それぞれの社会で磨き上げた才能や実績を活用している。たとえば、この最初の重要な世代であるアフリカ系アメリカ人の女性作家たちは奴隷制廃止を推進する文学作品を多く著している。ハリエット・ウィルソン（Harriet Wilson）、シャーロット・フォーテンとサラ・フォーテン（Charlotte and Sarah Forten）、ハリエット・ジェイコブス、マリア・スチュワート（Maria Stewart）、アン・プラトー（Ann Plato）、フランセス・E・W・ハーパー（Frances E. W. Harper）らはこうした黒人女性作家の中でも特に優れた文学者であった。一八三一年に出版されたメアリー・プリンス（Mary Prince）の『西インド人奴隷メアリー・プリンスの歴史（The History of Mary Prince, a West Indian

Slave)』は、西インド諸島の奴隷制の生々しい記録であり、アメリカ大陸の黒人女性が記した初の奴隷物語であった。同年、マリア・スチュワート（Maria Stewart）は講演活動を開始し、ボストンの聴衆を前に奴隷制廃止の背景や自由黒人と女性の権利に関する講演を、二年間で四回、行っている。スチュワートはあらゆる人種の中で、男女入り混じった聴衆を前に公開講演を行った最初の女性であった。翌年には、自由なアフリカ系アメリカ人女性として初めて賛美歌と瞑想の本を出版した。シャーロット・フォーテンの奴隷制反対を標榜する著作は、スチュワートのものと同様、ギャリソンの『Liberator』だけではなく、『The Christian Recorder』、『The Anglo-African Magazine』、『National Anti Slavery Standard』、『The Atlantic Monthly』などにも掲載された。自由黒人のカナダ移住を支持したメアリー・アン・シャド・ケアリー（Mary Ann Shadd Cary）は、一八五三年、奴隷制反対を主張する雑誌『Provincial Freeman』を発行した[178]。

奴隷制廃止論者の男女が運動を展開する間、奴隷制支持派の論者たちも黙ってそれを見ていたわけではなかった。彼らは、人種の違いや奴隷制の問題に関する自らの考えを主張するために、躊躇することなく攻勢を仕掛けた。一八三〇年代初頭には、さらに多くの南部の人々が奴隷制と奴隷の使用を擁護するための演説や著述活動を行うようになった。最も重要な奴隷制支持派の著作家は以下の通りである。ウィリアム・アンド・メアリー大学の政治法の教授トーマス・R・デュー（Thomas R. Dew）、サウス・カロライナとミズーリの著名な法律家で政治家のウィリアム・ハーパー（William Harper）、バプテスト派の牧師でヴァージニアの奴隷所有者ソーントン・ストリングフェロー（Thornton Stringfellow）、著名なサウス・カロライナの弁護士で、プランターで、上院議員のジェームズ・ヘンリー・ハモンド（James Henry Hammond）、ハモンドの友人でサウス・カロライナの医師であるジョサイア・C・ノット（Josiah C. Nott）、ミシシッピの法学者ヘンリー・ヒューズ（Henry Hughes）、サウス・カロライナ出身の副大統領ジョン・C・カルフーン（John C. Calhoun）――彼は一八二八年には連邦法の州への適用を無効にするというアイディアを打ち出したが、この考えは国内で拡大する分派対立を悪化させた――、そして、ヴァージニアの弁護士ジョージ・フィッツヒュー（George Fitzhugh）などである。こうした支持派のほとんどが、奴隷制は古代から続く人類の自然な組織、ないしは階層構造の一部として存在してきたものであるという考えを基礎にして議論を展開した。奴隷制は自然なものであるだけでなく、最下層を初め、各集団がそれぞれの能力に応じて貢献できるようにするものであり、それは偉大な社会の基盤である、と主張した。歴史家のドリュー・ファウスト（Drew Faust）はこう指摘する。「奴隷制の擁護者たちは、社会実験のカタログとして過去を振り返り、ギリシャやローマの時代から人間の束縛が、世界で最も偉大な文明を生み出してきたことを発見した。彼らはこう言うのだ。この制度は特殊ではあったが、それほど特殊なものではなく、人類の偉大な功績の社会的な基盤であった、と[179]」。一方、ジェームズ・ハモンドは、南部の奴隷制は社会の「基礎杭」であるとして、次のように言っている。

すべての社会システムには、下働きをする階級、生活のための雑務を行う階級が存在しなければならない……低次の知性とわずかな技能しか必要とされない階級である。その必要条件は、健康、従順さ、忠実さである。このような階級が存在しなければ、進歩や文明を導き、洗練をもたらすようなほかの階級も存在しないだろう。それは、まさに社会の基礎杭を構成している。(180)

ハモンドはさらに言う。南部は、「その目的に適った人種を見出した。……自分たちより劣るが、気質、活力、従順さ、気候に耐える能力、あらゆる目的に対応する能力において、極めて優れた人種を発見した。我々は彼らを……奴隷と呼んだ(181)」。ジョン・C・カルフーンやジョージ・フィッツヒューなどの奴隷制支持者もまた、文明化とパターナリスティックな特性という点から、奴隷制の「絶対的善」を指摘している。このパターナリズムは、黒人奴隷を助けるだけでなく、彼らの物質的・労働的条件を北部の白人労働者のそれよりも優れたものにする、というのである(182)。一八三七年には、カルフーンは、「私は、出自が異なり、肌の色やそのほかの身体的な違いや知的な差異によって区別される二つの人種が混在する現在の文明の状況では、奴隷制国家における両者の関係は悪ではなく、善、つまり絶対的善であると考える」としている。[183] フィッツヒューも、カルフーンの議論に沿って、一八五四年に『南部の社会学（Sociology of the South）』の中でこう記述している。「労働の分裂と社会の崩壊、すなわち、自由と自由競争は、特に貧しい階級に害を及ぼす。……奴隷制は奴隷からこうした懸念を取り除くものであり、奴隷制は社会主義の一つの形態、最も優れた形態である[184]」。

奴隷制支持派は、アンジェリーナ・グリムケ・ウェルドのような、南部女性に懸念を抱く奴隷制反対派の女性に対しても反論する。フィッツヒューは、自然のヒエラルキーという概念に基づき、女性の知的・感情的な能力を完全に否定し、奴隷制に関する女性たちの意見を尊重するなどということは無意味であるとした。「しかし、人類の半分は成長した子供に過ぎず、そんな人々にとって、自由は、子供と同様、致命的である[185]」。トーマス・R・デューは、早くも一八三二年に、ヴァージニア州議会で同州の奴隷制の命運について議論した際、南部の白人女性が「あらゆる場で喜びと魅力を発揮することができたのは、まさに奴隷制があったからだ」と主張した。さらにデューは言う。「注目すべきは、奴隷制が女性の状況に明らかに効能をもたらしていることだ。女性は高尚だし、そのすべての魅力で覆われているし、所属する社会と交わり、またそれを律しているではないか。もはや奴隷などではない[186]」。白人女性を奴隷女性というステイタスから守ったのは奴隷制であった。南部の白人の女性と男性が奴隷制を支持した背景にはこうしたネガティブな動機もあった。また、南部女性を味方につけようとする北部の奴隷制廃止派の女性に関して、ヴァージニア州知事ジョン・タイラー（John Tyler）の妻ジュリア・ガーディナー・タイラー（Julia Gardiner Tyler）が出した答えは、女性の役割は家庭、妻、母親、女主人としての職務に限られるべきであり、公共の場や大義に関わるべきではないというものであった。彼女はまた、一八三〇年代半ばに女性誌に寄せた記事にこう記している。「女性の活動の場は家庭である。……特に南部諸州の女性にとってはそうである。女性たちに会いたければ、その家を訪ねるべきだ」[187]。

奴隷制支持派の人々の議論は、奴隷の扱いや、あるいは公共空間における女性の「場」に中心が置かれていたが、こうした議論が全国に拡大し、階層的対立となってあらわれていたのは、何よりも、奴隷制が莫大な利益をもたらすことが証明され、しかも、その利益を得る地域が拡大していたためであった。すなわち、一八〇三年のルイジアナ購入により、国土は二倍以上に拡大した。さらに、一八一〇年に西フロリダ、一八一九年に東フロリダとオレゴンの一部、一八四五年にテキサス、一八四六年に現在のオレゴンの残り土地、一八四八年にメキシコに属していたほかの西部の土地、一八五三年にニュー・メキシコとアリゾナの一部を獲得して、さらに広大な土地が合衆国に加わった。つまり、一八〇三年から一八五三年の間に、新国家は現在のアメリカ合衆国の境界線まで国土を拡大したのである。新しい領土を獲得するたびに二つの重大な問題が浮上した。新たな土地に奴隷制と、そして、そこから得られる富の存在は許されるのか、という問題である。

ミズーリ準州の州資格問題は、独立戦争以来、奴隷の位置づけの問題を超えて、第一の国民的議論になっていた。州になれば議会の代表権にも影響が及ぶ。下院議員の割り当て数を決める際には、奴隷は一人につき五分の三人とカウントされるため、奴隷はワシントンの権力バランスに大きな影響を及ぼす。奴隷制支持派も、奴隷制の拡大に反対する人々も、下院であれ、あるいは上院であれ、相手側がより大きな力を持つことを望まなかった。そのため、穏健派はしばしば、「奴隷」州と「自由」州の「均衡」を保つための妥協を仲介しようと試みていた。一八二〇年のミズーリ妥協は、メイン州は自由州として、ミズーリ州は奴隷州として国に加わることを認めており、ルイジアナ買収領の残りの地域、北緯三六度三〇分以北は自由州のままとすることを規定していた[188]。この「妥協」は譲ることのできない一線を設けたものではあったが、奴隷制拡大に関する議論は連邦政府においても、一般市民の間でも続いた。

それから三〇年を経て、一八五〇年協定によりカリフォルニアは自由州として連邦に加盟したが、ニュー・メキシコとユタ(一八四六から一八四八年の米墨戦争後に獲得したすべての土地)には人民主権が認められ、そこに定住する人々が奴隷制を認めるかどうかを決めることができるようになった。この協定はまた、奴隷制支持派のために、非常に有利な逃亡奴隷法と首都における奴隷制の維持を規定するとともに、その一方では、奴隷制反対派のために、ワシントンDCにおける国内奴隷を禁止していた。[189]

特にネブラスカの連邦への加盟をめぐる問題は、異様な盛り上がりを見せた。ネブラスカを白人のための入植地として開発し、大陸横断鉄道の建設を進めようとする者たちは、奴隷制支持派の激しい反対にあった。ミズーリ妥協で定められた境界線を考慮すると、ネブラスカには奴隷制が存在しないことになるからである。イリノイの上院議員スティーブン・A・ダグラス（Stephen A. Douglass）は、カンザスとネブラスカの二つの領土を準州として編成し、入植者自身が奴隷制を認めるかどうかを住民投票で決めるという妥協案を提案した。[190]

ネブラスカは北部に位置するため、奴隷労働から利益を得る農業主体の経済を推進することができない。それゆえ入植者が奴隷制を認めないことはほぼ確実であった。自由土地派——奴隷所有者との不当な競争への反対、また、黒人の近くで暮らしたくないなど、様々な理由から奴隷制の拡大に反対していた人々——がネブラスカに集まってきた。しかし、カンザスでは綿花の栽培が可能であった。すぐさま、奴隷制推進派か、自由土地党派か、いずれの入植がより優勢になるかという競争が始まった。両者とも移住者を支援する土地関連会社を設立して移住を促進した。激しい議論の末、ダグラス上院議員の案が一八五四年五月二二日に下院を僅差（一一三対一〇〇）で通過し、その三日後に上院にて三五対一三で可決され、カンザス＝ネブラスカ法が成立した。奴隷制を容認するか否かを決める州憲法の投票への参加を望む人々が大急ぎでやって来た。ミズーリやほかの地域からは、ボーダー・ラフィアンズ（Border Ruffians）と呼ばれる奴隷制支持派の活動家たちも投票して選挙を有利に運ぶことだけを目的として入ってきた。ジェイホーカーズ（Jayhawkers）と呼ばれる奴隷制反対派の活動家たちも同じ目的で入って来た。選挙前後の数週間は、しばしばゲリラの形を取ったり、両陣営によって扇動されたりして、戦闘が繰り返された。奴隷制支持派はレコンプトン（Lecompton）を、自由土地党派と奴隷制廃止派はトピカ（Topeka）を首都として構え、それぞれ対立した。オサワトミー（Osawatomie）とポタワトミー（Potawatomie）の両地域では死者が出たため、この地域は「血のカンザス（Bleeding Kansas）」と呼ばれた。[191] ジョン・ブラウン（John Brown）は、一八五九年にヴァージニア州ハーパーズ・フェリー（Harper's Ferry）で奴隷解放のための反乱を計画し、実行した人物だが、一八五六年五月には、ポタワトミー虐殺事件として知られる五人の奴隷制推進派の農民に対する報復殺人事件に加わっている。これらの「内戦」では、一八五六年から一八六一年までに総計約五六人が死亡した。[192]

しかし、戦いはカンザスだけにとどまらなかった。連邦議会でもカンザスの命運をめぐって激しい論争が繰り広げられた。マサチューセッツ州上院議員で、奴隷制廃止論者として知られるチャールズ・サムナー（Charles Sumner）は、カンザスにおける奴隷制容認の動きに反対を表明した。一八五六年五月に行われた「カンザスの犯罪」と題する演説で、サムナーは次のように主張した。

この尋常でない悲劇は、権力に対するありふれた欲望から生じたものではない。これは、処女地である領土をレイプし、憎むべき奴隷制に引きずり込むものである。それはまた、あきらかに、このような恐ろしい犯罪の所産として、新たな奴隷国家を作ろうとする堕落した欲望に導かれたものであり、国政における奴隷制の力をさらに強めようとするものだ。(193)

サウス・カロライナ州下院議員プレストン・ブルックス（Preston Brooks）は、サムナーの演説やそのほかの発言が自国民を侮辱していると考え、サムナーを襲撃し、杖が折れ、彼が意識を失うまで、頭を殴り続けた。事件を知った奴隷制反対派の活動家や北部の多くの人々は憤慨した。一方、この暴挙で議員辞職したブルックスを南部の人々は英雄として称えた。両者の反応は国の分裂をさらに深めることになった。サムナーは頭部外傷、脊髄損傷、心的外傷後ストレス障害に苦しみ、議員活動を再開できるようになるまで二年かかった。(194)

一方、カンザス準州では、両派が競い合う中でいくつかの憲法が作成され、投票にかけ

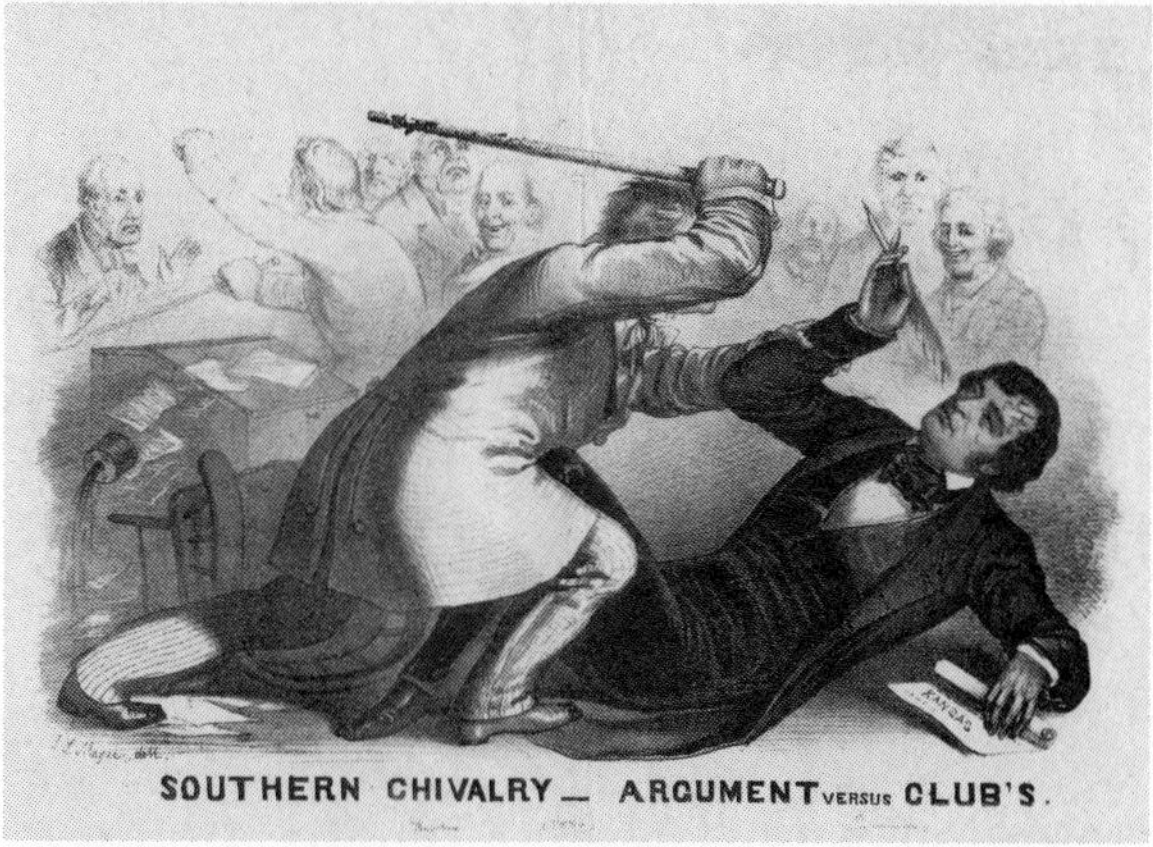
SOUTHERN CHIVALRY — ARGUMENT VERSUS CLUB'S.

4.4 「南部の騎士道精神：議論vs.クラブ（“Southern Chivalry–Argument versus Club's”）」；議会でプレストン・ブルックス下院議員がチャールズ・サムナー上院議員に行った杖打ち（1856年）
出典：アメリカ古書協会（米国マサチューセッツ州ウースター）／Bridgeman Images

られた。奴隷制を違法とした一八五五年一一月のトピカ憲法（Topeka Constitution）、奴隷制問題に対する住民主権を提案した一八五七年一一月のレコンプトン憲法（Lecompton Constitution）、奴隷制を禁じただけでなく女性の権利を支持した一八五八年四月のレブンワース憲法（Leavenworth Constitution）、奴隷制を禁止した一八五九年七月のワイアンドット憲法（Wyandotte Constitution）などである。アメリカ連邦議会は、ワイアンドット憲法を受け入れ、一八六一年一月二九日、カンザス準州を合衆国の自由州として加盟することを認めることを決議した[195]。

一八五〇年代は、奴隷制との関連で、もう一つの全国的な分断で彩られた。何よりも重要なのは自由を求めて訴訟を起こしたドレッド・スコット（Dred Scott v. Sanford）の裁判である。スコットは、ヴァージニア生まれの奴隷で、主人のピーター・ブロー（Peter Blow）にアラバマに連れて行かれ、さらに一八三〇年にミズーリに連れて行かれた。ブローは一八三二年に亡くなり、その後、スコットは軍医のジョン・エマーソン（John Emerson）に買い取られた。エマーソンはその後、スコットを自由州であるイリノイに、さらにウィスコンシン――同州も一七八七年の北西部条例と一八二一年のミズーリ妥協により自由州となっていた――に連れて行った。ドレッド・スコットは、エマーソン医師のもとで働く奴隷女性のハリエット・ロビンソン（Harriet Robinson）と結婚した。数年後、スコットと妻は、エマーソン医師とともに再び奴隷領（ルイジアナ）に移った。スコットは自由州に住んでいる間、自由を求める訴訟を起こすこともできたが、そうしなかった。しかし、一八四三年、エマーソンが亡くなった。ドレッド・スコットはエマーソン医師の未亡人から三〇〇米ドルで自分と妻の自由を買い取ろうとしたが、拒否された。そのため、スコットは一八四六年、自由を求め、裁判を起こすことを決意した[196]。スコットと仲の良かったピーター・ブローの息子たちは彼の訴訟費用の支払いに協力した。一八五〇年、ミズーリ州セント・ルイス（エマーソン夫人が居住し、スコット夫妻を雇っていた都市）の下級裁判所は、スコット夫妻が自由領域に居住していることを根拠に、スコット夫妻と二人の子供の解放を決定した。だが、ミズーリ州最高裁判所はこの判決を覆した。夫妻は連邦裁判所に提訴したが、連邦裁判所はミズーリの判決を支持した。事件は連邦最高裁で審理されることになった。(197)

一八五七年三月六日、奴隷制支持者として知られるロジャー・トーニー（Roger Taney）最高裁裁判長が、多数決（七対二）で判決を下した。裁判所は、ミズーリ州最高裁判所の原判決を支持し、スコット夫妻に奴隷の身分に戻るよう命じた。トーニー裁判長の判決文は、合衆国における奴隷制の「位置づけ」や奴隷に関して、進行中の、激化し続けるセクター間の論争を強く意識したものであり、ドレッド・スコットの裁判や下級審の裁判が提起している二つの重要な問題について見解を明らかにしている。彼が最も本質的な論点として中心に据えていたのは、黒人奴隷ならびに自由黒人の市民権であった。トーニーは、黒人は法的地位の如何に関わらず、合衆国の市民ではないとした。(198) したがって、スコットにはそもそも連邦裁判所で訴訟を起こす権利はないというのである。裁判所はまた、ミズーリ妥協は違憲であるとした。(199) しかし、敗訴はしたものの、ドレッド・スコットとその家族は、ピーター・ブローの息子たちが彼らを買い取ったために、解放されて自由を得た。その一八ヵ月後にドレッド・スコットは結核で死亡した。しかし、この裁判は一つの家族のステイタスを決したということだけにとどまらず、それをはるかに超える重要な意義を持っていた。

全国の奴隷制反対派の人々は、スコット裁判に対する最高裁判決は自由な黒人の権利と奴隷制廃止運動にとって大きな打撃であると受け取った。ミズーリ妥協や、奴隷制の領土的な拡張を食い止める可能性があるあらゆる法律が違憲とされたため、国に奴隷制の廃止を早急に実現させるための有効な方法はないように思われた。しかし、南部の奴隷制推進派は、自身の領土を実際に攻撃され、合衆国の一部であり続けるための努力が水の泡となるのもそう遠くないと感じていた。彼らはすぐさま、奴隷を引き連れて、合衆国を去ることを決意することになる。

一八五九年七月初旬、ジョン・ブラウン（John Brown）と彼の二人の息子オリバーとワトソン（Oliver and Watson）は、メリーランドのポトマック（Potomac）河畔の農場を借りた。その後三カ月間、彼らは、同じ志を持つ仲間とともに、北部の奴隷制廃止派から資金と支援を受けて襲撃計画を企てた。それを一連の反乱につなげ、奴隷制の廃止を実現しようとしたのである。ヴァージニア州ハーパーズ・フェリー（Harper's Ferry）にある連邦兵器庫を襲撃し、武器と弾薬を地元の奴隷や志願する住民に配布し、十分に武装したうえで反乱を起こす計画であった。一〇月一六日の夜、ブラウンと他一九人（白人一四人、黒人五人）の計二〇人で襲撃を開始した。襲撃の報はすぐに広まった。翌朝にはロバート・E・リー（Robert E. Lee）大佐が海兵隊を率いてやって来た。ブラウンが降伏を拒むやいなや、リーは攻撃した。戦いは数分で決着がついた。ブラウンの息子二人を含む一二人の男性が殺され、他五人は捕虜になった。この争いの中で五人の地元住民が死亡した。一八五九年一二月二日、反逆罪で有罪になったジョン・ブラウンは、ヴァージニア州チャールスタウン（Charlestown）で絞首刑に処された[200]。

ハーパーズ・フェリーの出来事から一年も経たない一八六〇年一一月六日、共和党の大統領候補であるエイブラハム・リンカンが勝利した。彼の奴隷制への政治的立場は、南部住民にとって受け入れ難いものだったので、南部諸州の投票分の三分の二は彼を支持しなかった。とはいえ、賽は投げられていた。サウス・カロライナは彼の大統領就任前に連邦から脱退した。三年後、連邦軍に不利な状況のもとで血みどろの内戦が続く中、リンカンの奴隷解放宣言が発効し、合衆国に反抗する地域のすべての奴隷が解放された。さらに二年後、戦争の終結を見届けたリンカンが暗殺され、一八六五年一二月六日にアメリカ合衆国憲法修正第一三条が批准された。アメリカ大陸最大の奴隷社会はこれをもって崩壊した。合衆国の四〇〇万人の奴隷がついに解放されたのである。

参考文献

Camp, Stephanie. *Closer to Freedom: Enslaved Women and Everyday Resistance in the*

Plantation South. Chapel Hill, NC: University of North Carolina Press, 2004.

Diouf, Sylviane Anna. *Dreams of Africa in Alabama: The Slave Ship Clotilda and the Story of the Last Africans Brought to America*. New York: Oxford University Press, 2009.

Faust, Drew Gilpin. *The Ideology of Slavery: Proslavery Thought in the Antebellum South, 1830–1860*. Baton Rouge, LA: Louisiana State University Press, 1981.

Fett, Sharla. *Working Cures: Healing, Health and Power on Southern Slave Plantations*. Chapel Hill, NC: University of North Carolina Press, 2002.

Foner, Eric. *The Fiery Trial: Abraham Lincoln and American Slavery*. New York: W. W. Norton, 2011.

Johnson, Michael, and Roark, James L. *Black Masters: A Free Family of Color in the Old South*. New York: W. W. Norton, 1984.

Johnson, Walter. *Soul by Soul: Life Inside the Antebellum Slave Market*. Cambridge, MA: Harvard University Press, 2001.

King, Wilma. *Stolen Childhood: Slave Youth in Nineteenth Century America*. 2nd edn. Bloomington, IN: Indiana University Press, 2011.

Mellon, James. *Bullwhip Days: The Slaves Remember, An Oral History*. New York: Grove Press, 1988.

Stevenson, Brenda E. *Life in Black and White: Family and Community in the Slave South*. New York: Oxford University Press, 1996.

結論

「奴隷制もしくは自発的でない隷属は、正当な手続きによって有罪判決を受けた当事者の犯罪に対する処罰の場合を除き、アメリカ合衆国内またはその管轄下にあるいかなる場所においても、存在してはならない」

アメリカ合衆国憲法修正第一三条(1)

「自由」が到来するまでに、南部の奴隷であったアフリカ系アメリカ人の男性、女性、そして子供たちは、南北戦争とその経済的、政治的、法的、文化的、社会的影響がもたらした深刻な不安の中で、目撃者として、関係者として、犠牲者として、そして勝利者として、無数の経験をしてきた。

一八六〇年当時、奴隷であった黒人が知っていた南部は――農業を基盤とする経済の衰退とその結果として貧困化した奴隷主、二五万人以上の兵士の死、建物の倒壊した都市、破壊された鉄道、砂糖工場、空っぽになったコットン小屋やタバコ納屋、焼け果てた畑、雑草だらけの田んぼ、プランテーションに戻らずに四散した黒人労働者の存在など――一八六五年には様変わりしていた。確かに誰もが、自分がどこにいて、何をしていて、自由だとわかった時にどう感じたかを、生涯をかけてとは言わないまでも何年もの間、覚えていた。自由とは何か、それが自分たちの生活にどのような影響を及ぼすのかを正確に判断するのに時間がかかったとしても、彼らは皆、自由が訪れた瞬間を記憶していた。自由については、連邦法や州法の中で明確な言葉で定義されていたが、「自由」になった人々にとって、過去の体験はあまりにも重く、現実は灰色であった。

南北戦争後の黒人の生活は、大きく異なる三つの再建計画（リコンストラクション計画）、解放奴隷局の創設と閉鎖、三つの重要な合衆国憲法修正条項の批准などを通じて、築かれ、維持され、そして失われていった。これらの法律や制度は、初期の段階では大きな成果をもたらした。黒人の男女は、合法的な結婚の資格を求め、何とかそれを取得し、そして離散した家族を呼び集めた。ある者は財産、仕事道具、家畜を手に入れ、自分なりのやり方で自分の家族農場を経営できるようになった。多くの人々、特に解放された若い世代は、わずかながら識字能力を身につけた。中には新設された大学に進学して、教師や牧師、医師などの専門家になる者もいた。特に南部の都市では、多くの熟練工が小さな自営業者の店の横に自分の店を出した。黒人男性の有権者たちは南部の政治団体に加わり、地方や州や連邦の機関に代表者を送り込んだ。

しかし、黒人の自由は、差別的な黒人法の施行、衆愚政治、ジム・クロウ法、選挙権の剝奪などによって、慣習的にも法的にも、すぐさま、揺さぶられることになった。国内テロを背景とする人種隔離や人種差別によって、黒人たちは植民地時代と同じ、劣等、服従、従属の立場に追いやられた。多くのアフリカ系アメリカ人にとってリコンストラクション修正が重要な意味を持つようになるには、さらに一〇〇年が必要だったのではないか。今日においてすら、刑事司法制度の犠牲者や被告として、また、教育上の排除、経済的疎外、医療実験、社会的孤立、文化的誹謗中傷など、奴隷制下の生活の特徴である不平等の遺産は、依然として非常に多くの黒人の人生に刻印されている。しかし、奴隷の子孫たちは、このような非人間的な扱いに抵抗し、代わりに平等を主張するという決意を持ち続けている。

奴隷制とは何か? 過去における奴隷制は、今日と同様、特権、優越、権力の神話を支える制度である。この制度は、ジェンダー、貧困、若さ、肌の色、宗教、性的指向、軍隊の地位、身体的・精神的な障害などの理由で、社会の周縁で生きるべきだと社会的に信じ込まされている人々を犠牲にする階層によって作られ、維持されている。もしこれが真実でないとするならば、どうして今日でも世界に二〇〇〇万人もの奴隷が存在するのか? 自由とは何か? 自由とは、不平等の暗黙裡の受容を打破することである。抵抗は奴隷制の遺産の一つであり、アメリカ大陸のアフリカ人と奴隷にされたその子孫によって日常的に、そしてしばしば劇的に採用されてきたものであった。抵抗は、まさに、維持し、支えていく価値がある。

200 Stevenson, *Life in Black and White*, 320–1.

結論

1 "13th Amendment to the United States Constitution," *Primary Documents in American History*, Library of Congress, April 10, 2014, http://www.loc.gov/rr/program/bib/ ourdocs/13thamendment.html.

org/kansapedia/bleeding-kansas/15145.

191 同上書.

192 同上書.

193 Hon. Charles Sumner, "The Crime Against Kansas: The Apologies for the Crime; The True Remedy Delivered to the United States Senate, 19–20 May 1856," in *The Works of Charles Sumner, vol. IV* (Boston: Lee and Shepard, 1870–1873), 125–249, in John C. Willis, *America's Civil War Documents*, http:// www.sewanee.edu/faculty/willis/Civil_War/documents/ Crime.html.

194 David Herbert Donald, *Charles Sumner and the Coming Civil War* (New York: Alfred A. Knopf, 1960), 291–6.

195 Kansas Historical Society, "Kansas Constitution," *Kansapedia*, February 2011, 最終更新 September 2012, http:// www.kshs.org/kansapedia/kansas-constitutions/16532; Mandi Barnard, "Wyandotte Constitution, Kansas Historical Society," *Kansapedia*, April 2010, 更新 August 2012, http:// www.kshs.org/kansapedia/wyandotte-constitution/ 13884.

196 "Dred Scott, 150 Years Ago," *The Journal of Blacks in Higher Education* 55 (Spring 2007): 19, http://www.jstor.org/ stable/25073625.

197 Walter Ehrlich, "The Origins of the Dred Scott Case," *The Journal of Negro History* 59 (2) (Apr. 1974): 132–3, http:// www.jstor.org/stable/2717325

198 Litwack, *North of Slavery*, Kindle location ch. 2, 294–8.

199 Walter Ehrlich, "Was the Dred Scott Case Valid?," *The Journal of American History* 55 (2) (September 1968): 256–65, http:// www.jstor.org/stable/1899556.

Africans in America, WGBH and PBS Online, 1998, http://www.pbs.org/wgbh/aia/part4/4h3439t.html

181 同上書.

182 Faust, *Ideology of Slavery*, 273.

183 John C. Calhoun, "Slavery as a Positive Good," February 6, 1837, TeachingAmericanHistory.org, http://teachingamericanhistory.org/library/document/slavery-a-positive-good/.

184 George Fitzhugh, *Sociology for the South: or Failure of Free Society* (Richmond, VA: A. Morris, 1854), 27–8, electronic edn, University of North Carolina at Chapel Hill, 1998, http:// docsouth.unc.edu/southlit/fi tzhughsoc/fi tzhugh.html

185 George Fitzhugh, "Sociology for the South," in *Slavery Defended: The Views of the Old South, ed. Eric McKitrick* (Englewood Cliffs, NJ: Prentice-Hall, 1963), 37–8, 引用は以下より. Stevenson, *Life in Black and White*, 42.

186 トーマス・R・デューの引用は以下より. Rollin G. Osterweis, *Romanticism and Nationalism in the Old South* (Gloucester, MA: L. Peter Smith, 1964), 以下から引用. Stevenson, *Life in Black and White*, 42.

187 ジュリア・ガーディナー・タイラーの引用は以下より. Ernest R. Groves, *The American Woman: The Feminine Side of a Masculine Civilization* (New York: Greenberg, 1937), 162.

188 Foner, *Free Soil, Free Labor, Free Men*, 89.

189 "Popular Sovereignty," in Rodriguez, *Chronology of World Slavery*, 315.

190 Kansas Historical Society, "Bleeding Kansas," *Kansapedia*, April 2010, 最終更新 September 2011, http://www.kshs.

169 De Graaf and Taylor, "Introduction," 10.

170 同上書.

171 "(1888) Frederick Douglass on Women Suffrage," *Woman's Journal*, April 14, 1888, Blackpast.org, http://www.blackpast. org/1888-frederick-douglass-woman-suffrage.

172 Drescher, *Abolition*, 304.

173 例えば以下を参照. Jeffrey, *The Great Silent Army of Abolitionism*.

174 ウィリアム・ロイド・ギャリソンの引用は同上書, 1.

175 同上書, 93–4.

176 Angelina Emily Grimké, *Appeal to the Christian Women of the South* (New York: American Anti-slavery Society, 1836), *Uncle Tom's Cabin and American Culture*, Steven Railton and the University of Virginia, http://utc.iath.virginia.edu/abolitn/ abesaegat.html.

177 Sarah Louisa Forten, "An Appeal to Women," in *She Wields a Pen: American Women Poets of the Nineteenth Century*, ed. Janet Gray (Iowa City, IA: University of Iowa Press, 1997), Poetry Foundation, http://www.poetryfoundation.org/poem/182815.

178 Brenda E. Stevenson, "Abolition," in Hine, *Black Women in America*, vol. 1, 1–7.

179 Drew Gilpin Faust, *The Ideology of Slavery: Proslavery Thought in the Antebellum South, 1830–1860* (Baton Rouge, LA: Louisiana State University Press, 1981), Kindle location, 12.

180 "'The "Mudsill" Theory,' by James Henry Hammond,"

Initiative, 1997, http://quod.lib.umich.edu/a/amverse/BAE0044.0001.001/1:4.1?rgn=div2;view=fulltext.

161 "Antislavery Ensemble," *Antislavery Literature Project*, Arizona State University and Iowa State University, 2006, http://antislavery.eserver.org/video/antislavery-ensemble.html/.

162 Jairus Lincoln, "Hymn 17," in *Antislavery Melodies: for The Friends of Freedom* (Hingham, MA: Elijah B. Gill, 1843), 28–9, https://archive.org/details/antislaverymelod1843linc.

163 "Uncle Tom's Cabin," *Harriet Beecher Stowe Center*, https:// www.harrietbeecherstowecenter.org/utc/.

164 "The Anti-Slavery Alphabet: A Pamphlet from 1846," *Jubilo! The Emancipation Century*, May 11, 2011, http://jubiloemancipationcentury.wordpress.com/2011/05/11/the-anti-slavery-alphabet-a-pamphlet-from-1846/.

165 Harold D. Tallant, "Garrison, William Lloyd (1805–1879)," in Rodriguez, *The Historical Encyclopedia of World Slavery*, vol. 1, 296–7.

166 Julie Roy Jeffrey, *The Great Silent Army of Abolitionism: Ordinary Women in the Antislavery Movement* (Chapel Hill, NC: University of North Carolina Press, 1998), 86–92.

167 Joel Schor, "The Rivalry between Frederick Douglass and Henry Highland Garnet," *The Journal of Negro History* 64 (1) (Winter 1979): 30–8, http://www.jstor.org/stable/2717124; Litwack, *North of Slavery*, location ch. 7.

168 Howard H. Bell, "The American Moral Reform Society, 1836–1841," *The Journal of Negro Education* 27 (1) (Winter 1958): 34–40, http://www.jstor.org/stable/2293690.

159 "Slave Narratives and Uncle Tom's Cabin, 1845–1862," *Africans in America*, WGBH and PBS Online, 1998, http://www.pbs.org/wgbh/aia/part4/4p2958.html; David W. Blight, "The Slave Narratives: A Genre and a Source," Gilder Lehrman Institute of American History, https://www.gilderlehrman.org/ history-by-era/literature-and-language-arts/essays/slave-narratives-genre-and-source; Pennington, *The Fugitive Blacksmith; The Narrative of William W. Brown, a Fugitive Slave. Written by Himself* (Boston, MA: Anti-Slavery Office, 1847), electronic edn, University of North Carolina at Chapel Hill, 2001, http://docsouth.unc.edu/neh/brown47/brown47.html ; Douglass, *Narrative of the Life of Frederick Douglass* (『アメリカの奴隷制を生きる』); Ball, *Fifty Years in Chains; The Life of Josiah Henson: Formerly a Slave, Now an Inhabitant of Canada, as Narrated by Himself* (Boston, MA: Arthur D. Phelps, 1849), electronic edn, University of North Carolina at Chapel Hill, 2001, http://docsouth.unc.edu/neh/henson49/henson49.html ; *Narrative of the Life and Adventures of Henry Bibb, an American Slave, Written by Himself* (New York: The Author, 1849), electronic edn, University of North Carolina at Chapel Hill, 2000, http:// docsouth.unc.edu/neh/bibb/bibb.html ; そして Jacobs, *Incidents in the Life of a Slave Girl.* (『ハリエット・ジェイコブズ自伝』)

160 "To William Lloyd Garrison," in John Greenleaf Whittier, *Anti-Slavery Poems: Songs of Labor and Reform* (New York: Houghton, Mifflin, and Co., 1888), 9–10, American Verse Project, University of Michigan Humanities Text

Historical Encyclopedia, vol. 2, ed. Junius P. Rodriguez (Santa Barbara: ABC-Clio, Inc, 2007), 161–2.

151 同上書. ドレッサーは関係者や構成員に対してもっと少なかったとする. Seymour Drescher, *Abolition: A History of Slavery and Antislavery* (Cambridge, UK: Cambridge University Press, 2009), 304.

152 William Lloyd Garrison, "On the Constitution and the Union," in "The Great Crisis!," *The Liberator* 2(52) (December 29, 1832), http://fair-use.org/the-liberator/1832/12/29/ on-the-constitution-and-the-union.

153 ギャリソンとフィリップスの引用は以下による. Paul Finkelman, "Garrison's Constitution: The Covenant with Death and How it was Made," *Prologue Magazine* 32 (4) (Winter 2000), http://www. archives.gov/publications/prologue/2000/winter/garrisonsconstitution-1.html ; 以下も参照. "No Slavery! Fourth of July! The Managers of the Mass. Anti-Slavery Soc' y. . . ," *Massachusetts Historical Society* online, http://www.masshist.org/database/ 431.

154 Kamrath, "American Anti-Slavery Society," 161–2.

155 Eric Foner, *Free Soil, Free Labor, Free Men: The Ideology of the Republican Party before the Civil War* (New York: Oxford University Press, 1995), passim.

156 Litwack, *North of Slavery*, Kindle location ch. 7, 2202–14.

157 Bradford, "Free African American Population in the U.S., 1790–1860."

158 Tunde Adeleke, "Lovejoy, Elijah P. (1802–1837)," in Rodriguez, *The Historical Encyclopedia of World Slavery*, vol. 2, 420–1.

Administrative, Historical and Moral Criteria for Judging Its Success or Failure," *Ethnohistory* 12 (3) (Summer 1965): 274–8, http:// www.jstor.org/stable/480522 ; Mary Hershberger, "Mobilizing Women, Anticipating Abolition: The Struggle against Indian Removal in the 1830s," *The Journal of American History* 86 (1) (June 1999): 15–40, http://www.jstor.org/stable/2567405.

141 Halliburton, *Red Over Black*, 192, appendix B; Arthur L. Tolson, *Black Oklahomans: A History, 1541–1972* (New Orleans, LA: Edwards Printing Company, 1972), 26–7.

142 Perdue, *Slavery and the Evolution of Cherokee Society*, 60.

143 Halliburton, *Red Over Black*, 192, appendix B.

144 Littlefield and Underhill, "Slave 'Revolt' in the Cherokee Nation," 127.

145 Rawick, *The American Slave* (*Supplement, Series 1*), vol. 12, Oklahoma Narratives, 203, 206, 296, 251, 310, 321, 344; Rawick, *The American Slave*, vol. 7, Oklahoma and Mississippi Narratives, 266, 237, 286, 345.

146 Perdue, *Slavery and the Evolution of Cherokee Society*, 60.

147 Chaney McNair quoted in Rawick, *The American Slave* (*Supplement, Series I*), vol. 12, Oklahoma Narratives, 222.

148 Rachel Caroline Eaton, *John Ross and the Cherokee Indians* (Chicago, IL: University of Chicago Press, 1921), 1–2; Roethler, "Negro Slavery among the Cherokee Indians," 122; Halliburton, *Red Over Black*, 27.

149 Guyette, "The American Republic: 1760–1870."

150 Mark L. Kamrath, "American Anti-Slavery Society," in *Slavery in the United States: A Social, Political, and*

132 WPA, "Vol. 4, Texas Narratives, Pt. 1," in *Slave Narratives*, "Julia Blanks."

133 Lawrence B. De Graaf and Quintard Taylor, "Introduction: African Americans in California History, California in African American History," in *Seeking El Dorado: African Americans in California*, ed. Lawrence B. De Graaf, Kevin Mulroy, and Quintard Taylor (Seattle, WA: University of Washington Press, 2001), 9.

134 Gerald Stanley, "Senator William Gwin: Moderate or Racist?," California Historical Quarterly 50 (3) (September 1971): 243–55, http://www.jstor.org/stable/25157333.

135 Brady Harrison, *Agent of Empire: William Walker and the Imperial Self in American Literature* (Athens, GA: University of Georgia Press, 2004).

136 Willi Coleman, "African American Women and Community Development in California, 1848–1900," in De Graaf, Mulroy, and Taylor, *Seeking El Dorado*, 103; De Graaf and Taylor, "Introduction," 9.

137 De Graaf and Taylor, "Introduction," 9–10.

138 Daniel F. Littlefield, Jr and Lonnie E. Underhill, "Slave 'Revolt' in the Cherokee Nation, 1842," *American Indian Quarterly* 3 (2) (Summer 1977): 121–6, http://www.jstor.org/ stable/1184177.

139 同上書, 128.

140 Ethan Davis, "An Administrative Trail of Tears: Indian Removal," *The American Journal of Legal History* 50 (1) (Jan. 2008–2010): 49–100, http://www.jstor.org/stable/25664483; Wilcomb E. Washburn, "Indian Removal Policy:

以下を参照. "'Mexico in his Head,'" 710.

120 Campbell, *An Empire for Slavery,* 71, Table 2.

121 同上書, 72–3, Table 4; Samuel H. Williamson and Louis P. Cain, "Measuring Slavery in 2020 Dollars," *MeasuringWorth,* 2023, http://www.measuringworth.com/slavery.php; Robert Evans, Jr "The Economics of American Negro Slavery, 1830- 1860," in *The Aspects of Labor Economics,* ed. Harold M. Groves (Princeton, NJ: Princeton University Press, 1962), 212, http://www.nber.org/chapters/c0606.

122 Campbell, *An Empire for Slavery,* 56, Table 1.

123 WPA, "Vol. 4, Texas Narratives, Pt. 2," in *Slave Narratives,* "Silvia King."

124 WPA, "Vol. 10, Arkansas Narratives, Pt. 5," in *Slave Narratives,* "Tom Robinson."

125 "Texas Slave Narrative: Sarah Ashley," transcribed by Eleanor Wyatt, Rootsweb.com , 2000, http://freepages.genealogy.rootsweb.ancestry.com/ ~ewyatt/_borders/Texas%20Slave%20 Narratives/Ashely,%20Sarah.html.

126 Campbell, *An Empire for Slavery,* 57–8.

127 同上書, 95.

128 WPA, "Vol. 4, Texas Narratives, Pt. 1," in *Slave Narratives,* "Edgar Bendy."

129 WPA, "Vol. 6, Texas Narratives, Pt. 3," in *Slave Narratives,* "Walter Rimm."

130 WPA, "Vol. 5, Texas Narratives, Pt. 3," in *Slave Narratives,* "Adeline Marshall."

131 WPA, "Vol. 4, Texas Narratives, Pt. 2," in *Slave Narratives,* "Sarah Ford."

107 Albert, *The House of Bondage*, 7–11.

108 ジェーン・パイアットの引用は以下より. Perdue, Barden, and Phillips, *Weevils in the Wheat,* 235.

109 WPA, "Vol. 9, Arkansas Narratives, Pt. 3," in *Slave Narratives,* "H.B. Holloway."

110 WPA, "Vol. 16, Virginia Narratives," in *Slave Narratives,* "Fannie Berry."

111 WPA, "Vol. 17, Florida Narratives," in *Slave Narratives,* "Mary Minus Biddie."

112 WPA, "Vol. 6, Alabama Narratives," in *Slave Narratives,* "Wade Owens."

113 Sean Kelley, "'Mexico in his Head': Slavery and the TexasMexico Border," J*ournal of Social History* 37 (3) (Spring 2004): 711–13, http://www.jstor.org/stable/3790160.

114 Campbell, *An Empire for Slavery*, 12–25; Kelley, "'Mexico in His Head,'" 713.

115 Campbell, *An Empire for Slavery*, 19.

116 奴隷は人口の20%だったとする説もある. 同上書, 31, 33.

117 同上書, 10–34; Kelley, " 'Mexico in his Head:' " 713–17; Paul D. Lack, "Slavery and the Texas Revolution," *Southwestern Historical Quarterly* 89 (2) (Oct. 1985): 181–202, http://www. jstor.org/stable/30239908; Eugene C. Barker, "The Influence of Slavery in the Colonization of Texas," *Southwestern Historical Quarterly* 28 (1) (July 1924): 1–33, http://www.jstor. org/stable/30234905.

118 テキサスでは1836年の憲法で奴隷制が認められた. Campbell, *An Empire for Slavery*, 46–7.

119 同上書, 46. この時代のテキサスの奴隷の価格については

Catherine Clinton, *Harriet Tubman: The Road to Freedom* (Boston, MA: Back Bay Books, 2005).

97 Stevenson, *Life in Black and White*, 275.

98 Compiled from Joseph E. Holloway, "Slave Insurrections in the United States, An Overview," *The Slave Rebellion Web Site*, 2010, http://slaverebellion.org/index.php?page=united-states-insurrections. この表に挙げられている反乱は，実際に起こったものである．ホロウェイは，実行される前に露見したより多くの陰謀や計画を挙げている．

99 Howard Jones, M*utiny on the Amistad*, rev. edn (New York: Oxford University Press, 1988), 7, 12–13, 15–16.

100 Jones, *Mutiny on the Amistad*, 208–9; Howard Jones, "The Peculiar Institution and National Honor: The Case of the Creole Slave Revolt," *Civil War History* 21 (1) (March 1975): 28–50, doi: 10.1353/cwh.1975.0036.

101 Yetman, *Voices from Slavery*, 13, 134; WPA, "Vol. 12, Georgia Narratives, Pt. 1" in *Slave Narratives*, "Rev. W. B. Allen."

102 同上書，"Anderson Furr."

103 Yetman, *Voices from Slavery*, 13.

104 Patrick Minges, ed., *Far More Terrible For Women: Personal Accounts of Women in Slavery* (Winston-Salem, NC: John F. Blair, Publisher, 2006), 14.

105 例えば以下を参照. Blassingame, *Slave Testimony*, 156; Jacobs, *Incidents in the Life of a Slave Girl*, 87–8; and Picquet, *Louisa Picquet, The Octoroon*, 6, 20–1.

106 WPA, "Vol. 14, North Carolina Narratives, Pt. 1," in *Slave Narratives*, "Mattie Curtis."

Narratives, "Fannie Moore."

88 WPA, "Vol. 5, Texas Narratives, Pt. 3" in *Slave Narratives*, "Adeline Marshall."

89 同上書, "Walter Rimm."

90 Yetman, *Voices from Slavery*, 41; William Still, ed., *Underground Railroad. A Record of Facts, Authentic Narratives, Letters, &c., Narrating the Hardships, Hair-Breadth Escapes and Death Struggles of the Slaves and Their Efforts of Freedoms, as Related by Themselves and Others, or Witnessed by the Author* (Philadelphia, PA: Porter and Coates, 1872), Kindle Edition, "Letter from Miss G.A. Lewis"; Brenda Stevenson, "Slavery," in *Black Women in America: An Historical Encyclopedia*, vol. 2, Darlene Clark Hine, ed. (Brooklyn, NY: Carlson Publishing, Inc., 1993), 1058–9.

91 Octavia V. Rogers Albert, *The House of Bondage, or Charlotte Brooks and Other Slaves* (New York: Oxford University Press, 1988), 9.

92 Campbell, *An Empire for Slavery*, 106.

93 Blassingame, *Slave Testimony*, 341–3.

94 WPA "Vol. 4, Texas Narratives, Pts. 1 and 2," in *Slave Narratives*, "Adeline Cunningham."

95 Northup, *Twelve Years a Slave*, 245.

96 Still, *Underground Railroad; Running a Thousand Miles For Freedom; or the Escape of William and Ellen Craft from Slavery* (London, UK: William Tweedie, 1860), electronic edn, University of North Carolina at Chapel Hill, 2001, http:// docsouth.unc.edu/neh/craft/craft.html;

Women and Girls in the Antebellum South," in "Women, Slavery, and the Atlantic World," Special Issue, *Journal of African American History* 98 (1) (Winter 2013): 99–125, http://www.jstor.org/ stable/10.5323/jafriamerhist.98.1.0099.

76 Jacobs, *Incidents in the Life of a Slave Girl*, 44.（『ハリエット・ジェイコブズ自伝』）

77 Narrative of Lewis Clark, *National Anti-Slavery Standard*, 1842, recorded by Lydia Maria Child and found in John W. Blassingame, ed., *Slave Testimony: Two Centuries of Letters, Speeches, Interviews and Autobiographies* (Baton Rouge: Louisiana State University Press, 1977), 156. 以下も参照. Stevenson, "'What's Love Got to Do with It?'" 99–125.

78 この項の情報は以下から引用した. Stevenson, *Life in Black and White*, 188–90, 193, 209.

79 同上書, 188–9.

80 同上書, 235.

81 例えば以下を参照. Stevenson, *Life in Black and White*, 202.

82 Ball, *Fifty Years in Chains*, 9–11.

83 WPA, "Vol. 17, Virginia Narratives," in *Slave Narratives*, "Minnie Folkes" and "Fannie Berry," respectively.

84 Lulu Wilson, interviewed by unknown, Dallas, TX, in Yetman, *Voices from Slavery*, 323.

85 Elizabeth Keckley, *Behind the Scenes. Or, Thirty Years a Slave, and Four Years in the White House* (New York: Oxford University Press, 1988), 33.

86 Yetman, *Voices from Slavery*, 11, 37.

87 WPA, "Vol. 15, North Carolina Narratives, Pt. 2," in *Slave*

64 Julia Brown, interview with Geneva Tonsill, Atlanta, Georgia, in Yetman, *Voices from Slavery*, 47–8.

65 例えば以下を参照. WPA, "Vol. 12, Georgia Narratives, Pt. 1," in *Slave Narratives*, "Callie Elder."

66 Booker T. Washington, *Up from Slavery: An Autobiography* (Garden City, NY: Doubleday and Co., Inc., 1901), Project Gutenberg eBook, 2008, last modified 2011, ch. 1.

67 WPA, "Vol. 6, Alabama Narratives," in *Slave Narratives*, "Mingo White."

68 Jacob Branch, interview with unknown, Double Bayou Settlement, Texas, in Yetman, *Voices from Slavery*, 40.

69 WPA, "Vol. 12, Georgia Narratives, Pt. 1," in *Slave Narratives*, "Celestia Avery."

70 Ball, *Fifty Years in Chains*, 9–10.

71 WPA, "Vol. 6, Alabama Narratives," in *Slave Narratives*, "Janie Scott."

72 例えば以下を参照. *Louisa Picquet, the Octoroon: or Inside Views of Southern Domestic Life*, ed. Hiram Mattison (New York: Hiram Mattison, 1861), electronic edn, University of North Carolina at Chapel Hill, 2003, http://docsouth.unc.edu/ neh/picquet/picquet.html; and Jacobs, *Incidents in the Life of a Slave Girl*.

73 Delia Garlic quoted in Rawick, *The American Slave*, vol. 6, Alabama and Indiana Slave Narratives, 130.

74 "Mrs. Armaci Adams" in Perdue, Barden, and Phillips, *Weevils in the Wheat*, 3–4.

75 例えば以下を参照. Brenda E. Stevenson, "'What's Love Got to Do with It?': Concubinage and Enslaved Black

ned, and Acknowledged by Him to Be Such, When Read Before the Court of Southampton, Convened at Jerusalem, November 5, 1831, for His Trial," transcribed by Thomas R. Gray, in *The Confessions of Nat Turner and Related Documents*, ed. Kenneth S. Greenberg (Boston, MA: Bedford/St Martins, 1996), 44–5. 以下も参照. Stevenson, "Family and Community in Slave Narratives," 277–97.

56 Harriet Jacobs, *Incidents in the Life of a Slave Girl*, ed. Valerie Smith (New York: Oxford University Press, 1988), 87–9.（小林憲二編訳『ハリエット・ジェイコブズ自伝』明石書店, 2001年）

57 *Narrative of the Life of Frederick Douglass, An American Slave: Written by Himself*, 6th edn (London: H. G. Collins, 1851), 4, https://play.google.com/books/reader?id=U69bAAAAQAAJ&printsec=frontcover&output=reader&authuser=0& hl=en.（樋口映美監修, 専修大学文学部歴史学科南北アメリカ史研究会訳『アメリカの奴隷制を生きる――フレデリック・グダラス自伝』彩流社, 2016年）

58 同上書, 25.

59 WPA, "Vol. 15, South Carolina Narratives, Pt. 1," in *Slave Narratives*, "Ezra Adams."

60 Ball, *Fifty Years in Chains*, 12.

61 WPA, "Vol. 17, Virginia Narratives," in *Slave Narratives*, "Elizabeth Sparks."

62 WPA, "Vol. 2, South Carolina Narratives, Pt. 1," in *Slave Narratives*, "Josephine Bristow."

63 WPA, "Vol. 1, Alabama Narratives," in *Slave Narratives*, "Charlie Van Dyke."

Slavery: The Refugee, or the Narratives of Fugitive Slaves in Canada (Boston, MA: John P. Jewett and Co., 1856), 74; Charles Preston Poland, *From Frontier to Suburbia* (Loudoun Co., VA: Walsworth Publishing Co., 1976), 139.

47 *The Fugitive Blacksmith; or, Events in the History of James W. C. Pennington*, 3rd edn (1849, repr. Westport, CN: Negro Universities Press, 1971), v–vi.

48 Dorothy Sterling, ed., *We Are Your Sisters: Black Women in the Nineteenth Century* (New York: W. W. Norton and Co., 1984), 48. Pennington, *The Fugitive Blacksmith*, v–x; "Carol Anna Randall" in Perdue, Barden, and Phillips, *Weevils in the Wheat*, 236.

49 リジー・グラントの引用は以下より. Rawick, *The American Slave* (Supplement, Series II), vol. 5, Texas narratives, pt. 4, 1556.

50 Josephine Howard quoted in Rawick, *The American Slave*, vol. 4, Texas Narratives, pt. 2, 163.

51 例えば以下を参照. "West Turner" in Perdue, Barden, and Phillips, *Weevils in the Wheat*, 291.

52 Rawick, *The American Slave*, vol. 15, North Carolina Narratives, pt. 2, 131.

53 例えば以下を参照. WPA, "Georgia Narratives, Part 1," in *Slave Narratives*, "Rias Body."

54 WPA, "Georgia Narratives, Part 3," in Slave Narratives, "Shade Richards."

55 *"The Confessions of Nat Turner; Leader of the Late Insurrection in Southampton, VA. As Fully and Voluntarily Made to Thos. R. Gray, in the Prison Where He Was Confi-*

35 White, *Ar'n'tIa Woman?*, 27-61.

36 同上書.

37 チェイニー・スペルの引用は以下より. Rawick, *The American Slave*, vol. 15, North Carolina Narratives, pt. 2, 308.

38 メアリー・チェスナットの引用は以下より. C. Vann Woodward, ed., *Mary Chesnut' s Civil War* (New Haven, 1981), in Kolchin, *American Slavery*, 124.

39 ローザ・マドックスの引用は以下より. Mellon, *Bullwhip Days*, 122.

40 Perdue, Barden, and Phillips, *Weevils in the Wheat*, 207.

41 William Forbes to George Carter, 20 May 1805, Carter Family Papers, Virginia Historical Society, Richmond; George Carter to Sophia Carter, 20 June 1816, George Carter Letter Book, Virginia Historical Society, Richmond.

42 Perdue, Barden, and Phillips, *Weevils in the Wheat*, 300–1.

43 ジェイコブ・マンソンの引用は以下より. Mellon, *Bullwhip Days*, 219–20.

44 ミニー・フォルクスの引用は以下より. Perdue, Barden, and Phillips, *Weevils in the Wheat*, 92–3.

45 Helen T. Catterall, ed., *Judicial Cases Concerning American Slavery and the Negro*, vol. 3 (Washington, DC: Carnegie, 1929), 363.

46 Inventory of Adam Shover's Estate, October 13, 1817, Shover Family Papers, Virginia State Library, Richmond; Promissory note, Samuel DeButts, October 29, 1838, DeButts Family Papers, Virginia Historical Society, Richmond; Benjamin Drew, ed., *A North-Side View of*

23 サラ・コルキットの引用は以下より．Rawick, *The American Slave*, vol. 6, Alabama and Indiana Narratives, 87–8.

24 同上書．

25 アメリア・ウォーカーの引用は以下より．Charles L. Perdue, Jr, Thomas E. Barden, and Robert K. Phillips, eds, *Weevils in the Wheat: Interviews with Virginia Ex-Slaves* (Charlottesville, VA: University Press of Virginia, 1976), 292.

26 ヘンリエッタ・マッカラーズの引用は以下より．Rawick, *The American Slave*, vol. 15, North Carolina Narratives, pt. 2, 74.

27 Charles Sackett Sydnor, *Slavery in Mississippi* (1933; repr. Gloucester, MA: Peter Smith, 1965), 10n47.

28 Olmstead, *The Cotton Kingdom*, 168.

29 Northup, *Twelve Years a Slave*, 156.

30 チャーリー・ハドソンの引用は以下より．Mellon, *Bullwhip Days*, 141.

31 フランシス・ウィリンガムの引用は以下より．Rawick, *The American Slave*, vol. 13, Georgia Narratives, pt. 4, 157.

32 ファニー・ムーアの引用は以下より．Rawick, *The American Slave*, vol. 15, North Carolina Narratives, pt. 2, 130.

33 以下より引用．"Compilation Richmond County Ex-Slave Interviews: Mistreatment of Slaves," in Rawick, *The American Slave*, vol. 13, Georgia Narratives, pt. 4, 299.

34 ナンシー・ウィリアムズの引用は以下より．Perdue, Barden, and Phillips, *Weevils in the Wheat*, 322–3.

Wilma King, "The Mistress and Her Maids: White and Black Women in a Louisiana Household, 1858–1868," in Morton, *Discovering the Women in Slavery*, 82–106; Stevenson, *Life in Black and White*, Kindle location ch. 6.

17 *Historical Census Browser*, Geospatial and Statistical Data Center, University of Virginia Library, 2004, http://mapserver. lib.virginia.edu/.

18 Michel Frosch, "Results of the 1860 Census," *The Civil War Homepage*, 最終更新 2009, http://www.civil-war.net/pages/1860_census.html.

19 Lewis Cecil Gray and Esther Kathrine Thompson, *History of Agriculture in the Southern United States until 1860* (Washington, DC: The Carnegie Institute of Washington, 1973), 1026, Table 40.

20 Gene Dattel, *Cotton and Race in the Making of America: The Human Costs of Economic Power* (Lanham, MD: Ivan R. Dee, 2009), Kindle Edition, "Appendix: 1, 6366. Cotton Prices in Cents per Pound, Weighted Average, 1800–1860."

21 南北戦争以前の南部におけるジェンダーと奴隷労働に関する議論については,以下が最も優れている. Jones, *Labor of Love, Labor of Sorrow* , 14–29; また以下も. Julie A. Matthaei, *An Economic History of Women in America: Women's Work, the Sexual Division of Labor, and the Development of Capitalism* (New York: Schocken Books, 1982), 74–97.

22 ファニー・ムーアの引用は以下より. *The American Slave: A Composite Autobiography*, vol. 15, ed. George P. Rawick, North Carolina Narratives, pt. 2 (1941, repr. Westport, CT: Greenwood Publishing, 1979), 129.

12　ローザ・スタークの引用は以下より．Mellon, *Bullwhip Days*, 136.

13　Knut Oyangen, "The Cotton Economy of the Old South," *American Agricultural History Primer*, Iowa State University Center for Agricultural History and Rural Studies, http://rickwoten.com/CottonEconomy.html.

14　Richard C. Wade, *Slavery in the Cities: The South 1820–1860* (New York: Oxford University Press, 1967), 4–8; Stevenson, *Life in Black and White*, 185–6; Keith S. Hébert, "Slavery," *Encyclopedia of Alabama*, 最終更新 November 15, 2012, http://www.encyclopediaofalabama.org/face/Article.jsp?id=h-2369.

15　Frederick Law Olmstead, *The Cotton Kingdom: A Traveller's Observations on Cotton and Slavery in the American Slave States, 1853–1861*, ed. Arthur M. Schlesinger (New York: Da Capo Press, 1996), 162.

16　奴隷女性の労働については以下を参照．Deborah Gray White, *Ar'n'tIa Woman? Female Slaves in the Plantation South* (New York: W. W. Norton Press, 1985), passim; Jacqueline Jones, *Labor of Love, Labor of Sorrow: Black Women, Work and the Family, From Slavery to the Present* (New York: Basic Books, 1985), 11–43 passim; Virginia Meacham Gould, " 'If I Can't Have My Rights, I Can Have My Pleasures, And If They Won't Give Me Wages, I Can Take Them': Gender and Slave Labor in Antebellum New Orleans," in *Discovering the Women in Slavery: Emancipating Perspectives on the American Past*, ed. Patricia Morton (Athens: University of Georgia Press, 1996), 179–201;

Publications, 2000), 128.

2 Morton Rothstein, "Antebellum Wheat and Cotton Exports: A Contrast in Marketing Organization and Economic Development," *Agricultural History* 40 (2) (April 1966): 91, http:// www.jstor.org/stable/3741087.

3 James H. Tuten, "Chapter 1: A Brief History of Rice Culture to the 1870s," in *Lowcountry Time and Tide: The Fall of the South Carolina Rice Kingdom* (Columbia, SC: University of South Carolina Press, 2010), 24, available online, http://www. sc.edu/uscpress/books/2010/3926x.pdf.

4 Deyle, *Carry Me Back*, Kindle location ch. 2, 657.

5 同上書.

6 同上書, ch. 2, 670.

7 United States Works Progress Administration (WPA), ed., "Vol. 2, Arkansas Narratives, Part 2," in *Slave Narratives: A Folk History of Slavery in the United States from Interviews with Former Slaves* (Washington, DC: Federal Writers 'Project, 1941), Kindle Edition, "Mattie Fannen."

8 WPA, "Vol. 16, Texas Narratives, Part 3," in *Slave Narratives*, "Mariah Robinson."

9 WPA, "Vol. 2, Arkansas Narratives, Part 6," in *Slave Narratives*, "Henrietta Ralls."

10 WPA, "Vol. 16, Texas Narratives, Part 4," in *Slave Narratives*, "Ben Simpson."

11 マーティー・ムーアマンの引用は以下より. *Bullwhip Days: The Slaves Remember, An Oral History*, ed. James Mellon (New York: Grove Press, 1988), 136–8.

Congress, October 19, 1998, http://memory.loc.gov/ammem/gmdhtml/ libhtml/liberia.html.

205 ポール・カフィーの生涯と植民地化の取り組みについては以下を参照. Lamont D. Thomas, *Paul Cuffee: Black Entrepreneur and Pan-Africanist* (*Blacks in the New World*) (Urbana, IL: University of Illinois Press, 1988).

206 Litwack, *North of Slavery*, Kindle location ch. 1, 249.

207 Forten' s quote found at "Historical Document: Forten Letter to Cuffee, 1817," *Africans in America*, WGBH and PBS Online, 1998, http://www.pbs.org/wgbh/aia/part3/3h484.html.

208 以下から引用した. Litwack, *North of Slavery*, Kindle location ch. 1, 252–4.

209 同上書, ch. 1, 263; Nemata Blyden, "The Colonization of Liberia," *Colonization and Emigration*, Schomburg Center for Research in Black Culture and The New York Public Library, 2005, http://www.inmotionaame.org/migra tions/topic.cfm;jsessionid=f830122384140250801l132?migration=4&topic=4&bhcp=1.

210 以下を参照. John McNish Weiss, *The Merikens: Free Black American Settlers in Trinidad, 1815–16*, 2nd edn (London: McNeish and Weiss, 2002); また以下も参照のこと. Alan Taylor, *The Internal Enemy: Slavery and War in Virginia, 1772-1832* (New York: W. W. Norton, 2013).

4 南北戦争以前のアメリカ合衆国における奴隷制と反奴隷制

1 Dora Franks, *Voices from Slavery, 100 Authentic Slave Narratives*, ed. Norman Yetman (Mineola, NY: Dover

Free Family of Color in the Old South (New York: W. W. Norton and Company, 1984), Kindle Edition location ch. 5, 3243.

194 Whittington B. Johnson, "Free African-American Women in Savannah, 1800–1860: Affluence and Autonomy amid Adversity," *The Georgia Historical Quarterly* 76 (2) (Summer 1992): 265, http://www.jstor.org/stable/40582536.

195 同上書.

196 同上書, 266–7.

197 Johnson and Roark, *Black Masters*, Kindle location ch. 5, 3229–33.

198 Tara Fields, "A Brief Timeline of Georgia Laws Relating to Slaves, Nominal Slaves and Free Persons of Color," February 14, 2004, Rootsweb.com , http://www.rootsweb.ancestry.com/ ~ gacamden/slave_timeline.pdf.

199 Larry Koger, *Black Slaveowners: Free Black Slave Masters in South Carolina, 1790–1860* (Columbia, SC: University of South Carolina Press, 1995), 1.

200 同上書.

201 David Lightner and Alexander Ragan, "Were African American Slaveholders Benevolent or Exploitative? A Quantitative Approach," *The Journal of Southern History* 71 (3) (Aug. 2005): 539–40, http://www.jstor.org/stable/27648819; Koger, *Black Slaveowners*, 1.

202 Stevenson, *Life in Black and White*, 277.

203 同上書.

204 "History of Liberia: A Timeline," *American Memory: A Century of Lawmaking for New Nation*, Library of

Washington City in 1841, and Rescued in 1853 (Auburn, NY: Derby and Miller, 1853), 19, electronic edn, University of North Carolina at Chapel Hill, 1997, http://docsouth.unc.edu/fpn/northup/ northup.html.

175 Litwack, *North of Slavery*, Kindle location ch. 1, 172.

176 同上書, ch. 2, 590–2.

177 同上書, ch. 3, 694.

178 同上書, ch. 3, 880–1.

179 同上書, ch. 3, 892–923.

180 同上書, ch. 3, 895, 910–12.

181 同上書, ch. 3, 919–26.

182 同上書, ch. 4, 1074–89.

183 同上書, ch. 4, 1197.

184 同上書, ch. 4, 1305–13.

185 同上書, ch. 5, 1436–45.

186 同上書, ch. 4, 1192–1233.

187 同上書, 698–703, 951–8.

188 同上書, ch. 3, 932–6, 941.

189 同上書, ch. 2, 490; Stevenson, *Life in Black and White*, 264, 275.

190 "Charles Deslondes Revolt, 1811," *The Louisiana Gazette and New Orleans Daily Advertiser*, January 10, 1811, The Slave Rebellion Web Site, 2010, http://slaverebellion.org/index.php?page=newspaper-report-of-the-charles-deslonde-1811.

191 Stevenson, *Life in Black and White*, 275–6, 290–1.

192 同上書.

193 Michael Johnson and James L. Roark, *Black Masters: A*

'Number One Financial Activity,'" *The Jamestown Press* Online, March 19, 2009, 1, http://www.jamestownpress.com/ news/2009-03-19/front_page/003.html.

166 Paul Finkleman, "US Constitution and Acts," *The Abolition of the Slave Trade*, The Schomburg Center for Research in Black Culture and the New York Public Library, 2007, http:// abolition.nypl.org/print/us_constitution/.

167 Sylviane Anna Diouf, *Dreams of Africa in Alabama: The Slave Ship Clotilda and the Story of the Last Africans Brought to America* (New York: Oxford University Press, 2009), 特に 72–89.

168 "The Clotilda: A Finding Aid," The National Archives at Atlanta, http://www.archives.gov/atlanta/finding-aids/clotilda.pdf.

169 以下を参照. Douglas R. Egerton, *Gabriel's Rebellion: The Virginia Slave Conspiracies of 1800 and 1802* (Chapel Hill, NC: University of North Carolina Press, 1993).

170 Egerton, *Gabriel's Rebellion*, 21–2; Kolchin, *American Slavery*, 78–81.

171 US Census Bureau, "Total Slave Population in the United States 1790–1860"; regarding cotton production, see Table 6.

172 Litwack, *North of Slavery*, 32; リトワックはまた1803年に有色人種の自由人船員が「市民」であったことを示す手短な言及があることを指摘する. Kindle location ch. 2, 303–5.

173 同上書, ch. 3, 718–21, 764–5.

174 Solomon Northup, *Twelve Years a Slave: Narrative of Solomon Northup, a Citizen of New-York, Kidnapped in*

American Population in the US, 1790–1860, compiled in 2008, University of Virginia Library, http://www.freeaainnc.com/censusstats1790-1860.pdf.

160 US Articles of Confederation art. 4, § 2, art. 9, § 5, pp. 4, 7–8, respectively, *American Memory: A Century of Lawmaking for New Nation*, Library of Congress, http://memory.loc.gov/cgi-bin/ampage?collId=llsl&fileName =001/llsl001.db&recNum=132.

161 US Const. art. IV, § 2, "Constitution of the United States: A Transcription," *The Charters of Freedom*, http:// www.archives.gov/exhibits/charters/constitution_transcript. html

162 Northwest Ordinance, July 13, 1787, National Archives Microfilm Publication M332, roll 9, Miscellaneous Papers of the Continental Congress, 1774–1789, Records of the Continental and Confederation Congresses and the Constitutional Convention, 1774–1789, Record Group 360, http://www.our documents.gov/doc.php?fl ash=true&doc=8.

163 "Article 4, Section 2, Clause 3," *The Founders Constitution*, ed. Philip B. Kurland and Ralph Lerner (Chicago, IL: University of Chicago Press and the Liberty Fund, 2000), http://press-pubs.uchicago.edu/founders/documents/a4_2_3s6.html.

164 "Regulating the Trade," *The Abolition of the Slave Trade*, The Schomburg Center for Research in Black Culture and the New York Public Library, 2012, http://abolition.nypl.org/essays/ us_constitution/4/.

165 Berlin, *Many Thousands Gone*, 308–9; Kolchin, *American Slavery*, 79; Jeff McDonough, "Slave trade was Rhode Island's

North Carolina Press, 2013).

153 以下から引用した. Michael Donald Roethler, "Negro Slavery among the Cherokee Indians, 1540–1866" (PhD diss., Fordham University, 1964), 57–8. 以下も参照. R. Halliburton, Jr, *Red Over Black: Black Slavery Among the Cherokee Indians* (Westport, CT: Greenwood Press, 1977), 9–11.

154 Philip J. Schwartz, *Slave Laws in Virginia* (Athens, GA: University of Georgia Press, 1996), 54–5.

155 "Maryland Acts Regarding Slaves and Free Blacks," *Legacy of Slavery in Maryland*, Maryland State Archives, http:// slavery.msa.maryland.gov/html/research/slaves_free.html.

156 "George Washington' s 1799 Will and Testament," July 9, 1799, *George Washington's Mount Vernon* (*The Library*) online, http://www.mountvernon.org/educationalresources/encyclopedia/last-will-and-testament.

157 "Timeline of Slavery in Maryland," Slavery in Maryland research guide, University of Maryland Libraries, August 14, 2014, http://lib.guides.umd.edu/marylandslavery.

158 Stevenson, *Life in Black and White*, 175, 409n22.

159 Leon F. Litwack, *North of Slavery: The Negro in the Free States, 1790–1860* (Chicago, IL: University of Chicago Press, 1965), Kindle location, ch. 1; US Census Bureau, "Total Slave Population in the United States 1790–1860, by State," in Matthew D. Parker, *American Civil War*, http:// thomaslegion. net/totalslavesslaverypopulationinunitedstates17901860bys tate.html; Erin Bradford, "Free African

146 例えば1814年に発見された会社経由のシエラレオネへの入植に関する記述については以下を参照. Maureen James, "John Clarkson & the Sierra Leone Company," *Telling History*, 2011, http://www.tellinghistory.co.uk/clarkson-john.

147 Douglas Harper, "Emancipation in New York," in "Slavery in the North," http://slavenorth.com/nyemancip.htm

148 Douglas Harper, "Slavery in the North," 2003, http://slavenorth.com/slavenorth.htm; "The Slave Trade and the Revolution," *The Abolition of the Slave Trade*, The Schomburg Center for Research in Black Culture, http://abolition.nypl.org/essays/us_constitution/2/; Steven Deyle, *Carry Me Back: The Domestic Slave Trade in American Life* (New York: Oxford University Press, 2005), Kindle Edition, Kindle location ch. 2, 293.

149 "'Natural and Inalienable Right to Freedom': Slaves' Petition for Freedom to the Massachusetts Legislature, 1777," in *Collections of the Massachusetts Historical Society*, 5th series, vol. 3 (Boston, 1877), 436–7, History Matters, http://historymatters.gmu.edu/d/6237.

150 Douglas Harper, "Slavery in the North," Slavery in the North, 2003, http://slavenorth.com/slavenorth.htm. Catherine Adams and Elizabeth H. Pleck, *Love of Freedom: Black Women in Colonial and Revolutionary New England* (New York: Oxford University Press, 2010), 128.

151 Roberta Jestes, "Indian Slaves in Maryland and Virginia."

152 例えば以下を参照. Barbara Krauthamer, *Black Slaves, Indian Masters: Slavery, Emancipation and Citizenship in the Native American South* (Chapel Hill, NC: University of

blackloyalist.com/cdc/story/revolution/philipsburg.htm.

139 Peter Kolchin, *American Slavery, 1619–1877* (New York: Hill and Wang, 1993), 70–3.

140 Alan Gilbert, *Black Patriots and Loyalists: Fighting for Emancipation in the War for Independence* (Chicago, IL: University of Chicago Press, 2012), 142.

141 Boston King, "Boston King, a Black Loyalist, Seeks Freedom Behind British Lines," in *African American Voices: A Documentary Reader, 1619–1877*, 4th edn, ed. Steven Mintz (Malden, MA: Blackwell Publishing, 2009), 82–3.

142 "James Armistead (Lafayette) Bibliography: Warrior, Spy, Military Leader (c. 1748–c. 1830)," Bio, A&E Television Networks, 2014, http://www.biography.com/people/james -armistead-537566; James W. St. G. Walker, "KING, BOSTON," in *Dictionary of Canadian Biography*, vol. 5, University of Toronto, 2003, http://www.biographi.ca/en/bio/ king_boston_5E.html.

143 "Shelburne Riot," Black *Loyalists: Our History, Our People and Canada's Digital Collection*, http://blackloyalist.com/cdc/ story/prejudice/riot.htm.

144 Elise A. Guyette, "The American Republic, 1760–1870: Abolition Timeline," *Flow of History*, http://flowofhistory.org/themes/american_republic/abolition_timeline.php.

145 Boston King, "Memoirs of Boston King," June 4, 1796, *Black Loyalists: Our History, Our People and Canada's Digital Collection*, http://blackloyalist.com/cdc/documents/diaries/king -memoirs.htm.

AfrAmer.html.

133 Mary V. Thompson, "George Washington and Slavery," *George Washington's Mount Vernon* (*The Library*) online, http://www.mountvernon.org/research-collections/digital-encyclopedia/article/george-washington-and-slavery/. Stevenson, *Life in Black and White*, 209–10.

134 Paul Finkelman, "Thomas Jefferson and Antislavery: The Myth Goes On," *The Virginia Magazine of History and Biography* 102 (2) (Apr. 1994): 203–5, http://www.jstor.org/ stable/4249430.

135 J. Kent McGaughy, *Richard Henry Lee of Virginia: A Portrait of an American Revolutionary* (Lanham, MD: Rowman & Littlefield Publishers, Inc., 2004), 61.

136 Whitney Petrey, "Slaves in Revolutionary America: Plantation Slaves in Virginia and the Charleston Slave Trade," East Carolina University Maritime History and Nautical Archaeology, December 2009, https://www.academia.edu/1701748/Slaves _in_Revolutionary_America_Plantation_Slaves_in_Virginia _and_the_Charleston_Slave_Trade.

137 Esther Pavao, "Skirmish at Kemp's Landing," RevolutionaryWar.net, http://www.revoultionary-war.net/skirmish-at-kemps -landing.html; John Earl of Dunmore, "Lord Dunmore's Proclamation," November 7, 1775, *LEARN NC*, UNC School of Education, http://www.learnnc.org/lp/editions/nchist-revo lution/4238.

138 "The Philipsburg Proclamation," *Black Loyalists: Our History, Our People and Canada's Digital Collection*, http://

blackloyalist. com/cdc/documents/diaries/george_a_life. htm.

128 "Two Views of the Stono Slave Rebellion, South Carolina, 1739," in "Becoming American: The British Atlantic Colonies, 1690–1763," National Humanities Center, 2009, http:// nationalhumanitiescenter.org/pds/becomingamer/ peoples/ text4/stonorebellion.pdf.

129 M. Watt Espy and John Ortiz Smykla, "Executions in the U.S.: The Espy File, 1608 to 2002," Death Penalty Information Center, http://www.deathpenaltyinfo.org/ documents/ ESPYyear.pdf.

130 Stevenson, *Life in Black and White*, 169–70; Ira Berlin, "Time, Space, and the Evolution of Afro-American Society on British Mainland North America," *The American Historical Review* 85 (1) (Feb. 1980): 56, http://www.jstor. org/stable/1853424.

131 J. William Harris, *The Hanging of Thomas Jeremiah: A Free Black Man's Encounter with Liberty* (New Haven: Yale University Press, 2009); *The Trial of William Weems, James Hartegan, Wiliam McCauley, Hugh White, Matthew Kilroy, William Warren, John Carrol, and Hugh Montgomery for the Murders of Crispus Attucks, Samuel Gray, Samuel Maverick, James Caldwell, and Patrick Carr*, in "The Murder of Crispus Attucks," American Treasures of the Library of Congress, July 27, 2010, http://www.loc.gov/ exhibits/treasures/trr046.html.

132 Department of Defense, "Black Americans in Defense of Our Nation," 1985, http://www.shsu.edu/ ~ his_ncp/

118 Kulikoff, *Tobacco and Slaves*, 330.

119 1700年から1780年代にかけてサウス・カロライナとヴァージニアに輸入されたアフリカ人の数については以下を参照. Morgan, *Slave Counterpoint*, 59.

120 Federal Writers' Project of the Works Progress Administration, "Slave Narratives: Charley Barber," in *Slave Narratives: A Folk History of Slavery in the United States From Interviews with Former Slaves*, Library of Congress, Manuscript Division, South Carolina Narratives, vol. 14, pt 1, 498–503.

121 Charles Ball, *Fifty Years in Chains; or, The Life of an American Slave* (New York: H. Dayton, 1860), Kindle Edition location, 12.

122 同上書, 68.

123 Stevenson, *Life in Black and White*, 169–70.

124 "Will of John Andrew, Jr," Charleston County, South Carolina Probate Records, Will Book 1740–1747, 282, *USGenWeb Archives*, http://files.usgwarchives.net/sc/colonial/ colleton/wills/andrew03.txt.

125 "Slaves Named in Wills," *Halifax County, North Carolina Will Book*, 1758–1774, vol. 1, March 15, 1761, 31, http://www.freeafricanamericans.com/halifax.htm.

126 "Will of Thomas Potts," Craven County, South Carolina Probate Records, Will Book 1760–1767, 388, http://files.usgwarchives.net/sc/colonial/craven/wills/potts05.txt.

127 David George, "An Account of Life of Mr. David George from S. L. A. Given by Himself," *Black Loyalists: Our History, Our People and Canada's Digital Collection*, http://

1966), 84.

110 Brenda E. Stevenson, *Life in Black and White: Family and Community in the Slave South* (New York: Oxford University Press, 1996), 329, appendix A.

111 Morgan, *Slave Counterpoint*, 179–80.

112 Carney, *Black Rice*, 69–93; U. B. Phillips, *Life and Labor in the Old South* (Boston, MA: Little, Brown and Company, 1946), 115–16; Morgan, *Slave Counterpoint*, 149–54.

113 Morgan, *Slave Counterpoint*, 159.

114 同上書, 160–1.

115 Philips, *Life and Labor in the Old South*, 118–19.

116 Thomas Bluett, *Some Memoirs of the Life of Job, The Son of Solomon the High Priest of Boonda in Africa; Who was a Slave about Two Years in Maryland; and Afterwards Being Brought to England, was Set Free, and Sent to His Native Land in the Year 1734* (London: Printed for Richard Ford, 1734), 14–16, 40–2, electronic edn, The University of North Carolina at Chapel Hill, 1st edn, 1999, http://docsouth.unc. edu/neh/bluett/bluett.html. ジョブ・ベン・ソロモンの家族と共同生活については以下に詳しい. Brenda Stevenson, "Family and Community in Slave Narratives," in *The Oxford Handbook of the African American Slave Narrative*, ed. John Ernest (New York: Oxford University Press, 2014), 277–97.

117 James A. U. Gronniosaw, *A Narrative of the Most Remarkable Particulars in the Life of James Albert Ukawsaw Gronniosaw, an African Prince, As Related by Himself*, in Gates and Andrews, *Pioneers of the Black Atlantic*, 37.

9–10.

102 例えば以下のホールの論考を参照. Hall, *Slavery and African Ethnicities in the Americas*, 66–79 passim.

103 西アフリカにおける奴隷の文化的変化あるいは文化的馴化に関するいくつかの議論については以下を参照. Martin A. Klein, *Slavery and Colonial Rule in French West Africa* (New York: Cambridge University Press, 1998), 10.

104 Hall, *Slavery and African Ethnicities in the Americas*; Gomez, *Exchanging our Country Marks*; Chambers, *Murder at Montpelier*; John W. Blassingame, *The Slave Community: Plantation Life in the Antebellum South* (New York: Oxford University Press, 1979), 25–76.

105 Joseph A. Opala, "Introduction," *The Gullah: Rice, Slavery and the Sierra Leone-American Connection*, Yale University, http://www.yale.edu/glc/gullah/.

106 Kulikoff, *Tobacco and Slaves*, 32.

107 Emily Jones Salmon and John Salmon, "Tobacco in Colonial Virginia," *Encyclopedia Virginia*, Virginia Foundation for the Humanities, Jan. 29, 2013. http://www.encyclopediavirginia. org/Tobacco_in_ColonialVirginia.

108 ジョージ・ワシントンの言葉は以下より引用. *The Papers of George Washington: Presidential Series*, 6 vols, ed. N. W. Abbot (Charlottesville, VA: 1987–), 1: 223, quoted in Berlin, *Many Thousands Gone*, 268.

109 Ulrich Bonnell Phillips, *American Negro Slavery: A Survey of the Supply, Employment and Control of Negro Labor as Determined by the Plantation Regime*, paperback edn (Baton Rouge, LA: Louisiana State University Press,

Press of Virginia, 1997).

97 Mechal Sobel, *The World They Made Together: Black and White Values in Eighteenth-Century Virginia* (Princeton, NJ: Princeton University Press, 1987); Charles Joyner, *Down By the Riverside: A South Carolina Slave Community* (Urbana, IL: University of Illinois Press, 1984); Daniel C. Littlefield, *Rice and Slaves: Ethnicity and the Slave Trade in Colonial South Carolina* (Urbana, IL: University of Illinois Press, 1991); Wood, *Black Majority*; Margaret Washington Creel, *"A Peculiar People:" Slave Religion and Community Culture among the Gullahs* (New York: New York University Press, 1988); Joseph E. Holloway, ed., *Africanisms in American Culture* (Bloomington, IN: Indiana University Press, 1990); Hall, *Slavery and African Ethnicities in the Americas*; Chambers, *Murder at Montpelier.*

98 Gomez, *Exchanging our Country Marks*, 6–15.

99 同上書.

100 Janheinz Jahn, *Muntu: African Culture and the Western World*, trans. Marjorie Greene (New York: Grove/Atlantic, 1991), 35–59; João José Reis, "Batuque: African Drumming and Dance between Repression and Concession, Bahia, 1808- 1855," *Bulletin of Latin American Research* 24 (2) (April 2005): 201–14, http://www.jstor.org/stable/27733744.

101 Claire C. Robertson and Martin A. Klein, "Women's Importance in African Slave Systems," in *Women and Slavery in Africa*, ed. Claire C. Robertson and Martin A. Klein (Madison, WI: University of Wisconsin Press 1983),

91 Geggus, "Sex Ratio, Age and Ethnicity in the Atlantic Slave Trade:" 23-44, 34, Table 5.

92 Judith Carney, *Black Rice: The African Origins of Rice Cultivation in the Americas* (Cambridge: Harvard University Press), 48–68; David Richardson, "The British Slave Trade to Colonial South Carolina," *Slavery and Abolition* 12 (1991): 125–72 passim.

93 Geggus, "Sex Ratio, Age and Ethnicity in the Atlantic Slave Trade," 35, Table 4; Michael A. Gomez, *Exchanging Our Country Marks: The Transformations of African Identities in the Colonial and Antebellum South* (Chapel Hill, NC: University of North Carolina Press, 1998), 151.

94 Melville J. Herskovits, *The Myth of the Negro Past* (Boston: Beacon Press, 1958). First published by Harper and Brothers in 1941.

95 Sidney W. Mintz and Richard Price, *The Birth of AfricanAmerican Culture: An Anthropological Perspective* (Boston: Beacon Press, 1992), 1.

96 Kulikoff, *Tobacco and Slaves*; Darrett B. Rutman and Anita H. Rutman, *A Place in Time: Middlesex County, Virginia, 1650–1750* (New York: W. W. Norton and Co., 1984); Berlin, *Many Thousands Gone*; Morgan, *Slave Counterpoint*; Russell R. Menard, "The Maryland Slave Population, 1658 to 1730: A Demographic Profile in Four Counties," *William and Mary Quarterly* 32 (1) (Jan. 1975): 29–54, http://www.jstor.org/ stable/1922593 ; Lorena S. Walsh, *From Calabar to Carter's Grove: The History of a Virginia Slave Community* (Charlottesville, VA: University

December 6, 2012, http://www.encyclopediavirginia.org/Indentured_Servants _in_Colonial_Virginia#start_entry.

78 Morgan, *Slave Counterpoint*, 478.

79 先住民の奴隷貿易と奴隷制については以下を参照. Gallay, *The Indian Slave Trade: The Rise of the English Empire in the American South, 1670–1717* (New Haven, CT: Yale University Press, 2002). 先住民奴隷の数と出自については同上書, 299, 312, Table 2.

80 Laurence Foster, *Negro-Indian Relationships in the Southeast* (Philadelphia, PA: University of Pennsylvania Press, 1935), 19.

81 Morgan, *Slave Counterpoint*, 478.

82 Peter Wood, *Black Majority: Negroes in Colonial South Carolina from 1670 through the Stono Rebellion* (New York: Norton Press, 1974), 13.

83 Wood, *Black Majority*, 18–19; "The Fundamental Constitutions of Carolina: March 1, 1669," *The Avalon Project: Documents in Law, History and Diplomacy*, Lillian Goldman Law Library, Yale University, 2008, http://avalon.law.yale. edu/17th_century/nc05.asp.

84 Wood, *Black Majority*, 25.

85 Watson, "Slavery and Economy in Barbados," n.p.

86 Wood, *Black Majority*, 29–31.

87 Rugemer, "Making Slavery English," 9–14.

88 同上書, 2.

89 同上書, 21–3.

90 Eltis, *The Rise of African Slavery in the Americas*, 105, Table 4-4.

stable/20064155.

70 Hall, *Slavery and African Ethnicities in the Americas*, 127-31.

71 Joseph Thérèse Agbasiere, *Women in Igbo Life and Thought* (New York: Routledge, 2000), 29.

72 Allan Kulikoff, Tobacco and Slaves: *The Development of Southern Cultures in the Chesapeake, 1680-1800* (Chapel Hill, NC: University of North Carolina Press, 1986), 322; Douglas B. Chambers, *Murder at Montpelier: Igbo Africans in Virginia* (Oxford, MS: University Press of Mississippi, 2009), 161-2; David Geggus, "Sex Ratio, Age and Ethnicity in the Atlantic Slave Trade: Data from French Shipping and Plantation Records," *Journal of African History* 20 (1) (1989): 36n52, http://www.jstor.org/stable/182693.

73 Hall, *Slavery and African Ethnicities in the Americas*, 94-5.

74 Philip Morgan, *Slave Counterpoint: Black Culture in the Eighteenth Century Chesapeake and Low Country* (Chapel Hill, NC: University of North Carolina Press, 1998), 64.

75 James Horn, "Leaving England: The Social Background of Indentured Servants in the Seventeenth Century," *Virtual Jamestown*, Virginia Center for Digital History, University of Virginia, http://www.virtualjamestown.org/essays/horn_essay. html.

76 同上書.

77 Brendan Wolfe and Martha McCartney, "Indentured Servants in Colonial Virginia," *Encyclopedia Virginia*, Virginia Foundation for the Humanities, last modified

61 John Jea, "The Life, History, and Unparalleled Sufferings of John Jea, the African Preacher" in Gates and Andrews, *The Pioneers of the Black Atlantic*, 369.

62 Turner, *The Negro in Pennsylvania*, 41; "Slaves in New England," Medford History, Medford Historical Society, http://www.medfordhistorical.org/medford-history/africa-to-medford/slaves-in-new-england/.

63 Foote, *Black and White Manhattan*, 72–5.

64 1720年,1750年,1770年の数値は以下を参照. Ira Berlin, *Generations of Captivity: A History of African-American Slaves* (Cambridge, MA: Belknap/Harvard University Press, 2003), 274, Table I. The first designation for Louisiana is 1726, not 1720.

65 Landers, "Black Frontier Settlements in Spanish Colonial Florida," 28–9.

66 Berlin, *Many Thousands Gone*, 370, Table 1. The actual date of the statistic is 1774.

67 Jane Landers, *Black Society in Spanish Florida* (Urbana, IL: University of Illinois Press, 1999), 117. The actual date of the statistic is 1788.

68 Unless otherwise noted, this data is assembled from Berlin, *Many Thousands Gone*, 369–70, Table 1.

69 植民地時代の北米におけるアフリカ人のエスニシティに関するこの議論の多くを最初に扱ったのはBrenda E. Stevenson, "The Question of the Slave Female Community and Culture in the American South: Methodological and Ideological Approaches," *The Journal of African American History* 92 (1) (Winter 2007): 74–95, http://www.jstor.org/

1759- 1765," Medford Historical Society, http://www.medfordhistorical.org/collections/slave-trade-letters/voyage-one-capt -william-ellery-behalf-timothy-fitch/.

53 Greene, *The Negro in Colonial New England*, 28–9, 58–9, 70, 106, 292.

54 Edward Raymond Turner, "Slavery in Colonial Pennsylvania," *The Pennsylvania Magazine of History and Biography* 35 (2) (1911): 143–4 (quoted in the *Pennsylvannia Gazette*, 4 September 1740), http://www.jstor.org/stable/20085542.

55 "Colonial Era: Runaway Slave Advertisements," *African American History Website*, Radford University, http://www.radford.edu/ ~shepburn/web/Runaway%20Slave%20Advertisements.htm.

56 Foote, *Black and White Manhattan*, 70–2.

57 "Growing Food," Plimoth Plantation, http://www.plimoth.org/learn/just-kids/homework-help/growing-food.

58 Paul Davis, "Plantations in the North: The Narragansett Planters," in "The Unrighteous Traffick: Rhode Island' s Slave History," *Providence Journal*, March 13, 2006, http://res. providencejournal.com/hercules/extra/2006/slavery/day2/.

59 "Agriculture in New York," in *Readings in the Economic History of the United States*, ed. Ernest Ludlow Bogart and Charles Manfred Thompson (New York: Longmans, Green and Co., 1917), 32–4.

60 John Munroe, *History of Delaware* (Newark, DE: University of Delaware Press, 1975), 60.

www.bbc.co.uk/history/british/empire_seapower/barbados_01.shtml.

44 Berlin, *Many Thousands Gone*, 369, Table 1.

45 Foote, *Black and White Manhattan*, 40.

46 Berlin, *Many Thousands Gone*, 369, Table 1.

47 "The Colonial Laws of New York from the Year 1664 to the Revolution," in *The Documentary History of the State of New-York*, vol. 1, ed. E. B. O' Callaghan (Albany, NY: Charles Van Benthysen, 1851), 519–21, under "1702: An Act for Regulating Slaves," http://people.hofstra.edu/alan_j_singer/Gateway%20Slavery%20Guide%20PDF%20Files/3.%20British%20Colony,%201664-1783/6.%20Documents/1702.%20Regulating%20Slaves.pdf.

48 Dennis O. Linder, "New York Slave Laws: Colonial Period," in "Famous Trials: The 'Negro Plot' Trials (1741)," 2009, University of Missouri, Kansas City School of Law, http://law2.umkc.edu/faculty/projects/ftrials/negroplot/slavelaws.html.

49 Douglas Harper, "Slavery in Pennsylvania," in *Slavery in the North*, 2003, http://slavenorth.com/pennsylvania.htm.

50 Edward Raymond Turner, *The Negro in Pennsylvania: Slavery–Servitude–Freedom, 1639–1861* (Washington, DC: American Historical Association, 1911), 17–36.

51 Lorenzo Greene, *The Negro in Colonial New England, 1620– 1776*, 3rd edn (New York: Atheneum, 1968), 319.

52 Timothy Fitch to Capt. William Ellery, January 14, 1759, online as "Voyage one by Capt. William Ellery on behalf of Timothy Fitch," in "The Medford Slave Trade Letters,

37 Thornton, "The African Experience," 432–4; John K. Thornton, "African Dimension of the Stono Rebellion," *American Historical Review* 96 (4) (Oct. 1991): 1101–13, http://www. jstor.org/stable/2164997; Anne Hilton, *The Kingdom of Kongo* (Oxford: Clarendon Press, 1985), 90–103; Annette Laing, "'Heathens and Infidels'? African Christianization and Anglicanism in the South Carolina Low Country, 1700–1750," *Religion and American Culture* 12 (2) (Summer 2002): 199–200, 206–9, 211–12, http://www.jstor.org/stable/ 1123898.

38 Thornton, "The African Experience," 431–4; James Deetz, *Flowerdew Hundred: The Archaeology of a Virginia Plantation, 1619–1864* (Charlottesville: University Press of Virginia, 1993), 20–2.

39 Thornton, "The African Experience," 431–4; Deetz, *Flowerdew Hundred*, 20–2.

40 Thornton, "The African Experience," 431–4; *The Negro in Virginia, Compiled by Workers of the Writers' Program of the Work Projects Administration in the State of Virginia* (New York: Hastings House, 1940), 10.

41 Edward Barlett Rugemer, "Making Slavery English: Comprehensive Slave Codes in the Greater Caribbean during the Seventeenth Century," 1–4, http://barbadoscarolinas.org/PDF/ Making%20Slavery%20English%20by%20Rugemer.pdf.

42 Berlin, *Many Thousands Gone*, 369, Table 1.

43 Karl Watson, "Slavery and Economy in Barbados," *BBC History* online, last modifi ed February 17, 2011, http://

29 Oscar Williams, *African Americans and Colonial Legislation in the Middle Colonies* (New York: Garland Publishing, Inc., 1998), 4–5.

30 同上書より引用, 6.

31 同上書, 8–9.

32 同上書より引用, 14–16; 以下も参照. Thelma Willis Foote, *Black and White Manhattan: The History of Racial Formation in Colonial New York City* (New York: Oxford University Press, 2004), 38–40.

33 Williams, *African Americans and Colonial Legislation in the Middle Colonies*, 25.

34 Russell Thornton, *American Indian Holocaust and Survival: A Population History Since 1492* (Norman, OK: University of Oklahoma Press, 1987); Russell Thornton, "Population History of Native North Americans," in *A Population History of North America*, ed. Michael R. Haines and Richard Hall Steckel (Cambridge, MA: Cambridge University Press, 2000), 13.

35 Roberta Jestes, "Indian Slaves in Virginia and Maryland," *Native Heritage Project*, June 27, 2012, http://nativeheritageproject.com/2012/06/27/indian-slaves-in-maryland-and-virginia/. Virginia outlawed Indian slavery in 1705, but it was only after 1777 that the state legislature acted to enforce this law. Most still had to sue to receive freedom.

36 Sluiter, "New Light on the '20. and Odd Negroes,'" 396–8; Thornton, "The African Experience," 421–34; Thorndale, "The Virginia Census of 1619," 155–70.

22 Gwendolyn Midlo Hall, *Africans in Colonial Louisiana: The Development of Afro-Creole Culture in the Eighteenth Century* (Baton Rouge, LA: Louisiana State University, 1992), 29, 61; Peter Caron, "'Of a Nation the Others Do Not Understand': Bambara Slaves and African Ethnicity in Colonial Louisiana, 1718–1760," *Slavery & Abolition* 18 (1) (April 1997): 98–121.

23 Garrigus, John, trans., "The 'Code Noir' (1685) " (Paris: Prault, 1767; repr. Societé, d'Histoire de la Guadeloupe, 1980), https://directory.vancouver.wsu.edu/sites/directory.vancouver.wsu.edu/files/inserted_files/webintern02/code%20 noir.pdf.

24 Carl A. Brasseaux, "The Administration of Slave Regulations in French Louisiana, 1724–1766," *Louisiana History: The Journal of the Louisiana Historical Association* 21 (2) (Spring 1980): 144, http://www.jstor.org/stable/4231984.

25 同上書, 143.

26 Charley Richard, "200 Years of Progress in the Louisiana Sugar Industry: A Brief History," American Sugar Cane League, http://www.assct.org/louisiana/progress.pdf.

27 Ira Berlin, *Many Thousands Gone: The First Two Centuries of Slavery in North America* (Cambridge, MA: Belknap Press of Harvard University Press, 1998), 370, Table 1.

28 "A Brief History of New Sweden in America," The Swedish Colonial Society, http://colonialswedes.net/History/History. html.

1528–1821," *Bulletin of Latin American Research* 26 (2) (April 2007): 224–6, doi: 10.1111/j.1470-9856.2007.00220.x; Lorena Madrigal, "The African Slave Trade and the Caribbean," in *Human Biology of the Afro-Caribbean Populations* (Cambridge, MA: Cambridge University Press, 2006), 3, available online http:// dx.doi.org/10.1017/ CBO9780511542497.002.

16 Inikori, "Africa in World History," in Ogot, *General History of Africa*, 81.

17 ベネットは，1646年にはヌエバ・エスパーニャに151,018人の黒人が住んでいたと推定している．Bennett, *Africans in Colonial Mexico*, 19; Inikori, "Africa in World History," in Ogot, *General History of Africa*, 96, 103–4.

18 Campbell, *An Empire for Slavery*, 11.

19 Bennett, *Africans in Colonial Mexico*, 17–19; Matthew Restall, "Manuel' s Worlds: Black Yucatan and the Colonial Caribbean," in *Slaves, Subjects, and Subversives: Blacks in Colonial Latin America*, ed. Jane Landers and Barry M. Robinson (Albuquerque, NM: University of New Mexico Press, 2006), 147–74 passim.

20 Lovejoy, *Transformations in Slavery*, 107–10; Robin Law, *The Slave Coast of West Africa, 1550–1750: The Impact of the Atlantic Slave Trade on an African Society* (Oxford, UK: Oxford University Press, 1990), 45–58; Inikori, "Africa in World History," in Ogot, *General History of Africa*, 106.

21 Peter Boyd-Bowman, "Negro Slaves in Early Colonial Mexico," *The Americas* 26 (2) (Oct. 1969): 134, http:// www. latinamericanstudies.org/slavery/TA-1969.pdf.

Chipman, "Estavanico," *Handbook of Texas* Online, Texas State Historical Association, 最終更新 November 5, 2013, http:// www.tshaonline.org/handbook/online/articles/fes08; "Estavanico, The Black Conquistador," Oregon Public Broadcasting and PBS Online, http://www.pbs.org/opb/conquistadors/namerica/adventure2/a10.htm.

13　1685年から1688年にかけて，ルネ・ロベール・キャベリエ（ラサール伯爵）が現在のテキサス州イネスにフランス植民地を建設しようとして失敗した際，そこに奴隷にされた黒人がいたかどうかは定かでない．例えば以下を参照．*The Journeys of Réné Robert Cavelier, sieur de La Salle*, Published in 2 volumes, ed. Isaac Cox, vol. 2 (New York: Allerton Book Company, 1905), also available online, University of North Texas Libraries, http:// texashistory.unt.edu/ark:/67531/metapth6103/.

14　Campbell, *An Empire for Slavery*, 11.

15　Herman Bennett, *Africans in Colonial Mexico: Absolutism, Christianity and Afro-Creole Consciousness, 1570–1640* (Bloomington, IN: Indiana University Press, 2003), 27. M. Malowist, "The Struggle for International Trade and Its Implications for Africa," in *General History of Africa, Vol. V: Africa from the Sixteenth to the Eighteenth Century*, ed. B. A. Ogot (Berkeley: University of California Press, 1992), 8–9; J. E. Inikori, "Africa in World History: The Export Slave Trade from Africa and the Emergence of the Atlantic Economic Order," in Ogot, *General History of Africa*, 106; Douglas W. Richmond, "Africa's Initial Encounter with Texas: The Significance of Afro-Tejanos in Colonial Tejas,

Spanish Borderlands," ed. Judith A. Bense, Special Issue, *Historical Archaeology* 38 (3) (2004): 26–8, http://www.jstor.org/ stable/25617178.

6 Jane Landers, "Black Frontier Settlements in Spanish Colonial Florida," in "The Frontier," ed. Pat Anderson, Special Issue, *OAH Magazine of History* 3 (2) (Spring 1988): 28–9, doi: 10.1093/maghis/3.2.28.

7 Alejandra Dubcovsky, "The Testimony of Thomás de la Torre, a Spanish Slave," *The William and Mary Quarterly* 70 (3) (July 2013): 559–80, http://www.jstor.org/stable/10.5309/willmaryquar.70.3.0559.

8 Jane Landers, "Gracia Real de Santa Teresa de Mose: A Free Black Town in Spanish Colonial Florida," *The American Historical Review* 95 (1) (Feb. 1990): 15, http://www.jstor.org/ stable/2162952.

9 J. B. Davis, "Slavery in the Cherokee Nation," *Chronicles of Oklahoma* 11 (4) (Dec. 1933): 1057, http://digital.library.okstate.edu/CHRONICLES/v011/v011p1056.html.

10 Susan R. Parker, "A St. Augustine Timeline: Important Historical Events for the Nation's Oldest City," *St. Augustine Historical Society* online, February 1, 2011, http://www.staugustinehistoricalsociety.org/timeline.pdf.

11 Jane G. Landers, *Atlantic Creoles in the Age of Revolutions* (Cambridge, MA: Harvard University Press, 2010), Kindle Edition, location ch. 4, 1512, Appendix 2, 2145–51.

12 Randolph B. Campbell, *An Empire for Slavery: A Peculiar Institution in Texas, 1821–1865* (Baton Rouge, LA: Louisiana State University Press, 1991), 10; Donald E.

3　北アメリカの植民地世界におけるアフリカ人

1　この奴隷にされた男は，実際には植民地時代以降にアメリカに到着した．しかし，彼が捕らえられ，売られ，チャールストンへ移され，そしてそこでまた売られた経験は，植民地時代に到着したアフリカ人奴隷の経験をよく反映している．Omar ibn Said, "Autobiography of Omar ibn Said, Slave in North Carolina, 1831," ed. John Franklin Jameson, *The American Historical Review* 30 (4) (July 1925): 787–95, electronic edn, http:// docsouth.unc.edu/nc/omarsaid/omarsaid.html.

2　Richard R. Wright, "Negro Companions of the Spanish Explorers," in *The Making of Black America: Essays in Negro Life and History. Vol. 1, The Origins of Black Americans*, ed. August Meier and Elliott Rudwick (New York: Atheneum, 1974).

3　Charles A. Grymes, "The Spanish in Virginia before Jamestown," in Virginia Places (Geography of Virginia), http:// www.virginiaplaces.org/settleland/spanish.html. Also see Clifford Lewis and Alfred Loomie, *The Spanish Jesuit Mission in Virginia* (Chapel Hill, NC: The University of North Carolina Press, 1953).

4　Paul Hoffman, "Legend, Religious Idealism, and Colonies: The Point of Santa Elena in History, 1552–66," *The South Carolina Historical Magazine* 84 (2) (Apr. 1983): 59–71, http://www.jstor.org/stable/27563624. Spain and Portugal were united between 1580 and 1640.

5　Ronald Wayne Childers, "The Presidio System in Spanish Florida 1565–1763," in "Presidios of the North American

Passage from Africa to American Diaspora (Cambridge: Harvard University Press, 2007), 70–1.

35 Nigel Tattersfield, *The Forgotten Trade: Comprising the Log of the Daniel and Henry of 1700 and Accounts of the Slave Trade from the Minor Ports of England, 1698–1725* (London: Jonathan Cape, 1991), 141–2.

36 Walvin, *Atlas of Slavery*, 65–6.

37 "Joseph Wright of the Egba," in Curtin, *Africa Remembered*, 331–2.

38 Lindsay, *Captives as Commodities*, 95.

39 同上書, 90.

40 例えば以下を参照. James Walvin, *The Zong: A Massacre, the Law and the End of Slavery* (New Haven, CT: Yale University Press, 2011).

41 "Thoughts and Sentiments on the Evil and Wicked Traffic," in Gates and Andrews, *Pioneers of the Black Atlantic*, 94.

42 "The Interesting Narrative of the Life of Olaudah Equiano," in Gates and Andrews, *Pioneers of the Black Atlantic*, 217–18.

43 同上書, 220.

44 Eric Robert Taylor, *If We Must Die: Shipboard Insurrections in the Era of the Atlantic Slave Trade* (Baton Rouge, LA, Louisiana State University Press, 2006).

45 Pascoe G. Hill, *Fifty Days on board a Slave Vessel* (Baltimore, MD: Black Classic Press, 1993), 24–5, 48–9. First published 1844 by J. Winchester, New World Press.

27 "A Narrative of the Most Remarkable Particulars in the Life of James Albert Ukawsaw Gronniosaw, An African Prince, As Related by Himself (1770)," in Gates and Andrews, *Pioneers of the Black Atlantic*, 40.

28 Cugoano, "Thoughts and Sentiments on the Evil and Wicked Traffic," in Gates and Andrews, *Pioneers of the Black Atlantic*, 94.

29 "Joseph Wright of the Egba [originally named 'The Life of Joseph Wright: A Native of Ackoo (1839)],'" in *Africa Remembered: Narratives by West Africans from the Era of the Slave Trade*, ed. Philip D. Curtin (Madison, WI: The University of Wisconsin Press, 1967) 326–7.

30 同上書, 330.

31 Cugoano, "Thoughts and Sentiments on the Evil and Wicked Traffic," in Gates and Andrews, *Pioneers of the Black Atlantic*, 94.

32 *The Interesting Narrative of the Life of Olaudah Equiano, or Gustavus Vassa, the African. Written by Himself., Vol. I*: (London: printed for and sold by the author, 1789), 48–70, electronic edn, The University of North Carolina at Chapel Hill, 1st edn, 2001, http://docsouth.unc.edu/neh/equiano1/equiano1.html.

33 Maafaという言葉は,スワヒリ語で災害を意味する.ここでは,より伝統的な用語である「中間航路」と同じ意味で使われている. Marimba Ani, *Let the Circle Be Unbroken: The Implications of African Spirituality in the Diaspora* (New York: Nkonimfo Publications, 1988), passim.

34 Stephanie Smallwood, *Saltwater Slavery: A Middle*

21 Walvin, *Atlas of Slavery*, 54; Ottobah Cugoano, "Thoughts and Sentiments on the Evil and Wicked Traffic of the Slavery and Commerce of the Human Species," in *Pioneers of the Black Atlantic : Five Slave Narratives from the Enlightenment, 1772–1815*, ed. Henry Louis Gates and William L. Andrews (Washington, DC: Counterpoint, 1998), 94; Olaudah Equiano, *The Interesting Narrative of the Life of Olaudah Equiano, in Gates and Andrews, Pioneers of the Black Atlantic*, 211–17. 研究者の中にはエクイアーノがサウス・カロライナで生まれた可能性を指摘し,エクイアーノのテキストの有効性に異議を唱える者もいる.しかし私は,この時代に出版された同種のテキストと同じようにEquianoが間違いなく他者から生の証言を得たことを考えると,このテキストは非常に有用であると考える. Vincent Carretta, *Equiano, The African: Biography of a Self-Made Man* (Athens, GA: University of Georgia Press, 2005), passim.

22 奴隷貿易の収益性については以下を参照. Milton Meltzer, *Slavery: A World History* (South Boston, MA: Da Capo Press, 1993), 41, 43, 45.

23 Alexander Ives Bortolot, "Trade Relations among European and African Nations," in *Heilbrunn Timeline of Art History* (New York: The Metropolitan Museum of Art, 2000–2014), http://www.metmuseum.org/toah/hd/aftr/hd_aftr.htm.

24 Lovejoy, *Transformations in Slavery*, Kindle location ch. 3, 1642.

25 同上書, Kindle location ch. 3, 1649.

26 Hall, *Slavery and African Ethnicities in the Americas*, 15.

10　同上書, 56–7.

11　Richard L. Garner, "Long-Term Silver Mining Trends in Spanish America: A Comparative Analysis of Peru and Mexico," *The American Historical Review* 93 (4) (Oct. 1988): 898–935, http://www.jstor.org/stable/1863529.

12　Paul Lovejoy, *Transformations in Slavery: A History of Slavery* in Africa, 7th Printing. (Cambridge: Cambridge University Press, 1998), 44–50.

13　Lovejoy, *Transformations in Slavery*, Kindle location ch. 3, 1692.

14　ソーントンは大多数がムブンドゥ語話者で, 一部コンゴ語話者もいたと主張する. Engel Sluiter, "New Light on the '20. and Odd Negroes' Arriving in Virginia, August 1619," *William and Mary Quarterly*, 3rd series, 54 (2) (April 1997): 396–8, http://www.jstor.org/stable/2953279 ; John K. Thornton, "Notes and Documents: The African Experience of the '20 and Odd Negroes' Arriving in Virginia in 1619," *William and Mary Quarterly*, 3rd series, 55 (3) (July 1998) : 421–34, http:// www.jstor.org/stable/2674531 ; William Thorndale, "The Virginia Census of 1619," *Magazine of Virginia Genealogy* 33 (1995): 155–70.

15　Lovejoy, *Transformations in Slavery*, Kindle location ch. 3, 1730.

16　同上書, ch. 3, 1750.

17　同上書, ch. 3, 1810–1820.

18　同上書, ch. 3, 1780.

19　同上書, ch. 3, 1535–1947, passim.

20　同上書, ch. 5, 2791; Walvin, *Atlas of Slavery*, 45–6.

Abolitionist, ed. Thomas Fisher (London: Hatchard and Co., 1825), 120–7, electronic edn, The University of North Carolina at Chapel Hill, 1st edn, 1999, http://docsouth.unc.edu/neh/ cugoano/cugoano.html.

2 到着したアフリカ人の数についてはまだ研究者間で完全な見解の一致を見ていない．以下を参照．Lindsay, *Captives as Commodities*, 4; Lovejoy, *Transformations in Slavery*, Kindle location ch. 1, 948.

3 次の項を参照．"How Many Were Enslaved" in *The Atlantic Slave Trace*, ed. David Northrup (Lexington, MA: D.C. Heath and Company, 1994), 37–66.

4 Walvin, *Atlas of Slavery*, 31–6; Kate Lowe, "The Lives of African Slaves and People of African Descent in Renaissance Europe," in Joaneath Spicer (ed.), *Revealing the African Presence in Renaissance Europe* (Baltimore, MD: Walters Art Museum, 2012), 19; Allison Blakeley, "Problems in Studying the Roles of Blacks in Europe," *Perspectives on History*, May 1997, http://www.historians.org/publications-and-directories/perspectives-on-history/may-1997/problems-in-studying -the-role-of-blacks-in-europe.

5 Lindsay, *Captives as Commodities*, 34–5.

6 Lovejoy, *Transformations in Slavery*, Kindle location ch. 1, 967; David Eltis, *The Rise of African Slavery in the Americas* (Cambridge, UK: Cambridge University Press, 2000), 244–50.

7 同上書．

8 同上書．

9 Walvin, *Atlas of Slavery*, 55.

The Cambridge World History of Slavery, Vol. 3: 1420–1804, ed. David Eltis and Stanley Engerman (Cambridge, UK: Cambridge University Press, 2011), 246.

45 Patricia Kilroe, "Amerindian Slavery, Plains" in Rodriguez, *The Historical Encyclopedia of World Slavery*, vol. 1, 37.

46 Donald, "Slavery in Indigenous North America," in Eltis and Engerman, *The Cambridge World History of Slavery*, 219.

47 Theda Perdue, *Slavery and the Evolution of Cherokee Society, 1540–1866* (Knoxville, TN: University of Tennessee Press, 1979), 4.

48 同上書, 11–15.

49 "Aztec Social Structure," in "Aztec and Maya Law," Tarlton Law Library and the Benson Latin American Collection at The University of Texas, http://tarlton.law.utexas.edu/exhibits/ aztec/aztec_social.html.

50 Neil Whitehead, "Indigenous Slavery in South America, 1492–1820," in Eltis and Engerman, *The Cambridge World History of Slavery*, 248.

51 同上書, 252.

52 同上書, 254.

53 同上書.

2 アフリカでの起源と大西洋奴隷貿易

1 "Narrative of the Enslavement of Ottobah Cugoano, a Native of Africa; Published by Himself in the Year 1787," in *The Negro's Memorial; or, Abolitionist's Catechism; by an*

Atlantic World, 1400–1680 (Cambridge: Cambridge University Press, 1992), 74–5, 85–100.

34 同上書, 88.

35 Joseph Miller, "Introduction," in *Women and Slavery: Africa, the Indian Ocean World, and the Medieval North Atlantic*, vol. 1, ed. Gwyn Campbell, Suzanne Miers, and Joseph Miller (Athens, OH: Ohio University Press, 2007), 11.

36 Miller, "Introduction," in Campbell, Miers, and Miller, *Women and Slavery*, 11–13.

37 Claire Robertson, "Women as Slaveholders, Africa," in Rodriguez, *The Historical Encyclopedia of World Slavery*, vol. 2, 700–1.

38 Miller, "Introduction," in Campbell, Miers, and Miller, *Women and Slavery*, 21–2; Philip J. Havik, "From Pariahs to Patriots: Women Slavers in Nineteenth-Century 'Portuguese' Guinea," in Campbell, Miers, and Miller, *Women and Slavery*, 309–21.

39 Walvin, *Atlas of Slavery*, 27–8.

40 同上書, 28.

41 Jane Hathaway, "Ottoman Empire," in Rodriguez, *The Historical Encyclopedia of World Slavery*, vol. 2, 483–4.

42 Helene N. Turkewicz-Sanko, "Ukraine," in Rodriguez, *The Historical Encyclopedia of World Slavery*, vol. 2, 659–60.

43 Daniel Boxberger, "Amerindian Slavery, Pacific Northwest," in Rodriguez, *The Historical Encyclopedia of World Slavery*, vol. 1, 36.

44 Leland Donald, "Slavery in Indigenous North America," in

26 James Walvin, *Atlas of Slavery* (Harlow, England: Pearson/ Longman, 2006), 23.

27 Justin Corfield, "Settlement Patterns in Medieval Africa," in *Encyclopedia of Society and Culture in the Medieval World*, ed. Pam J. Crabtree (New York: Facts On File, Inc., 2008), *Ancient and Medieval History Online*, Facts On File, Inc., http://www.fofweb.com/activelink2.asp?ItemID=WE49&iPin=ESCMW500&SingleRecord=True; Walvin, Atlas of Slavery, 11.

28 Gwendolyn Midlo Hall, *Slavery and African Ethnicities in the Americas: Restoring the Links* (Chapel Hill, NC: The University of North Carolina Press, 2005), 2.

29 Timothy Insoll, "Timbuktu," in Rodriguez, *The Historical Encyclopedia of World Slavery*, vol. 2, 636.

30 Linda Heywood, "Slavery and Its Transformation in the Kingdom of Kongo, 1491–1800," *Journal of African History* 50 (1) (2009): 3, doi: http://dx.doi.org/10.1017/S0021853709004228.

31 Heidi J. Nast, "Islam, Gender, and Slavery in West Africa Circa 1500: A Spatial Archaeology of the Kano Palace, Northern Nigeria," *Annals of the Association of American Geographers* 86 (1) (Mar. 1996): 44–77, http://www.jstor.org/ stable/2563946.

32 John Oriji, "Igboland, Slavery and the Drums of War and Heroism," in *Fighting the Slave Trade: West African Strategies*, ed. Sylviane A. Diouf (Athens, OH: Ohio University Press, 2003), 121–31.

33 John Thornton, *Africa and Africans in the Making of the*

Ancient Rome," BBC History, February 17, 2011, http://www.bbc. co.uk/history/ancient/romans/slavery_01.shtml.
16 Frederico Poole, "Egypt, Condition of Slaves," in Rodriguez, *The Historical Encyclopedia of World Slavery*, vol. 1, 241–2; Eckhard Eicler, "Egypt, Slavery in Ancient," in Rodriguez, *The Historical Encyclopedia of World Slavery*, vol. 1, 243–5.
17 "Ancient Egypt: The Will of Amonkhau in Favor of His Second Wife, c. 1100 BCE," last modifi ed January 2004, in André Dollinger, *An Introduction to the History and Culture of Pharaonic Egypt*, http://www.reshafim.org.il/ad/egypt/ texts/amonkhau.htm.
18 Jennifer Margulis, "Arab World," in *Chronology of World Slavery*, ed. Junius P. Rodriguez (Santa Barbara, CA: ABCCLIO, Inc., 1999), 102–3.
19 Paul Lovejoy, *Transformations in Slavery: A History of Slavery in Africa*, 3rd edn (Cambridge: Cambridge University Press, 2011), Kindle Edition, location ch. 1, 916.
20 James D. Medler, "Central Asia," in Rodriguez, *Chronology of World Slavery*, 104.
21 Hyong-In Kim, "East Asia," in Rodriguez, *The Historical Encyclopedia of World Slavery*, vol. 1, 240–1.
22 Rodriguez, *Chronology of World Slavery*, 93–101.
23 本文中でエジプトは，中東とアフリカの両方の一部として言及されている．
24 Chou Ch'u-fei, "Document 7: Description of East Africa (1178)," in Rodriguez, *Chronology of World Slavery*, 396.
25 Timothy Insoll, "East Africa," in Rodriguez, *The Historical Encyclopedia of World Slavery*, vol. 1, 239.

2 Mark Chavalas, "Mesopotamia," in *The Historical Encyclopedia of World Slavery*, vols 1–2, ed. Junius P. Rodriguez (Santa Barbara, CA: ABC-CLIO, Inc., 1997), vol. 2, 430.

3 Jerise Fogel, "Roman Republic," in Rodriguez, *The Historical Encyclopedia of World Slavery*, vol. 2, 551–3.

4 Walter Scheidel, "The Roman Slave Supply" (Working Papers, *Princeton/Stanford Working Papers in the Classics*, Stanford University, Stanford, CA, May 2007), 4–5, https://www.princ eton.edu/ ~ pswpc/pdfs/scheidel/050704.pdf.

5 Catherine Hezser, *Jewish Slavery in Antiquity* (2005; repr. New York: Oxford University Press, 2010), 202–16, Oxford Scholarship Online, doi: 10.1093/acprof:oso/9780199280865 .001.0001.

6 同上書, 13-14.

7 同上書, 69–82.

8 Jerise Fogel, "Roman Republic," in Rodriguez, *The Historical Encyclopedia of World Slavery*, vol. 2, 551–3.

9 Hezser, *Jewish Slavery in Antiquity*, 83–104.

10 同上書, 202–16.

11 同上書, 105–20.

12 同上書, 123–48.

13 Benjamin Lawrence, "Greece," in Rodriguez, *The Historical Encyclopedia of World Slavery*, vol. 1, 312–14.

14 例えば以下を参照. *Spartacus and the Slave Wars: A Brief History with Documents*, ed. Brent D. Shaw (Boston, MA: Bedford/St Martin' s, 2001).

15 例えば以下を参照. Keith Bradley, "Resisting Slavery in

注

はじめに 奴隷制とは何か

1 Thomas Jefferson, *Notes on the state of Virginia* (Virginia: the author, 1787), Kindle Edition, location 2510.

2 Quoted in Robert Morgan, "The 'Great Emancipator' and the Issue of Race: Abraham Lincoln' s Program of Black Resettlement," *The Journal of Historical Review* 13 (5) (Sept.-Oct. 1993): 6, http://www.ihr.org/jhr/v13/v13n5p-4_Morgan.html.

3 Lisa A. Lindsay, *Captives as Commodities: The Transatlantic Slave Trade* (Upper Saddle River, NJ: Pearson/Prentice Hall, 2008), 44.

4 Delia Garlic, *When I Was a Slave: Memoirs from the Slave Narrative Collection*, ed. Norman Yetman (New York: Courier Dover Publications, 2012), 43.

5 Nell I. Painter, *Soul Murder and Slavery* (Waco, TX: Baylor University Press, 1995).

6 An often-cited source on the debate on slave agency is Walter Johnson, "On Agency," *Journal of Social History* 37 (1) (Fall 2003):113-24, https://muse.jhu.edu/journals/journal_of_social _history/v037/37.1johnson.html.

1 大西洋奴隷貿易以前の時空を超えた奴隷制

1 David Brion Davis, *Inhuman Bondage: The Rise and Fall of Slavery in the New World* (New York: Oxford University Press, 2006), 32.

訳者あとがき

本書はブレンダ・E・スティーヴンソンが刊行した *What is Slavery?*, Polity Press, UK, 2015 の全訳である。著者はアフリカ系アメリカ人研究で世界的に著名な歴史家であり、植民地時代から二〇世紀後半までの大西洋世界やアメリカ合衆国などにおけるジェンダー、人種、家族、コミュニティの歴史的経験を中心に研究している。

バックグラウンドにすこし触れると、彼女はヴァージニア大学を卒業後、イェール大学の大学院に進学し、一九九〇年に同大学へ提出した博士論文で学位を取得している。この博士論文はのちに『黒人と白人の人生――奴隷制南部における家族とコミュニティ（未邦訳）』(*Life in Black and White: Family and Community in the Slave South*, Oxford University Press, 1996) として刊行された。同書では南北戦争以前のヴァージニア州ラウドン郡とその周辺における奴隷の家族生活を表現したり、コミュニティの物語を綴ったりしている。続いて刊行した『ラターシャ・ハーリンズ殺害の訴訟事件――正義、ジェンダー、ロス暴動の起源（未邦訳）』(*The Contested Murder of Latasha Harlins: Justice, Gender, and the Origins of the LA Riots*, Oxford University Press, 2013) では、一九九一年三月にアジア系アメリカ人店主によるアフリカ系アメリカ人女性ラターシャ・ハーリンズ（当時、一五歳）の射殺事件に関わる刑事裁判に焦点を当てている。この本では、裕福な家庭出身のユダヤ系アメリカ人女性判事によって「裁かれた」裁判記録を紐解きながら、人種／民族、ジェンダー、階級、世代といった複数の変数の複合的組み合わせによって、この国の人々の社会的ヒエラルキーの位置が決定され、あるいは大きく影響を受け、刑事司法制度という重要な社会制度との関係においても女性や子供を含めたアフリカ系アメリカ人が不平等に扱われていることを浮き彫りにした。こうして著者の問題関心や分析対象は、今日におけるアメリカ合衆国の人種／民族的対立や社会紛争にまで及んでいる。

『奴隷制の歴史』の中で虐げられた人々の声なき声を丹念に調査し、拾い集め、語らせたスティーヴンソンは、現在、カリフォルニア大学ロサンゼルス校（UCLA）歴史学の教授を務め、また、オックスフォード大学セント・ジョンズ・カレッジの女性史講座「ヒラリー・ロダム・クリントン・チェア（Hillary Rodham Clinton Chair）」の初代教授として招聘されている（二〇二一年就任）。

衆目を集めたその講座の開設記念講演会では、聴衆にこう告げている。「奴隷制の歴史を教えるには、独特の難しさがあります。奴隷制は人種差別化の問題であるため、人々の、特に若い人たちの興味を削ぐ可能性があるからです。彼らはその集団に共鳴するかしないかのどちらかです。彼らは、自分たちの集団が常に否定的な関心や心的外傷（トラウマ）

の対象であることにうんざりし、他方で、ほかの人々は自分たちが関心を示さないことに対して罪悪感を抱かされていると感じています。遠い時代の人々がどのように疎外されていたのかを思い描くには、自分ごととして捉えることです。それによって、人々がどのように生き延び、それを克服したか、あるいは克服できなかったかを学ぶことができます。だからこそ私は、奴隷制があらゆる社会で発生し、そして今もなお続いていることを語りたいのです[1]」。

このメッセージの背景には、近年、米国全土で奴隷制や人種に関する歴史的真実を学ぶことへの心理的抵抗が学生たちの間でも高まっていることがあるのかもしれない。実際、あるインタビューでこのような社会的風潮について尋ねられた彼女は、今日の社会の至る所で観察される分断や不公平の一因は我々の歴史に対する全般的な知識不足にあり、したがって、すべての人々にとって歴史を十分に学ぶことは社会の前向きな進化のために不可欠だと応答している[2]。

本書はコンパクトでありながらも奴隷制の歴史の様々な論点が盛り込まれており、高い視座にたって全体像を見通すことができるようになっている。と同時に、奴隷が労働力や「商品」としてどのように組み込まれ、具体的にどう酷使され、搾取されてきたのかという一貫性に基づき、合衆国の経済発展や資本蓄積のプロセスが描かれている。女性奴隷労働については、農作業、家事労働、そして性奴隷という重層的な強制労働の実態が――主人と女性奴隷の間に生まれた子供の身分は奴隷であるため、購入するよりもはるかに安上がりに奴隷の「再生産」が可能であるという酷薄な視点とともに——克明に叙述されている。

さらに本書では、独立戦争時に愛国派と王党派に分裂した奴隷たちが互いに戦い合うといったアンビバレントで複雑な状況にも言及している。その際、奴隷化された者たちは愛国側につき、合衆国独立のために戦ったと思い込んでいる人々も多くあるが、史実はそうでないことを教えてくれる。著者自身が「極めて重要な歴史的出来事でさえも、私たちの公の記憶はしばしば神話化され、時にはロマン化されてしまう」(3)と諭すとおり、むしろ奴隷たちの多くはイギリスのために戦ったのであり、また、ワシントン将軍ではなく、イギリスが彼らに初めて自由を与えたのである。

かくして私たちの記憶は、当然のことではあるが、明らかに、不完全なものである。ごく一般的な史実やストーリーでさえも容易く忘れ去られたり、時に、ご都合主義的に塗り替えられたりしてしまう。であるからこそ、スティーヴンソンは幾度となくこう言明するのであろう。「残念ながら、私たちの歴史の中で空白になっている部分には、極めてしばしば、社会的に疎外された人々、つまり女性、人種/民族的マイノリティ、貧しい人々、抑圧された人々の歴史が含まれる」(4)と。

○

本作で書き表される凄絶な人類の経験に、訳者は頻繁に目が眩みそうになった。その一方、奴隷解放に向けた力強いムーブメントや奴隷たちが繰りひろげる多種多様な抵抗運動の描写には勇気づけられる思いもした。直近の国際労働機関（ＩＬＯ）の報告書『現代奴隷制の世界推計二〇二二年』（*Global Estimates of Modern Slavery: Forced Labour and Forced Marriage*）では、現代奴隷の人数は過去五年間で大幅に増加したと公表されている。[5]かかる時代にあらためて『奴隷制の歴史』のタイムリーさと普遍性、そしてなにより著者の功績に思いが及んだ。

最後に、今回、この翻訳を訳者に委ねてくれた筑摩書房の藤岡泰介さんにまずはこの場をお借りして心から感謝したい。また、訳出後の草稿に対して懇切丁寧なアドバイスをいただいた後藤政子先生（神奈川大学）、訳稿ゲラや訳詩をご確認いただいた小林和夫先生（早稲田大学）、柳生智子先生（慶應義塾大学）、越川芳明先生（明治大学）にお礼を申し上げたい。そしてこの本のもつ同時代的意義を説いてくださった福田邦夫先生（明治大学）に謝意を表したい。

1 "Hillary Rodham Clinton Chair of Women's History, inaugural lecture", Oct 25, 2021. https://www.ox.ac.uk/news/features/hillary-rodham-clinton-chair-women-s-history-

inaugural-lecture

2 "UCLA's Brenda Stevenson on reclaiming the history of the Black family: The historian and author discusses her new book, 'What Sorrows Labour in My Parent's Breast?'", April 14, 2023. https://newsroom.ucla.edu/stories/q-a-reclaiming-the-history-of-the-black-family

3 "An Interview with Brenda Stevenson", Oxford African American Studies, 2023. https://oxfordaasc.com/page/an-interview-with-brenda-stevenson/an-interview-with-brenda-stevenson

4 Ibid.

5 "Report: Global Estimates of Modern Slavery: Forced Labour and Forced Marriage", ILO, Walk Free and the International Organization for Migration, September 12, 2022. https://www.ilo.org/global/topics/forced-labour/publications/WCMS_854733/lang--en/index.htm

ちくま学芸文庫

奴《ど》隷《れい》制《せい》の歴《れき》史《し》

二〇二三年八月十日　第一刷発行

著者　ブレンダ・E・スティーヴンソン
訳者　所康弘（ところ・やすひろ）
発行者　喜入冬子
発行所　株式会社　筑摩書房
東京都台東区蔵前二―五―三　〒一一一―八七五五
電話番号　〇三―五六八七―二六〇一（代表）
装幀者　安野光雅
印刷所　中央精版印刷株式会社
製本所　中央精版印刷株式会社

ISBN978-4-480-51203-1 C0120